幕藩制転換期の経済思想

小室正紀　編著

慶應義塾大学出版会

序　本書の視点と各章の位置づけ

小室正紀

1　断絶説・連続説からの卒業

江戸時代の経済思想を考える時、伝統的に「断絶説」と「連続説」という二つの見方がある。

断絶説は、江戸時代までの経済思想と明治以降に欧米から導入された経済思想の間には、多くの違いがあり、両者の間には断絶があるという見方である。この見方によれば、江戸時代は、身分制の前近代社会であり、それに対して明治以降に入って来た学問や思想を育んだのは欧米の近代市民社会である。この二つの社会は、発展段階が違い、当然のこととして両者の思想も異なると考える。したがって、この考え方によれば、たとえ江戸時代に近代経済思想の萌芽があったとしても、それは未熟で、結局は欧米のような水準にまでは至っていないものであった。

例えば、島崎隆夫は、明治以降に導入された欧米経済学と江戸時代の思想との間には、「一応無関係と思われるほど、一種の断絶がそこにある」と考えた。その上で、研究の課題は、江戸時代の経済思想が「一応思想的断絶があると考えられている幕末―明治維新以後の経済学の移植・発展に対して如何なる影響を有していたか」を解明することだとした(1)。

この視点を逆井孝仁は、「一定の思想的「断絶」を含む「連続」のもつ特質の解明」[2]という言葉で捉え直している。逆井は、経済思想史の課題は、単に経済成長に役立った思想の発展をたどることではないと考えた。彼によれば重要なのは、生産者が経済を通して「人間的豊かさ」を獲得することであり、研究課題は、そのための思想の成長を見ることであった。江戸時代から明治以降へ、経済成長に役立つ思想に関しては「連続」があったとしても、「人間的豊かさ」を実現する思想の流れとして、いかなる断絶があったか。それを明らかにすることを重視したのである[3]。この逆井の視点も断絶説と言えるだろう。

このような断絶説は、欧米先進国に比較した場合に近代日本の後進性はどこから来たのかという関心から生まれ、その後進性の原点を江戸時代に求める見方であった。したがって、このような見方は、どちらかと言えば、日本経済の後進性が人々に意識されていた高度経済成長期までが強かった。

一方、連続説は、高度経済成長期以降に強くなってくる見方である。日本経済の成長の中で、江戸時代から近代への歴史を連続した経済社会化と考え、近現代日本で経済成長が成功したルーツを江戸時代の経済思想にも求めようという視点であった。

例えば、藤田貞一郎が提示した「国益」思想は、連続説に分類しうる。藤田は、一八世紀後半より、大名領国を単位として、領国内外の貿易バランスに着目しながら、領国の富の限りなき増大を目標とする「国益」という思想とそれに伴う経済分析の概念が発展したと考えた。また、この思想と概念が揺籃期の日本資本主義を支える機能も果したというのが藤田の研究であった[4]。

また川口浩は、日本が資本主義化に成功した要因として、資本主義経済に適合的な人格の形成に目を向けた。経済状勢を客観的に認識し、その状勢に対して積極的に経済行為を行おうという価値観を備えた人格である。川口は、そのような人格を経済主体と呼び、その原型の形成過程を究明することを江戸時代経済思想史の課題とした。[5] この課題設定も、連続説に立った視角によるものだろう。

このような断絶か連続かという視点は、日本の近代を問う大きな枠組みであるだけに、そこから右に紹介したもの以外にも多くの研究成果が生まれた。現在の日本経済思想史研究もそれらの成果の恩恵に浴していることは確かである。

しかし、これらの枠組みで研究を行う問題点も出てきている。第一には、江戸時代と明治時代の間の断絶を考えるにしろ連続を考えるにしろ、いずれも前後の時代の二分法になりがちだという点がある。断絶説が、江戸時代と明治時代を分けて考えるのは当然として、連続説の場合も、江戸時代の経済思想がどのように近代の経済成長に資したかという見方をする場合が多い。その点では一方に江戸時代を置き、他方に明治以降の近代を置いて考えるという点では、時代の二分法に依っている。

この二分法による研究は、大きく時代を捉えるという点では、有効な面は多々あるが、その一方で、江戸時代の個々の時期の特質を把握することが弱くなりがちだ。一七世紀から一九世紀前半まで、時期ごとにかなりの違いがある多様な思想が、大きく江戸時代の経済思想という枠組みで一括りに捉えられてしまうという問題である。

これに対して、目を日本史（国史）研究に転じてみれば、そこでは江戸時代に関してさまざまな時期区分が行われてきた。例えば、中井信彦の古典的研究では、生産者へ市場が開かれている度合いから江戸時代を大きく四期に時期区分し、さらにそれらの各期を次のように八つの時期に細分して考えている。[6]

第一期
慶長―寛永（一七世紀初頭－一六四〇年代頃）
寛永―万治（一六四〇年代－一六五〇年代）

第二期

寛文―享保・寛保頃（一六六〇年代－一七三〇、四〇年代）

宝暦―明和・安永（一七五〇年代－一七七〇年代）

天明―寛政・享和（一七八〇年代－一九世紀初頭）

第三期

文化―文政頃（一九世紀初頭の二〇年間ほど）

天保頃―開港以前（一八三〇年代－一八五〇年代）

第四期

開港以降（一八五〇年代以降）

今、ここで右の各期の性格についての説明には立ち入らないが、注目してほしいのは、一つの観点からだけでも江戸時代は、これだけに時期分けできるという点である。そして、その各々の時期につき、経済状況が異なるとするならば、経済思想も何らかの相違があった可能性がある。それにもかかわらず、江戸時代と明治以降とに大きく二分する考え方は、これらの各々の期における経済思想の相違を埋没させがちであった。

もう一つの問題は、近代を通り越し現代となっている今、日本の近代の質を問うという発想法だけで十分かという点である。もちろん、現代といえども、多くの面で西欧近代が生み出した社会と経済の在り方を基準としている。そのことを考えれば、日本の近代の質を問うことが重要であることは言うまでもない。しかし、より精緻に日本の近代の質を考えるためにも、大まかに捉える二分法の発想を一度離れてみる必要がある。

例えば、日本における時代の変化を樹木の年輪に譬えてみよう。樹芯に近いほど古い時代、表皮に近いほど新しい時代であり、一つ一つの年輪を歴史上の一括りにできる期間だとする。さらに、その樹木の年輪には、「ある時期」を境に注目すべき変化があり、その前後、新旧で樹勢やその樹の環境が変わっているとしよう。それを江戸時代から明治以降への変化と対応させることとする。このように譬えるならば、二分法は、その「ある時期」前後の変化に注目して、近現代日本という樹木全体を考えようという発想である。しかし、この樹木は、その「ある時期」の変化のみから成り立っているわけではない。一つ一つの年輪の積み重ねの上に今がある。いっそう詳しくこの樹木を理解するには、年輪一つ一つで表される時期がいかなるものであったのか、またそれが前後の時期とどのように異なっていたのかが問われなければならないだろう。そのためには、江戸時代経済思想史の研究であれば、二分法を一度離れて江戸時代の各時期の経済思想の特質を捉え直してみなければならない。そのことが樹木全体を理解することに資するはずでもある。

卒業というのは、今まで学習してきたことを否定することではない。今までの学習の上に、新たな知識の獲得に進むことである。断絶説・連続説からの卒業というのは、そのような意味での卒業である。

2　経済思想と時代の実態

以上のように時期を分けて経済思想を考えることを唱えるのは、経済思想の基本的な性格とも関係している。一般に、思想には時代や国・地域を越えて影響を及ぼす力がある。非常に大雑把な譬で言えば、三世紀初め頃に形の整ったと考えられる『論語』は、一九世紀の日本の武士達に大きな影響を与えたし、四世紀に今の形の原型ができた『新約聖書』は現在でも世界中のキリスト教徒にとって信仰の糧とされている。

社会にかかわる思想でも、政治思想は、時代や国・地域を越えて影響を及ぼす力が強い。例えば、一七世紀のイギリスで唱えられた自然権思想や社会契約説は、現代の政治思想にも影響しているし、また、一三世紀に中国の南宋で成立した朱子学は幕末の尊皇論の源泉となっている。しかし経済思想は、政治思想に比べれば、そのような力ははるかに弱い。一七世紀から一八世紀にかけてのイギリスの重商主義経済論は、アダム・スミス以降の古典派経済学により否定されているし、一七世紀後半の熊沢蕃山の農兵論や一八世紀初頭の荻生徂徠の土着論は一八世紀後半以降の「国益」思想のもとでは非現実的なものと見なされていた。

このように経済思想が時代や国・地域を越える力が弱いのは、経済思想は、その時代の技術、市場状態、人口、人々の嗜好などの実態を前提として、その実態との応答を通して生み出されているからである。社会のあるべき姿についての理念として語られる面が強い政治思想との違いが、そこにある。本書が、江戸時代をさらに時期分けし、それぞれの時期の経済思想の特質を考えることを主張しているのは、経済思想のこのような特質を考慮するからでもある。

3　なぜ天明―文化期か

以上のような観点から本書は、江戸時代の中で特定の時期の経済思想を考察することとし、その時期として、天明（一七八一－一七八九年）から文化（一八〇四－一八一八年）の約四〇年の期間を選んでいる。ただし、本書の各章すべてが、厳密にこの期間内の事象のみを扱っているわけではない。前後の時期に拡大して論じている章もある。しかし、それらの章も含めて各章が、この時期の問題を念頭に置いているという点では、本書は天明―文化期を対象とした論集である。

それでは、なぜ天明―文化期なのか。まず第一には、研究のために集まったメンバーが共通の関心としていたのが、この時期であったという書き手側の都合があった。しかしそれは出発点における切っ掛けであり、そこから出発して一歩踏み込んで考えてみると、この時期が江戸時代の中でも経済実態や経済思想が大きく変わる時期と予想されたからである。

例えば、前節で示した中井信彦の時期区分によれば、この時期は一九世紀初頭を転換点とする第二期から第三期への変わり目である。前の第二期は、幕藩制社会の確立・発展期である。この期には、たびたびの改革により経済体制の再編成は行われたものの、幕藩制そのものの構造的危機はまだ顕在化していない。それに対して一九世紀初頭以降の第三期は、幕藩体制と本質的に異質な経済が成長してくる時期である。中井は、その鍵を、それまで大坂、京都、江戸という三都が独占していた手工業完成品生産が第三期には農村工業の発展により地方でも担われるようになった点に求めている。それが非幕藩制的な市場形態を成立させていったからである。また、この第二期から第三期への変わり目の前の二〇年間ほどは、天明飢饉を契機として幕藩制の再編が行われた時期と考えている。一方、変わり目の後の一九世紀初頭からの二〇年間ほどは、幕藩制と異質な新たな市場形態が生産の場で進行しながらも、まだ幕藩制を崩すものとして表立っては見えてこない時期としている。本書が対象とする時期は、この第二期から第三期への大きな転換点の前二〇年と後二〇年からなる約四〇年である。

また、マクロのデータから見ても、この時期前後は転換期と言える。一七三〇年頃より減少を続けていた全国人口は、一八〇〇年頃を底として増大に転じている。(7) 全国の耕地面積は一七世紀初頭以来一貫して増大しているものの、一七〇〇年以降は増大率が次第に鈍ってきた。それに対し再び増大率が回復してくるのが一八〇〇年頃からだと観察されている。(8) この二つの観察からは一八〇〇年頃が変わり目であったことが予想されるだろう。

物価の動きも、本書が対象とした時期を区切る一助となっている。図序－1に示すように大坂卸売物価指数は天明期を一つのピークとして、それ以降は低落傾向が続くが、一八二〇年頃を底として上昇に転じている。しか

図序－1　大坂卸売物価の動向

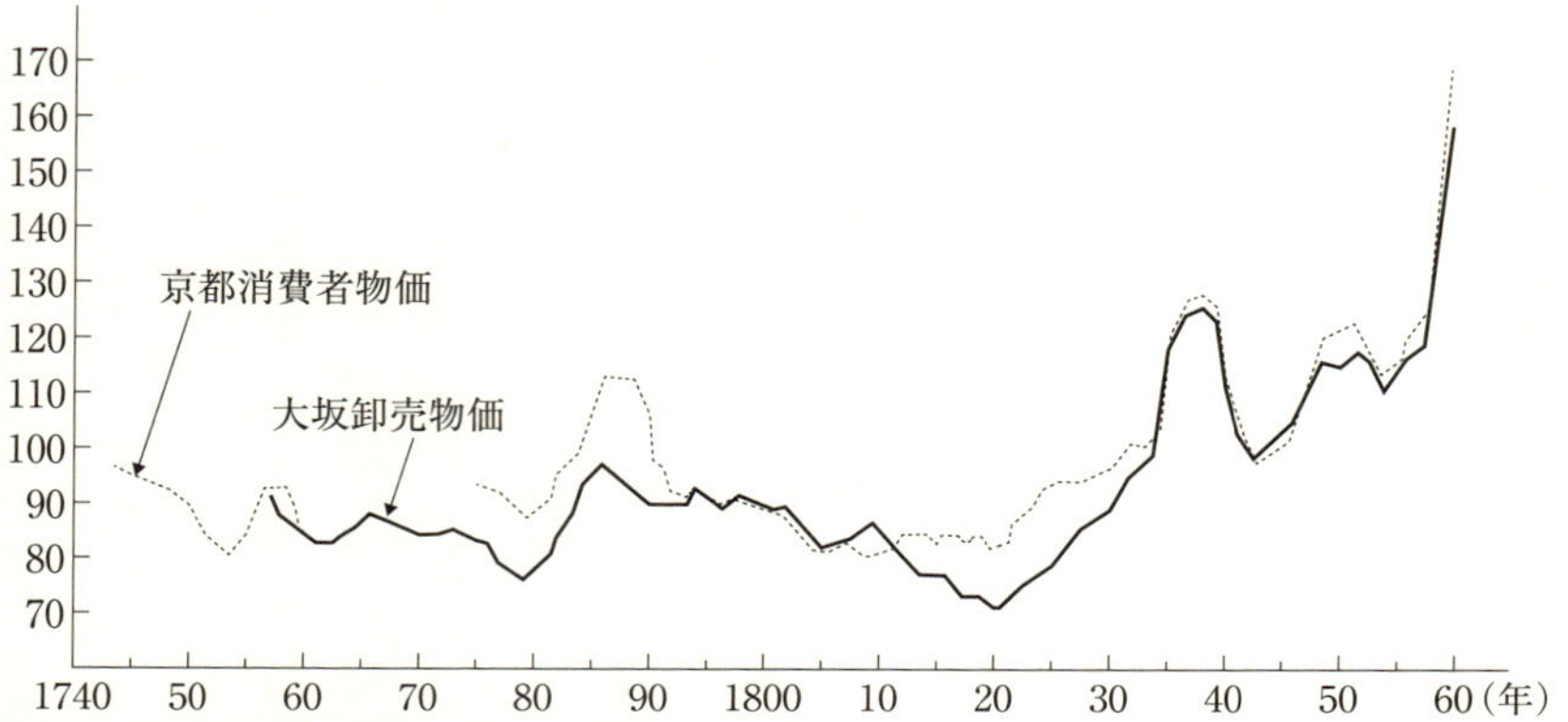

注：指数、5か年移動平均、1840－44年＝100。
出典：新保博『近世の物価と経済発展』東洋経済新報社、1978年。

も、新保博によれば、一八二〇年以降は単に物価上昇に転じたというだけではなく、物価の動き方にもそれまでとの違いが見られるという[9]。一般物価が下落する時も上昇する時も個々の商品によって下落や上昇の度合いが違い、その上昇・下落の度合いを変動幅という。変動幅が小さい商品というのは価格が下がれば供給が減り需要が増えやすく、反対に価格が上がれば供給が増え需要が減りやすく、結果として下落であれ上昇であれ変化の度合いが抑えられる品物である。この変動幅について例えば、米と米以外の農業生産物を比べると、一七八三－一八二〇年には米の変動幅の方が小さいが、一八二一年以降は逆転して米の方が大きくなっている。この点に関して新保は一八二〇年以前には幕府の米価政策がある程度は有効であったためと考えている。このような個別物価の動き方の変化にも注目しながら新保は、一八二〇年を画期として江戸時代の経済発展は「新しい局面」に入ったと判断した。そしてこの物価の状態は、本書が一八二〇年頃までを一区切りの時期として設定した理由の一つである。

　思想や教育の面でも、本書が対象とする時期には、新たな動きが予想できる。

表序－１　藩校開設の状況

年代	開設数	１年当たりの平均開設数
寛文—貞享（1661 － 1687）	4	0.15
元禄—正徳（1688 － 1715）	6	0.21
享保—寛延（1716 － 1750）	18	0.51
宝暦—天明（1751 － 1788）	50	1.32
寛政—文政（1789 － 1829）	87	2.12
天保—慶應（1830 － 1867）	50	1.32
明治元—4 年（1868 － 1871）	36	9.00
小計	251	1.19
年代不明	4	—
合計	255	—

注：石川松太郎「藩校」（国史大事典編集委員会編『国史大事典 11』吉川弘文館、1990 年）743 頁掲載の表「藩校開設の状況」をもとにし、１年当たりの平均開設数を加えた。

例えば、一般武士への儒学や教育の普及の目安として藩校の開設状況を表序－１で見てみよう。この表によれば、環境が全く異なる明治元年－四年を除くと、藩校の八七％以上が宝暦—天明以降の開設であり、しかもその中でも、寛政—文政期が一年当たりの開設数は抜きん出て多い。このことから、一九世紀初頭前後は武士教育の進展という点でも画期であったことが想像できる。

この時代についての感覚を備えた者の文言からも、本書の時期が思潮の変わり目であったことが考えられる。福沢諭吉は、天保五（一八三五）年の生まれであるので、もちろん実体験としては天明—文化期のことは知らない。しかし彼の父百助は寛政四（一七九二）年の生まれなので、本書の時期に教育を受けている。また祖父の兵左衛門は天明四（一七八四）年に家督を相続し文政四（一八二一）年に亡くなっており、本書の時期は当主として活躍していた。このような世代と時代の関係を考えてみると、少青年期の諭吉のまわりには、父百助は早く亡くなっているものの、天明―文化期を感覚的に知っていた者がまだまだいたはずである。

その福沢諭吉は、『文明論之概略』で、明治維新の変革の精神的な原点を、才智があっても門閥制度に抑えられて、その才を用いることができなかった者の鬱屈に求めて次のように記している。

事々物々皆停滞不流の有様に在るが如くなりしと雖ども、人智発生の力は留めんとして留むべからず、この停滞不流の間にも尚よく歩を進めて、徳川氏の末に至ては世人漸く門閥を厭うの心を生ぜり。(10)

江戸時代に、才智発生の力が伸びるのに比例して、門閥を厭う心が大きくなり、ついに明治維新の変革に至ったという見方である。それでは、その徴候はいつ頃から見えてくるのだろうか。続けて、次のように書いている。

其徴候は、天明文化の頃より世に出る著書詩集又は稗史小説の中に、往々事に寄せて不平を訴るものあるを見て知る可し。(11)

才智の発生の力が大きくなり、門閥制度に抑えられることの不平が見え始めるのは「天明文化の頃より」と捉えている。そのことを福沢は、その時代の著書・詩集・小説などの中に見いだしているが、それは彼が師父の世代から感じ取った天明―文化期に関する印象とも矛盾しないものであったのだろう。また、福沢が指摘する思潮の変化は、この時期に藩校の設立が多く、武士に教育が普及したという事実とも一致する。

以上に見たように、天明―文化期は、中井信彦の構造的な把握によれば、幕藩制が大きく変化する前後の四〇年であった。マクロ的には、この時期に人口が減少から増大に転じ、耕地の増加率が上昇し、この時期とこの時期以降とでは、物価は異なった動きを示していた。

また文化や思潮に目を向ければ、武士の公教育が急速に拡大する時期であり、福沢によれば維新へ向けての精神的な胎動が始まる時期でもあった。

以上のような諸点から、本書は、天明―文化期を仮に区切って考察するに価する時期として、その時期の経済思想を検討することとした。

4　本書各章の位置づけ

本書全体は、以上のような視点で編まれているが、しかし各章が緊密に構成されているわけではない。各章が、本書全体の中で、どのような位置づけなのかを、ここで述べておいた方がよいだろう。

頼春水の思想形成と儒者としての活動を扱っている第1章は、経済思想そのものを扱った章ではない。しかし、天明―文化期（以下適宜「本書当該期」と略す）の知識人の状況を考える上では、示唆に富んでおり、第2章以降を読み進める時に念頭に置いてもらいたいと考え、第1章に置いた。特に本書全体との関係から注目すべき点は、春水の学問が、ある中心地域や中心人物のもとでのピラミッド型の教育システムに属することでのみ形成されたのではなく、自ら構築した人的ネットワークの中で刺激と影響を受けて深まっていった点である。武士ではなく商人の出である春水のような者が藩の儒者に取り立てられることは本書当該期以前でも必ずしも珍しいことではないが、第1章は人的ネットワークが学問形成に大きな意味を持つようになったことを、むしろ注目すべき点として強調している。とりわけ、そのネットワークに連なる人々の多くが商人など平人身分であることも、すでに知性や文化が身分を越えて担われていたことを示すものであり、本書当該期を考える時に無視できない点だろう。

なお、春水のネットワークには懐徳堂の中井竹山が出てくるが、竹山は、第4章で取り上げる草間直方と繋がっており、また門弟であった山片蟠桃を介すれば第5章の海保青陵とも遠くない所にいた。そのような点では、当時の知識人ネットワークは実際に春水が交際した範囲を超えて拡大する可能性を秘めていた。地元に目を転じれば、春水は広島藩では社倉法の本来の姿について提言をしており（第6章、一九〇頁）、同藩で社倉法政策を担った役人達とも知己であったと考えられる。春水は広島藩藩儒であったのであるから、これは当然のことではあるが、本書当該期の経済思想と知識人の人的ネットワークの関連を示すために、このことも附言しておく。

第2章は、姫路藩の港町高砂の神社高砂社における、主に明和（一七六四－一七七二年）から天保（一八三〇－一八四四年）に至る期間の芸能興行について扱っている。鍵となっている視点は、「賑わい」であり、人々が自分の地域を賑わすことと経済的な豊かさの達成を、どのように結びつけるようになってゆくかという点である。このため本章は、経済思想といっても、特定の論者の所説を取り上げているわけではなく、興行の出願者と、それに対して許可不許可を出す当局の「賑わい」に対する意識が対象となっている。当事者自体が思想として自覚していないような経済意識のレベルにメスが入れられていると言えるだろう。なお、出願者は、名目上は高砂社だが実質上は神社講中などの高砂町人である。

本書当該期との関係から見ると、高砂社で行われた芸能興行の件数は寛政期（一七八九－一八〇一年）以降飛躍的に増加しており、この時期に「賑わい」への人々の希求が募っていることが考えられる。しかしその一方で、興行の発展が抑えられていた面も指摘されている。例えば、他領の芸人による興行は不許可となる場合が多く、領国の枠組みは生きている。また興行は、単なる芝居では認められず高砂社における祭礼芝居の形で出願されている。常設的な常芝居も公認されていない。近代都市に見られるようなハレの日常化は領主権力により歯止めがかけられていたのである。第2章は、「賑わい」への人々の希求とハレの日常化の抑制との間に、本書当該期の経済意識を浮き上がらせている。

第3章は、測量家として有名な下総佐原の商人・醸造家伊能忠敬が家族へ送った文化八（一八一一）年から文化一四年の書簡を取り上げ、そこから彼の経営観を考察している。伊能家は、一七世紀以来の佐原の名望家であり、酒造、倉庫・運送、米穀商いを行うとともに地主でもあった。この伊能家の経営に関して忠敬は、このままでは「不繁昌」の時代状況に対処できず、改革が不可欠だと認識していた。その際に経営の鍵となっている概念が「取締」であり、「手強家内取締の世話人」である。前者は適切な経営能力であり、後者は高い管理能力を備えた経営者であり、今日で言えば取締役に通じる。

その「取締」すなわち経営管理能力として忠敬が求めていたのは、律儀や倹約はもちろんのこと、市場の価格動向を適切に計測できる損得計算の能力、救恤のような名望家的行動の場合にも市場動向を忘れない経済感覚、帳簿管理能力などであった。また、書籍を学び文才があることや、訴訟などの係争時の交渉能力も求めている。しかも忠敬は、そのような取締り能力を備えた人物が家内や親族に見いだせない場合には、家や血縁にかかわらず「世話人」を採用して経営を任せることを考えていた。忠敬には、江戸・大坂・佐原の米価の隔地間価格差に営利機会を見いだそうという、いわゆる前近代商人の感覚はあった。しかし、忠敬の経営者観は、佐原のような地方町場の商家であっても、所有と経営を分離し、専門経営者としての「取締」役を考えるようになっていたことも示している。第3章は、そこに本書当該期の特質を見ている。

第4章は、大坂の両替商草間直方が寛政五（一七九三）年から文化一二（一八一五）年にかけて執筆した『三貨図彙』の貨幣史の部分を取り上げ、その著作動機を考察している。直方は、貨幣史研究を通して、貨幣と貨幣政策のあるべき姿についての見識を商人として確立することを目指していた。あるいは、商人という立場から、政治史とは異なる経済史の必要性を感じており、それが執筆の原動力の一つともなっていた。また、当時は、元文改鋳からすでに約八〇年の時が過ぎており、『三貨図彙』本編の成立の四年後には、文政改鋳が行われている。そのように点では、『三貨図彙』の執筆当時は、貨幣政策につき当局から諮問がある可能性もあり、直方は、それを予想して理論武装をするために貨幣史研究を行ったという面もあった。しかも、直方の執筆姿勢は、徹底的に資料に基づく実証的なものでもあった。本章は、実務に従事し続けた直方のような商人が、商人の立場からする明確な歴史観をもって、学問的にもきわめてレベルの高い貨幣史を著し、かつまた、そのことにより、貨幣政策を提言しうる能力を備えようとしていたことに、本書当該期の一面を見ている。

第5章は、経世論者として著名な海保青陵が、藩のあるべき姿について文化年間（一八〇四－一八一八年）に著した諸著作を取り上げている。青陵の議論に関して本章が強調しているのは、副題にあるように「経世済民から経営へ」という藩政観の転換である。従来の藩を単位とした経済政策論（経世済民論）は、「済民」（民を済うこと）という公共性を目的あるいは建前として論じられていた。公共を担うという意味においては、「経世済民」は基本的には政治であった。しかし、それに対して青陵は、藩当局者は、「大坂の経済家」すなわち大坂商人のごとき経営者であるべきであり、「礼楽刑政」を論ずる必要はなく、「金銀の事」に精通していればよいと説いた。青陵が藩に期待している、唯一の公的機能は、本章によれば富を上下の間で循環させる機能であり、それも政治によってではなく藩が経営能力を持つことにより市場において実現されるべきものであった。

政治組織に営利経営感覚も求めることは、古今に珍しくない。しかし政治組織と営利経営体は本来別のものである。政治組織の正当性は、どのように営利性が加味されたとしても、何らかの意味で公の価値を主張し、それを担うところに成立するからである。しかし、青陵は、「礼楽刑政」の実現のような、建前としての公の価値を一切払拭し、政治組織が営利経営体そのものになることを主張した。また、君臣関係をも含めて、藩政の全てに「シロモノ」の「ウリカイ」すなわち商品取引の原則を貫徹させようとした。

本書当該期には、一方では藩の政治・財政機能の行き詰まりがあり、また他方では、民間の経営者たちが力をつけながらも政治を担いうる存在としては見えてこないという時代状況があった。藩を営利経営体にしようという青陵の非現実的とも言える議論は、このような時代状況の中で、代わるべき政治と経済の担い手を模索する中から生まれた極論と言えるだろう。

広島藩における社倉法とその思想を扱った第6章は、第5章とは対照的に、本書当該期における公の新たな意義に光を当てるものとなっている。飢饉対策、救恤用、米価調節などのために穀物や貨幣を貯える社倉法は、特に一八世紀後半から全国に普及していった。本章で取り上げる広島藩の場合にも明和七（一七七〇）年を嚆矢として藩の指導や補助により全藩にひろがり、天明六（一七八六）年には藩内全町村に社倉が設置され、文政二（一八一九）年には領内社倉の石数が約七万石に達していた。広島藩では本書当該期は社倉法が盛んであった時期であった。

本章は、その広島藩社倉法に思想的に強い影響を与えたものとして、藩内海田市村の名主で山崎闇斎系の朱子学と神道を学んだ儒者加藤友益およびその子友徳の社倉についてのいくつかの著作を取り上げている。中でも後に広島藩における社倉法の理念的支柱となった著作として、友益が享保二〇（一七三五）年に著した『社倉攷意』を詳しく検討している。

救荒、救恤のための社倉法には、単なる貯穀・貨幣の蓄財のみの場合と、その充実を名目として貯えられた穀物や貨幣を利貸運用する場合があった。それに対して『社倉攷意』の特色として、本章が特に注目しているのは、営利性を排除する主張である。同書は、交換手段としての貨幣の便益を認めながらも、社倉の場合には利貸運用などに便利な貨幣の蓄財ではなく、不便であっても穀物を貯えるべきであるとの立場をとり、また、社倉法の第一義的な意味は飢餓に対する憐憫であり利殖ではないことを強調していた。本章によれば、このような『社倉攷意』の所論は、市場経済を認めながらも、その浸透によってもたらされるリスクに対するセーフティーネットを構築する必要性を主張するものであった。広島藩でこのような著作が社倉法の理念的支柱となった本書当該期は、市場経済の浸透の一方で、セーフティーネットの構築という公が求められ盛んに実践された時でもあったのである。

本多利明は、幕藩制の枠組みを越えて、国内の生産・流通の抜本的改革ばかりでなく対外交易にも言及した経世論者・算学者として著名である。第7章は、その利明が、天明六（一七八六）年から寛政一三（一八〇一）年にかけて著した八編の蝦夷地開発政策論を時代順に整理し、本書当該期における利明の思想の展開について考察している。

天明期の著作では、利明は、伝聞や他の論者の著作により蝦夷地情報の受容につとめている段階であった。この時期の著作では、受け入れた情報の正誤について見解を付記し、支配や殖産の可能性を指摘するものの、政策論を提起するには至っていない。その後、寛政元（一七八九）年から寛政三年の著作では、天明期に収集した情報をもとにして、蝦夷地の幕府直轄地化を勧め、幕府による農業開発、鉱山開発、移民政策、統治策などの政策を論じ、また、それらの開発の実績を背景として国境を画定し国内領域を確立することを提起している。さらに、それから一〇年後の寛政一三年の著作では、蝦夷地開発を日本の将来像と結びつけて論ずるようになる。一つには、蝦夷地開発により将来は輸出産品の生産を増大させることができ、そのことにより日本の対外貿易を発展させられると構想した。また、今後の国内人口増加を見越して蝦夷地を将来の物資補給基地と考えるようにもなっていた。利明の蝦夷地論は、情報の受容、政策の提言、将来の構想と発展していったのである。

一七七〇年代以降、蝦夷地周辺へロシアの進出が見られるようになり、それに伴い幕府も蝦夷地への関心を強め、同地の調査を行い、対応策を講ずるようになる。そのような中、幕府は、寛政一一（一七九九）年には松前藩に東蝦夷地を上知させて直轄地とし、文化四（一八〇七）年には松前藩領として残っていた西蝦夷地をも直轄地化し対策を強化した。しかし、文化末年以降幕末まで、ロシアの進出は一時的に影を潜める。それと軌を一にするかのように幕府は松前藩に蝦夷地を戻し、再び封建領国制の枠組みに回帰した。本章が整理した利明の蝦夷地開発政策論は、このような本章当該期の時代状況の中で論じられ発展したものである。

第8章は、江戸幕府の三奉行（寺社奉行、江戸町奉行、勘定奉行）各々が、享和元（一八〇一）年に提出した「三奉行建議書」の内容から、経済や経済活動についての彼らの認識を析出したものである。この建議は三奉行が、蝦夷地問題への対処について老中より諮問を受け、それに応えて提出したものであった。したがって、第7章と同じく、内容は蝦夷地問題に関係しているが、本章の場合は三奉行の蝦夷地政策そのものを探ることが主題ではない。蝦夷地のことを論じる際に、彼らの思考の前提となっていた日本経済への理解を明らかにするところに本章の目的はある。

分析は、勘定奉行の柳生久通の建議を中心とし、それに他の奉行の建議を参照して行われている。そこから、本章は、彼ら為政者の考え方として次の四点を取り出している。第一には、外国が望む日本からの輸出品は金銀銭であるという認識。これは現実にロシアが望んでいたものが食料であったにもかかわらず、長崎貿易などからそのような貿易観を彼らが持っていたということである。第二は、アイヌの生活を向上させることに関連して示された考え方で、ひとたび豊かになった生活は元の貧しさへは戻せないもので、豊かになった生活を維持する責任は為政者にかかってくるという認識（「豊かさの不可逆性と為政者の責任」）。第三は、蝦夷地の農業開発に関連して示されている考え方で、下野や常陸の例からも、収益のあがる農業開発というものは簡単ではないという認識。第四には、アイヌの交易活動や移住者の行動に関連して、私利を追求する人々の経済活動を強制的に規制することは困難だという認識（「経済活動への強制の困難」）。

これらは、いずれも蝦夷地政策を論ずる際に明らかになったものである。しかし、それらは、「豊かさの不可逆性と為政者の責任」や「経済活動への強制の困難」といったように、蝦夷地問題を離れて一般化できる経済観でもある。本章は、貨幣経済・商品経済のある程度の深まりの中で、本書当該期に為政者集団が右のような経済に関する理解を持っていたことを示している。

以上のように、本書は、知識・学問の形成のされ方を論じた第1章を最初に置き、高砂の無名の町人および当局者の経済意識（第2章）、佐原の商人測量家伊能忠敬の経営観（第3章）、大坂の大商業資本の経営者草間直方の貨幣史観（第4章）、広島藩で行われた社倉法の背景となっていた経済観（第6章）、海保青陵や本多利明のような職業的経世論者の藩経済論や蝦夷地開発政策論（第5章、第7章）、蝦夷地問題に際して明らかとなった為政者三奉行の経済観（第8章）を取り上げている。これらに見るように、本書は当該期に関して、さまざまな立場のものの所論・文言などを取り上げることにより、転換期と考えられる天明―文化期の経済意識や経済思想を多角的に浮き上がらせることを狙いとしている。

ただし、どの章に関しても、本章当該期にどのような思想が現れたかは明らかにしているが、それが文政期以降とどのように異なるかについては、必ずしも十分には語られていない。天明―文化期の経済思想の特質を明らかにするためには、当然のこととして、文政期以降との相違にも目を配らなければならない。その点に関しては、今後の課題とすることを最後にお断りしておく。

注

（1）島崎隆夫「日本経済思想史の研究史――徳川時代経済思想を中心として」（慶應義塾大学経済学会編『日本における経済学の百年』上巻、慶應義塾大学経済学会、一九五九年）一二一頁。

（2）逆井孝仁「第一編　概説」（杉原四郎・逆井孝仁・藤原昭夫・藤井隆至編『日本の経済思想四百年』日本経済評論社、一九九〇年）二六頁。
（3）同、三－二七頁。
（4）「国益」についての藤田の著作は多いが、その最初の提示は、藤田貞一郎『近世経済思想の研究』（吉川弘文館、一九六六年）。なお、ここに述べた藤田の視点は、この著作の序論（一－一四頁）に示されている。
（5）川口浩『江戸時代の経済思想——「経済主体」の生成』勁草書房、一九九二年。なお、ここで述べた川口の視点は、この著作の序章の三－八頁に示されている。
（6）中井信彦『幕藩社会と商品流通』（塙書房、一九六一年）一二－一七頁。
（7）速水融・宮本又郎編著『日本経済史1　経済社会の成立　17－18世紀』（岩波書店、一九八八年）四四頁。
（8）同。
（9）新保博「第Ⅳ部　貨幣・物価・賃金」（新保博・速水融・西川俊作『数量経済史入門——日本の前工業化社会』日本評論社、一九七五年）二二三—二二七頁。
（10）福沢諭吉『文明論之概略』第五章（戸沢行夫校注『福沢諭吉著作集　第4巻　文明論之概略』慶應義塾大学出版会、二〇〇二年、一一二頁）。
（11）同、一一三頁。

目次

第8章　蝦夷地政策論に見る日本経済観
――享和元年の三奉行による建議を中心に　249

髙橋　周

第1章　「道を知る」こと——学問の転換期と頼春水

ベティーナ・グラムリヒ＝オカ
（山本嘉孝訳）

はじめに——学問の転換期

安芸国の平人、紺屋又十郎（一七〇七－八三）には三つの願いがあった。[1]

吾有三志、其一吾有丈夫子、願其能明志知道、解褐居高以大我門、非我願也、其二我好遊、得観富嶽則足、足跡遍于天下、我則不欲也、其三我欲相修更宅、高堂大廈以衒人目、我則不欲也[2]

幸い又十郎の願いはすべてかなった。[3] 富士山見物をし、家屋は改修された。そして最も重要なことに、又十郎の三人の息子たちは皆「能明志知道」（能く志を明らめ道を知る）者に育った。頼家の伝記でもよく言及される右記の又十郎の思いは、又十郎の三子、頼春水（一七四六－一八一六）、頼春風（一七五三－一八二五）、頼杏坪（一七五六－一八三四）の篤志の源泉を探るうえで有益な手がかりとなる。「知道」（道を知る）[4] ことの内実については明言されないが、孔子の道、すなわち儒学の究明を意味したことは文脈から類推できる。

「道を知る」ことの結果として頼家が獲得したのは社会的・経済的上昇であった。三子とも朱子学を修めることで、自身の地位を向上させた。春水と杏坪は広島藩に儒者として召され、春風は故郷の竹原で医者・教育者となった。いずれも身分の低い父親の跡を継がず、家業は親類に譲渡した。

頼家の三子が朱子学を修得し、為政者側の〈公共圏〉への参画を果たした時期は、本書が焦点を当てる天明～文化期の幕藩制転換期に当たる。(5) 徳川時代の日本社会は、表向きには世襲の身分制によって治められていたが、近年の研究で明らかになりつつあるように、個々人が地理的・社会的周縁から政治の中心に接近することは可能であった。(6) 当時を生きた人物の略歴を人物事典などで参照すれば、各々の人物が生涯を通してさまざまな形で身分の変化を経験したことが看取できるが、事典の類は社会的上昇・下降の理由や経緯について詳説しないことが多い。(7) したがって、各人物が生きた時間と空間に立ち戻り、それぞれの経歴を具体的に解明する研究が望ましい。また、女性は男性と異なる形で身分の変化を経験した。この点にも留意が必要である。

同時代の中国や朝鮮と比べれば、近世日本の学者は低い身分に甘んじていた。(8) 武家を頂点とする身分階級制において、学者は、医者や仏僧などと同様、明確に定義された地位を持たなかった。理念上は、家業と身分は対応するはずであったが、学業や医業には、身分に関係なく武士も平人も就くことができた。一般に、将軍や藩主に召し抱えられていた学者には武家の身分が与えられ、市井で治療を施した医者や私塾で教授した儒者の多くは平人の身分であった。また武家が失職した場合、平人の職に就けば武家の身分を失ったが、学者になれば武家のままでいられた。その一方で、平人が身分の固定されていない学者になれば、社会的上昇を望むことが可能であった。一八世紀後半には、私塾の経営が学者の活路として一般化したのは、経済的・文化的利益に加え、藩儒に召され、武家の身分を付与される機会を窺う学者が少なくなかったためと思われる。(9) 徳川時代には、学問を修めた男性が社会的上昇を望んだ場合（女性は初めから除外されていた）、医者や学者を目指すのが合理的な進路であった。(10)

本章では、又十郎の長子、頼春水を取り上げ、春水の社会的上昇の過程を具体的に考察する。春水の身分の上昇に関連する諸般の出来事については、詳細な記録が残されている。春水の事例が示すのは、たとえば、学者の身分が平人から下級武士へ上昇した後も、生活水準は必ずしも向上しなかったこと、また私塾の人気は、教授者の身分などでなく、評判によって形成されたこと、などである。つまり、学者は理想化され固定された「士農工商」の階級制度の内部に収まりきらない個人であって、職種としての学業は世襲身分制社会のもたらす矛盾を部分のみでも解消しうるものであった。したがって、社会的上昇を望む染物屋一家が「道を知る」ことに目標を定めたのも理にかなっていた。

しかし、頼家の社会的地位の変化は理念的・抽象的なものであったのではなく、特定の時期と場所、すなわち具体的な社会状況の中で実現された。春水が学者として頭角を現すためには、まず学者たちのネットワークへの参加が必須であったが、春水自身が残した詳細な記録によって、幸いにも春水が人脈を開拓していった過程を詳らかにすることが可能である。春水は人的ネットワークを構築することで、学者としての名声を高め、ついには広島藩校の教授職を得、武家の身分を与えられ、一八世紀後半から一九世紀初頭にかけての日本を代表する学者の一人としての名声を確立したのであった。

春水が残した記録から、当時、ヒト、モノ、思想がどのように移動し、流通したか、また当時の人的ネットワークがいかに多様な人々に対して開かれており、政治・教育・社会経済に関連するさまざまな目的のために活用されていたかが明らかとなる。春水が参加した人的ネットワークを検討すれば、安永期（一七七〇年代）以降、学問の社会における位置づけ、内容、意味が変容していった様相について理解を深めることが可能である。[11]春水が活躍した時代を境として、学問は近世日本の社会の中で以前とは異なる役割を果たすようになっており、進路としての学業も異なる位置づけを持つようになっていた。これは学派の発達と大いに関連していた。[12]

1　父親による投資

頼春水の堅固な志の形成には、春水が受けた教育と生家の社会的地位が作用した[13]。春水が生まれた広島藩の竹原は、近世初期には海運の要所として栄えた小さな港町であったが、近世中期までに塩田の開発が進み、やがて日本有数の塩の生産地となった[14]。経済的繁栄は竹原の有力者・分限者に社会的・文化的上昇の機会を与えた[15]。たとえば、神主の唐沢家、町年寄で質屋・酒造も営んでいた吉井家などは、当時の文化的中心であった京都に子弟を遊学させ、後には竹原で会読・講釈を開き、竹原の文教に貢献することを期待した[16]。

頼家は、又十郎の代には比較的豊かな生活を送っていたが、最初から竹原の有力者層に属していたのではなかった[17]。頼家は一七世紀初頭、隣藩三原から竹原に移り住み、又十郎は移住後の四代目であった。移住当初は海運業に携わっていたが、又十郎の代になると染物屋を生業とした。又十郎は、竹原屈指の豪商で町年寄でもあった吉井豊庸（一七〇〇－五〇）と、医者で竹原の有力者の塩谷鳳州（字道碩、別号志帥、一七〇三－六四）に和歌を学び、塩田を所有する裕福な浜主が集まる歌会に参加した[18]。又十郎が竹原の有力者の輪に加わることができたのは、歌学の修得を通してであったと考えられる。池上英子も指摘したように、当時の文化的営為は、身分を超えた人的交流を可能とした[19]。

又十郎は、三子に余すところのない教育を受けさせるため尽力した。頼家の伝承に拠れば、又十郎の父も、又十郎が子を学者にすることを後押ししたとのことである。幸いにも、春水、並びに春風、杏坪は、早くから高い学力と集中力を示し、特に春水は幼い頃から、学問とあわせて書道や漢詩の制作にも秀でていたため、神童と呼ばれた。初めは家で学問の手ほどきを受けたが、宝暦七（一七五七）年、一二歳になってからは又十郎の師、塩谷道碩、並びに竹原照蓮寺の獅絃（一七二九－一八〇七）のもとで学んだ[20]。竹原が文化的繁栄を迎えたのは元禄

（一七〇〇年前後）ごろであり、春水が幼年期を送った時分には、春水自身が回想したとおり、かつての勢いは失われていた。竹原には春水の才能を活かす場が乏しいことは又十郎も承知していた。[21] よって宝暦九（一七五九）年、一四歳の春水は、より繁栄していた三原に送られ、仏通寺の寰海周契（一七三〇－六七）と順勝寺の平賀中南（一七二二－九二）のもとで漢籍を学んだ。[22] 中南は道碩と同じく竹原の出で、京都、江戸、長崎に遊学した経験があり、後には唐音研究で日本中に名を馳せた人物である。[23]

春水が三原で受けた教育の中身について詳しい記録は残されていないが、漢詩と書道の習練は特に重要な位置を占めていたようである。春水が七、八、九、一一歳の折に制作した書の作品が現存し、近年の展示図録で確認することが可能である。[24] また春水には次の逸話が伝わる。宝暦一四（一七六四）年一月一〇日、江戸に向かう朝鮮通信使の一行が近辺に一泊した。一九歳の春水は、弟たち、及び叔父の頼伝五郎（一七二六－一八〇〇）とともに通信使に漢詩作品を見せ、称賛を浴びたとのことである。[25]

宝暦一四（一七六四）年は、まさに春水の生涯における分水嶺であった。竹原と三原を去る時が来ていた。「道を知る」ための学問を深めるには、より多くの選択肢がある場への移動が必要だったのである。ちょうど、他の学者・学生たちを相手に自身の学力を試すための準備もできていた。同年、一九歳の春水は竹原・三原を発ち、初めて上方を訪れた。後に自身で回想したように、春水は堺で医者の竹田圓璉に面会した。春水によれば、それは「持病」の治療のためであった。[26] しかしこれは表向きの建前であって、三月一五日に竹原を出航して後、何か月も戻らなかった。

春水は万全の準備をもって上方旅行に臨んだ。堺、大坂、京都で面会すべき一〇〇名以上の名を録した『東遊雑記』（一七六四年成立）を携えていた。[27] 春水は出発前に、各々の人物の居住地について記しておき、実際に面会できた人物の名には印を入れた。学者として抜きん出たいとの春水自らの内発的な意欲もこの上方行きの大きな原動力となっていたであろう。

2　人名録を携えて

『東遊雑記』所収の人名録は、後に春水が自らの志を遂げるために構築した人的ネットワークの基盤となった。一一四名の名が載っていたが、それらの人物の選択基準について春水は言及していない。しかしその顔ぶれから、春水の父、親類、師などの紹介によるものであったことが推察できる。

しかし、春水が『東遊雑記』に記したのは主に人名や居住地のみであり、名の載る人物たちのうち、伝記が知られているのは半分にも満たない。それは大抵、漢詩、書道、漢学などの文化的・知的営為に携わった人物であり、知人同士である場合も少なくなかった。その他の人物については、かろうじて家業や職業などが類推されるのみである。同時期の人物を取り上げた人名事典の類は、文化的功績に焦点を当てるのみのことが多い。残る人物については、今後、さらなる調査と解明が俟たれる。

このように、未だその全容が明らかにされていない『東遊雑記』だが、示唆するところが大きい資料である。人物たちを居住地、職業、身分、年齢、出身地で分類すれば、その内容が把握しやすくなる。なお、同書は名前で判断する限り一人も女性を載せないので、性別については考慮しなくてよい。まず居住地であるが、大坂が最も多く、その次は京都、そして少数が堺である。商業を通して竹原と最も関係が深かったのは大坂であり、また宝暦・明和（一七六〇年代）以降の大坂は、学問の中心地の一つになっていた。

人物の職業について、春水は、生業を指す「業」の語を用いて記した。多様な職業の中でも商人が目を引く。たとえば、人名録の冒頭に名が載るのは、大坂に店を持っていた竹原の塩問屋、阿波屋仁左衛門で、大坂を訪れた春水はこの人物のもとに身を寄せた。ほか一六名の商人たちは、塩、絹、綿、炭、錦などを取り扱っており、名によって町人の身分であったことがわかる。これらの商人たちは、又十郎をはじめとする竹原の商人たちと同じ商人ネットワークに属しており、急用の際には助け合い、商談を行うなど、普段からさまざまな接触を持っていたと考えられる。(28)

商人の次に主だった職業は医者である。ただし、前述の竹田圓璡は記載されていない。実際、春水が『東遊雑記』に記載したのは、持病の治療を受ける以外の理由で訪問を希望したであろう、著名な医者たちであった。春水が二人目に記した永富独嘯庵（一七三二－六六）は医者・外科医として名高く、二年前に大坂に移り住んでいた。春水によると、師の中南が紹介したとのことである。(29)同じく医者で記載があるのは、宝暦一〇（一七六〇）年ごろから大坂に住んでいた佐々木魯庵（一七三三－八二）、岡魯庵（一七三七－八六）、鳥山崧岳（生年不詳、一七七六没）など、学者・漢詩人としても知られ、後に春水と同じ詩社に属することとなる人物たちだった。春水はこれらの一一名の医者の文化的功績に対して関心を寄せたのであり、治療を求めたのではなかったであろう。以上とは別に、学問・文芸・諸芸に携わっていた一二名の人物の名も載る。医者であれば、医術を生業としていたはずであるが、この一二名全員の生業はさまざまであった。春水が名を記した河野恕斎（一七四三－七九）と竜草廬（一七一四－九二）は、著名な儒者としてそれぞれ蓮池藩と彦根藩に召し抱えられていた。しかし、春水が三人目に名を記した、尾道出身で大坂在住の著名な南画家、福原五岳（一七三〇－九九）のように、自身の文化的営為のみによって生計を立てていたとは考えにくい人物もいる。また春水が後に師事することとなった書家・篆刻家の趙陶斎（一七一三－八六）、及び著名な画家の池大雅（一七二三－七六）は、書画を生業としたが、春水と親交を結ぶこととなった漢詩人の葛子琴（一七三九－八四）は医者として生計を立てていた。また混沌社の盟主で漢詩人の片山北海（一七二三－九〇）も、アンナ・ベーレンス（Anna Beerens）が行った、近世日本知識人の人的ネットワークに関する革新的な集団履歴研究（prosopography）で指摘されたように、漢学の私塾を開いて生計を立てていたと思われる。[30]

春水の人名録に載る多様な地域、年齢、職業の人物たちには、竹原の寺院と関係があったと思われる仏僧一三名も含まれていた。『東遊雑記』は、又十郎、春水の師たち、並びに春水自身の人的ネットワークに属していた上方の人物たちをすべて列挙したものであろう。そこに載る人物は、平人の春水が面会するにふさわしい身分の者ばかりであった。上級武士や公家は一人も載らず、武家の人物は、決まって幕府や藩に召されている医者か学者であった。

年齢について言えば、生年が判明する人物は皆、春水より年長であった。当時の春水が一九歳で、教えや力添えを請うために面会を希望したことを考慮すれば当然であろう。人名録に載る学者たちは、専ら漢学を専門としていた。これは春水が唐土の学問と文化に関心を寄せていたことと矛盾しない。

『東遊雑記』の人名録は、新たな人的ネットワークに春水が加わったことの象徴とも言えよう。そこに載る人物たちは、事実、春水に前進の機会を与え、春水の思想的成長を支えた。先述したように、同書からは、春水が四カ月の間に多数の人物との面会を望み、旅の機会を最大限に利用せんとした春水の強力な意志が看取できる。[31]この人名録を携えた春水は七四名との面会を果たし、明和元（一七六四）年八月七日、無事、竹原に帰着した。[32]

3　ネットワークへの参加とその費用

帰郷した春水は、印入りの人名録、自作の漢詩、並びに道中の出費の記録を持ち帰った。[33]本節では後者、すなわち道中の出費に焦点を当てる。宝暦一四（一七六四）年四月朔日から明和元（一七六四）年八月七日までの期間に、春水はおよそ一四八匁七分二厘を出費し、加えて復路に三五匁四分がかかった。二四－二五匁ずつした餞別の品を一〇個購入したことを除けば、上方旅行に合計一八四匁一分二厘の費用を要したことになる。現代の金額への換算は容易でないが、春水による出費の合計額は春水一家が寛政八（一七九六）年の一年間に筆と紙に費やした金額にほぼ等しい(34)。

春水は費用の用途を詳述した。髪結いに四〇文（銀貨六分五厘(35)）、渡海船に七〇文、下駄に四〇文、醤油と酒に五分ずつ、炭に三匁五分などである。前述したように春水の上方行きの表向きの理由は持病の治療であったが、治療費や薬代の記録は残されておらず、その代わり記されたのは、面会した人物たちに支払った金額である。芥川養軒（一七一〇－八五）には三匁、林景介には四匁四分が支払われた。両者とも京都の漢学者であり、授業料であったと思われる。また春水は、竹原出身で在京の仏僧、超倫など、主に「師」と呼んだ人物に餞別の品を送った。また趙陶斎の門人、田中敬亭（一七三五－一八一二）にも、「恩借」に対する謝礼として一八匁二分を渡している。

上方に滞在中、新しく出会った人物たちを手始めに、春水は自らのネットワークの範囲を急速に拡大していった。たとえば、春水は竹田圓璡の治療を受けることとなっていた一カ月間、堺の裕福な絹商人で惣年寄であった益田睢軒（一七三二－九八）に招かれ下宿した。睢軒のもとにはすでに趙陶斎も滞在しており、それがきっかけとなり、春水は陶斎の指導を受けることができた。それから間もなく、春水は大坂で陶斎の門人らと面会し、その中には後に二〇年間あまりにわたって春水の後援者となった金貸業を営む森田士徳（一七三八－八二(36)）、同時代のいわばサロン文化の牽引者、木村蒹葭堂（一七三六－一八〇二）、そして混沌社盟主の片山北海が含まれていた。この三者は、春水の人名録にも載る人物たちであった。如上の著名人と知り合う機会を得た春水は、間もなく、最年少者の一人として大坂の文化活動の中心に加わることとなった(37)。

『東遊雑記』が収める二種の記録――すなわち一〇〇名以上の人名録と詳細な支出記録――は、春水による金銭的出費と社会的・文化的上昇が、〈投資〉と〈利益〉といった社会経済的関係で結ばれていたことを示唆する。地方からやって来たわずか一九歳の春水が上方の有力な人的ネットワークに属するためには、米三石に相当する出費が必要とされたのである。一般の百姓にとっては大きな金額だが、裕福な百姓の家であれば負担可能な額であった。

4 ネットワークのさらなる拡大

人脈の拡大は、春水に数々の新しい機会をもたらした。最初の上方旅行で発生した二〇〇目の出費は、その二年後の明和三（一七六六）年、二一歳の春水が再び大坂を訪れた際のいわば元手となったのである。春水はその後、三六歳で広島藩儒に召されるまで、広島に戻ることなく大坂で過ごした。又十郎は春水が出発して一年後、春水が継続して大坂に滞在できるよう、春水の大坂行きの理由を「身上為挊」（身上挊《かせ》ぎの為）、すなわち生計を立てるためとし、竹原の町奉行を介して広島藩の許可を請うた[38]。その後、又十郎は四度にわたって大坂滞在の期間延長を申し出ている。春水には竹原に戻る意思はなかった。春水にとって「身上為挊」とは、家業の染物屋を継ぐことではなく、「学問修行」への従事を意味した。いつか学問に励み「道を知る」ことが「身上を挊ぐ」ことへと繋がることが期待されていたのである[39]。

大坂時代の春水が築き上げたのは、自身だけでなく後に頼家一家（母親は早く一七六二年に没していた）が加わり、また収入源を求める際にも役立つこととなった、学術・文化的ネットワークの基盤であった。春水は、書簡でしばしば自身が「田舎」の出であることについて言及した[40]。確かに春水は地方出身であったが、努力、才能、また周囲の人物たちの助力によって、出自を障碍とすることなく前進していった。それから七年間、春水は学問に励み、詩社によく参加した。この時期は、おそらく又十郎からの経済的援助によって生活していたと思われる。

又十郎は長寿を得、春水のための教育投資が結実したのを見届けることができた。春水は明和七（一七七〇）年、又十郎を連れて富士山見物に出掛け、京都では著名な歌人、小沢蘆庵（一七二三－一八〇一）に引き合わせた。又十郎は蘆庵のもとで三カ月間にわたり和歌を学んでいる。(41) また次男の春風は、明和六（一七六九）年、一七歳で大坂の春水のもとに身を寄せ、古林見宜の塾で医学を学んだ。春風が安永二（一七七三）年に竹原に戻ると、今度は一八歳になっていた三男の杏坪が大坂の春水のもとで数カ月を過ごした。

春水が新しい知人たちとともに学問・文芸に励んだのは、ちょうどこの頃であった。春水は大坂に戻ってすぐ、明和元（一七六四）年から詩会を開いていた混沌社に加わった。混沌社に参加していた二一名のうち、多くが春水の人名録にも載る人物たちであり、春水はその中で最年少であったと思われる。春水の人脈は急速に拡大し、大坂商人の学問所、懐徳堂で教授していた中井竹山（一七三〇－一八〇四）や弟の履軒（一七三二－一八一七）とも知り合いとなった。春水の書簡から、春水が参加した活動、出会った人々、学んだ事柄や読んだ書物、出費などについて窺うことができる。(42)

春水は多くの年長の知人を得たが、同時に、より世代の近い人物たちにも人脈を広げていった。そのほとんどは春水と同じく他国から来坂した者たちであった。学問の転換期に当たる安永期（一七七〇年代）の大坂は、諸国から才能ある若者たちが集まる場所であった。安永三（一七七四）年、春水は上野出身の高山彦九郎（一七四七－九三）、及び肥後出身の藪孤山（一七三五－一八〇二）に出会った。あわせて、春水は備後出身の菅茶山（一七四八－一八二七）、明和七（一七七〇）年に来坂した伊予出身の尾藤二洲（一七四七－一八一三）、讃岐出身の柴野栗山（一七三六－一八〇七）、安永四（一七七五）年に来坂した古賀精里（一七五〇－一八一七）とも知り合いとなり、ネットワークをさらに拡大していった。高い志を持つこれらの若者たちは、教育・職の機会を求めて大坂に集まっていたのであった。

春水のネットワークの一部となり、後に名高い学者たちとなる以上の人物たちには、多数の共通項があった。大抵、身分は平人であり、経済的にある程度の余裕があった。また古典の学問的素養があり、地方から上方の中心地に集まって来ていた。[43]彼らの親交が朱子学とその宣揚への関心を共有する思想的ネットワーク形成の下地を作り、後には寛政二（一七九〇）年の異学の禁の発布にも影響を与えることとなった。つまり、これらの人物たちは、後に実際の政治の場での政策決定を行うまでになったのである。[44]

5　学問の活用

竹原を初めて発ったときから一〇年にもなろうとする年、二八歳の春水は自身の私塾を大坂に開き、青山社と名付け、自身は春水南軒の号を名乗った。[45]弟たちに宛て、塾を開いた当初について言及した安永二（一七七三）年閏三月三日の書簡で、春水は儒者として学問を教授する「儒業」の仕事を決して好まなかったが、「脇道より出世」するためにその道に進んだと記した。[46]学問の修行期間を終えても仕官の機会を得られていなかった春水は、一時的に経書の研究と教授で生計を立てることを選んだのであった。これは春水の父と祖父が望んだ道にもかなっていた。

私塾を開いた春水は、竹原の塩問屋、阿波屋仁左衛門から借り受けた江戸堀北一丁目（現、大阪市西区）の借家へ転居した。阿波屋は、以前から春水の下宿先や為替手形の換金などを世話していた人物である。春水の後援者、森田士徳も、塾の開設にあたって資金援助を行ったようである。しかしこの時点を境に、春水は経済的に自立し、父の又十郎に頼る必要がなくなったようである。春水の塾で学ぶ者は、食費として一日に八分、授業料として二両を年に五度、節句に合わせて支払う必要があった[47]。この料金設定は平均的なものであったとはいえ、裕福な家の子弟でなければ塾生となることは難しかった。塾を開いてから六年後の寛政一一（一七九九）年の時点で、春水には三〇名ほどの門人がおり、その多くが春水のネットワークに属する人物の子弟であった[48]。春水の収入の合計額は、銀五貫に相当したと推定される。門人一人につき春水が初めての上方旅行で出費したのとほぼ同じ額が得られたことになり、かなりの金額になったと思われる。

私塾では万事順調に進んでいた春水だが、さらに大きな志を抱いていた。『大日本史』をめぐる春水の尽力は、このことを物語っており、実際、後に日本中に春水の名声を広めるきっかけとなった。水戸藩の学者たちが編纂した『大日本史』（その完成は二〇世紀初頭であった）の閲覧を希望する者は多かったが、流通していた写本は極めて少部数であった。唐土の史書に倣い、訓点なしの正則漢文で書かれ、最終的にはほぼ四〇〇巻の大部となった『大日本史』は、専門家でなければ正確な読解は難しく、閲覧も制限されていた。

春水にとって、『大日本史』は追加の収入源となった。安永五（一七七六）年、春水は津和野藩家老の布施三郎右衛門から、その時点で編纂の完了していた『大日本史』全巻の転写本を制作するよう依頼された。春水は懐徳堂所蔵の『大日本史』を借り、弟、友人、門人らとともに二年間をかけて写本制作に取り組んだ後、安永七（一七七八）年一一月に転写本を完成させた[49]。二四三巻及び附録一巻から成る正徳本『大日本史』の書写作業には三〇名以上が動員され、一〇一巻の写本としてまとめられた。春水自身は全体の三分の一ほどの書写を担当し、料紙、墨、筆、食費、人件費を負担せねばならなかった。春水の記録によれば合計一貫三七四匁八分の費用がかかったが、後に依頼主から償還があったと思われる[50]。現存する記録には、どれほどの利潤が得られたかは示されていない。広い人脈を持つ春水でこそ『大日本史』を閲覧できる立場におり、信頼できる人員を招集できると見込まれたがために、このような大仕事の依頼を受けたと言えよう。

6　帰郷への思い

安定した収入と高まりつつあった評判を手に入れた春水は、「能明志知道」（能く志を明らめ道を知る）者になってほしいと願った父又十郎の期待を忘れていなかった。春水は『大日本史』転写本を布施に届けた後に、竹原の弟たちに宛てた安永七（一七七八）年一一月一三日付の書簡に「ヨキ機も有之候ハ、ソレへ投シテ御蔵へ献上候ハ、是亦吾家学事ノ面目かと存候」[51]と記した。実際、春水は布施に提出した転写本に加え、二点目の転写本も同時進行で制作していた。同月二五日、春水は竹原の町奉行に向けて長文の書状を認め、その中で、「身上為拵」に長期間にわたる大坂滞在の許可を賜ったお蔭で私塾を開くことができたことを記し、「御国恩」に報じるため、広島藩主に『大日本史』の転写本を献上したい、と述べた。

これがやや変則的な申し出であったことは春水自身も承知しており、大坂の友人たちにこの件について事前に相談していた。頼家は弟の春風を竹原の町奉行らとの連絡に当たらせ、町年寄の吉井半三郎[52]とその子を通して、半三郎の妻の親類であった広島の町年寄、室屋喜右衛門に春水の意思が言付され、さらに町奉行の林甚左衛門、郡奉行の川崎鹿之助に伝えられた。町奉行・郡奉行は見本として転写本数巻を求め、春水は翌年の安永八（一七七九）年七月・八月に提出した[53]。春水は大坂詰の広島藩士に申し出ることもできたが、敢えて竹原を起点として序列を尊重したのは、春水と頼家の威信にかけた事業であっただけに、賢明な策であった。

また同年一一月八日、三四歳の春水は、大坂の学者・医者の飯岡義斎（一七一七－八九）の長女、静子（一七六〇－一八四三）と祝言を挙げた。静子とその妹で後に春水の友人、尾藤二洲の妻となった直（一七六三－

一八三二）は高度な教育を受けていた。[54] 義斎は娘たちの書道と和歌の才能を誇りにし、教育のためには支出を惜しまなかったと思われる。[55] 春水は、家庭で果たすべき役割をよく理解し、高い水準の教育を受けた妻を望んでおり、静子は「主婦」、すなわち儒学の教えにかなう妻にふさわしい、理想通りの女性であった。春水にとって、儒学の教え通り自身の家庭を持つことは重要であり、祝言を済ませた春水が次に目標としたのは、朱熹『家礼』の実施を含め、学問を実践・行動に移すことであった。[56] 春水は以前から尾藤二洲や古賀精里などの友人たちとともに家庭での行動規範や儀礼に関する儒学の書物・注釈の研究に努力を注いできており、今こそ知識を実行に移すときが到来していた。

学問の実践という意味では、春水は竹原への帰郷を希望していた。大坂を去る数年前の安永七（一七七八）年、春水は、竹原に帰って家の者のために「侍養」を尽くしたいと考え、父の又十郎に手紙を送り、自身の学問の修練は完了し、京坂での名声も高まっていることを記して帰郷の意思を告げた。しかし又十郎は、春水の帰郷を許さず、大坂で学業を続けることを命じた。[57]

春水が『大日本史』転写本を広島藩主に献上したのは、自身の帰郷の望みをかなえるための方策でもあったかもしれない。およそ二年間、多くの関係者を巻き込んで話し合いが続けられた結果、安永九（一七八〇）年一二月一九日、完成した転写本は竹原に送られ、適切な経路を通じて藩主に献じられた。[58] 春水は、これによって自身の学力・技能が広島で知られることを望んだ。ついには思惑通り、竹原から六〇キロメートルほど離れた城下町の広島で、春水は広島藩儒として召されることとなったのである。

『大日本史』の献上に要したさまざまな手続きを通して、春水は藩政の内部を覗くことができた。また大坂在住の学者としての立場が広島藩士との取引に影響を及ぼすことも明らかとなった。安永九（一七八〇）年九月、広島藩の勘定奉行、吉川禎蔵（生没年不詳）と大坂で面会した春水は、次に帰郷した折に吉川を訪問することを約束した。翌安永一〇（一七八一）年閏五月に、春水は妻と生まれたばかりの長男（頼山陽、一七八〇－一八三二）を携えて帰郷した際、宮島などの名勝を訪れた後、すぐに大坂に戻った。春水が素通りをしてしまったことについて広島藩士たちは決してよく思わなかったが、同時に、春水は『大日本史』献上の褒美を催促しているかのように思わせたくなかったのだろう、といった好意的な解釈をした者もいたようである。しかし、春水自身は、また別の理由から吉川たちに連絡を取らなかった。春水の考えでは、平人は武家から呼ばれるのを待つのが筋であり、春水の方から訪問するのは失礼に当たった。(59) 広島藩に戻った春水は、求められなくとも、武家の身分ではない者として意識的に振る舞ったのである。その後、藩士たちが素通りに対して不満気であったことを耳にした春水は、ただちに詫び状を送った。

大坂では自由に行動し学業に取り組んできた春水にとって、広島藩の武家との交際は特別な心配りを要するものであった。一八世紀の日本社会における対人関係は決して単純ではなかった。たとえば、勘定奉行吉川と春水の関係は、どの場所で面会するかによって変化した。春水は村名主でもない百姓の子であり、上級藩士の吉川とは大きな身分の差があった。広島で面会した場合、吉川は春水より目線の高い位置に座ったはずであり、対等な交流は起こりえなかったと思われる。しかし大坂であれば、春水は名の通った学者であり、広島での面会とは大きく異なり、吉川は同じ高さで春水と向い合わせに座り、食事を共にした。(60) 近世日本における人間関係は、身分で機械的に定められたのではなく、面会の場所や具体的な状況によって左右されるものであった。

安永一〇年一二月、春水は「道を知る」者として公式な認証を得ることとなった。二カ月の審議を経て、広島藩の「儒者」として召されたのである。それに先立つ同年八月、大坂蔵屋敷詰の広島藩士、串田豊三（彌助）は春水に、藩主の浅野重晟（一七四三－一八一三）が『大日本史』転写本の二部目を期待していること、また『大日本史』前半には春水が、後半には広島出身の香川南浜（一七三四－九二）が句読点を施すよう求めていること、などについて伝えた。また春水と南浜の両者は、近日中に開設される予定の藩の学問所で教授するよう命ぜられた(61)。同時に、春水は「士格」への身分昇格の可能性についても知らされた(62)。

この報せに、春水はどのように応ずべきかを思い悩んだ。朱子学の研究に共に励んだ友人たちに相談したところ、義斎門人の山口剛斎（通称剛三郎、一七三四－一八〇一）、幕臣の隠岐茱軒（一七四三－一八〇八）、尾藤二洲の三人は口を揃えて、士格昇格を辞退せぬよう助言した(63)。以前に春水が他藩から同様の話を受けた際は、広島藩への恩義を理由に辞退していたが、今回は広島藩からの打診であった。ではなぜ、春水は躊躇したのか。人口の一割にも満たない特権階級であった武家への昇格は、それなりに魅力的であったはずである。

串田に宛てた天明元（一七八一）年一〇月四日付の書簡で、春水は躊躇の理由を明かしている。春水の最終目標は、身分の昇格ではなく道を修めることであった。先に又十郎が表明した「解褐居高以大我門、非我願也」との考えを引き継いでいた。特に春水が憂慮したのは、仕官して藩士となれば、下級武士や町人に教授することができなくなり、藩主やその子弟の教育のみを任されるのではないか、との点であった。また藩主の学問は折衷・混合型であり、春水が有害な一時の流行として見做した荻生徂徠（一六六六－一七二八）の学説も取り入れており、もう一人の藩儒、南浜も徂徠学の徒であった。春水は朱子学への信奉を貫徹することを望んでおり、藩主に仕えればそれが難しくなるのではないかと考えたのである。

もう一つの懸念は、扶持に関するものであった。春水は、後に昇給があったとしても、まずは下級武士の禄である五人扶持を給されるであろうことを告げられていた。しかし、これは一家を養うのには十分でなかった。春水が私塾から得ていた収入は五人扶持よりも格段に多かった。春水は書簡の中で、妻子と下人のため、またさまざまな入用の物のために、ある程度の収入が必要であることを記している(64)。武家の大部分は微禄に甘んじ、しかも申し渡された禄高より少ない扶持米を受給していたことは、当時でも知られていた。五人扶持は好条件とは言い難かった。

畢竟、春水は大坂での自立、自由、及び潤沢な収入を失うことを恐れたのであろう。田舎の染物屋の子としての身分は低かったが、大坂で私塾を経営していれば、自身の裁量によって学業、教育に取り組むことができた。また以上で検討してきた通り、大坂の市井の学者であったからこそ、春水は身分を超えた行動を取ることができた。このような生活を送っていた春水にとって、武家となることは十分に魅力的ではなかった。しかし春水の武家への昇格は広島藩によってすでに決定されており、春水の側にも藩との関係を絶つ意思は全くなかった。父の又十郎は「第往《タダユケ》、不可逡巡」（第だ往け、逡巡すべからず）と、躊躇する春水の背中を押した。[65] 春水は記録しなかったが、同年一二月に春水の俸禄は、当初提示された俸禄の六倍に当たる三〇人扶持（すなわち三〇石、天明元〈一七八一〉年時点でおよそ一貫三三〇目に相当）支給されることが正式にが決定した。[66] 染物屋の子には過分な俸禄であったが、名高い私塾を率いる学者の処遇としては適切であった。

本藩への報恩、身分の上昇、経済的安定を天秤にかけることを余儀なくされた春水であったが、ついに広島藩士となった。藩医などと同様、大小姓頭の管轄下の下級武士であったが、幕府と諸藩が財政難に見舞われ、どの家臣団も規模を縮小していた同時代において、平人から武家へのこのような昇格は特別であったと言えよう。春水の側からすれば、自立した生活の放棄と収入の減少を意味したが、百姓の子からの昇格はやはり大ごとであった。想像を逞しくすれば、春水が躊躇する姿勢を見せたのは、本心から辞退を考えたのではなく、俸禄の交渉を見据えてであったかもしれない。だがこの点については、現存する史料によっては裏付けられない。

春水の昇格は、広島藩学問所の設立と時期を同じくした。学問所では、御城ですでに月に二回、藩士の学問を指導していた御用掛に加え、春水をはじめとする新しく召された者たちが教授に当たることとなった。[67] 春水の初仕事は学問所のカリキュラムを定めることであった。また間もなく藩主の世嗣で江戸育ちの浅野斉賢（一七七三

－一八三〇）の教育も任され、その分の加禄を賜った[68]。文化一三（一八一六）年二月一九日に春水が没した時点で、春水の俸禄は当初の三〇人扶持から三〇〇石にまで増加していた[69]。したがって、藩儒となった春水は、結果として経済的安定を得たのであった。

それでは、学問の内容についてはどうであったか。これについても、春水の願いはかなえられた。藩主は依然として、藩士向けに学問所が指導していた内容と比べると折衷型の学問を好んだが、早くも天明五（一七八五）年の時点で、南浜を含むすべての徂徠学者に学問所を辞職させることに春水は成功した[70]。春水は他の学派と絶対に折り合いを付けなかったのであり、この後、春水は朱子学の宣揚をさらに広範囲で行うことができた。春水による儒学理解においては、家庭の内外における儀礼の実践が天下の太平を保持するために極めて重要な役割を担っていた。広島藩で釈奠が行われるようになったのは、春水の尽力によるところが大きい。また妻の静子とともに、朱熹の『家礼』を実践する模範的家庭を築き上げた[71]。徹底された儒学儀礼の研究・実践は、当時の日本においては珍しく、春水を目立たせ、儒者としての名声を高めた。春水は自身が模範的な生活を送り、新たに昇格した藩士として城下での評判を固めることで、当時の日本を代表する学者の一人としての地位の確立を目論んだのである。

7　ネットワークの構築者として

藩儒としての立場は、江戸に長期滞在する機会を春水に与え、その結果、春水の人脈はさらに拡大した。春水は二〇年あまりにわたり、江戸と広島を往来した。藩の世嗣、斉賢は江戸在住であったため、斉賢の教育を仰せつかった春水は江戸で過ごす時間が長かった。江戸は当時の日本最大の都市、また政治の中心であり、春水は自身の日記に書き記したように、江戸で多くの人物と積極的に交流を深め、大坂を離れた際には危ぶまれた学問への自由な取り組みを再開したのであった。

身分の昇格を得た春水は、自身の人的ネットワークに幕府や諸藩の上級武士を取り込むことができるようになっていた。春水の日記には、しばしば詩会に参加しさまざまな人物との交流を深めたほか、私的な面会を重ね、広島藩をはじめ幕府・諸藩に関係する文教政策などの公的事項について議論を重ねたことが記されている。

春水が残した大量の記録によって、春水がネットワークの構築者として秀でており、幅広い人脈を獲得していった様子が明らかとなる。春水は広島藩に召された日から没する直前までの約三五年間にわたって、『春水日記』（天明元〔一七八一〕年〜文化一二〔一八一五〕年）を書き続けた。最初の五年間だけでも、面会した五〇〇名以上の人物の名が記されている[72]。また日記に加え、春水による他の記述にも、春水の人脈に関する記録が残されている。『東遊雑記』は面会前に作成された人名録であり、春水の人的ネットワークに関する史料としては限定的な証左しか提供しないが、実際に出会った人物たちに関する記録を後世に残すべく六五歳の春水が撰した『在津紀事』（文化七〔一八一〇〕年成立）は、広島藩に召される以前の大坂での遊寓の記録である。同書は二巻、合計一九八条から成り、およそ一七七名への言及がなされている。人名に加え、それぞれの人物の文化的取り組みや、春水との繋がりについても説明がなされており、春水が自身の人的ネットワークや人間関係をどのような形で読者に提示せんとしたかを知るうえで示唆に富む[73]。

『在津紀事』に載る人物たちのうち（ここでも女性は一人も登場しない）、少なくとも二〇名は『東遊雑記』にも載る著名な文人や学者である。他方、『東遊雑記』に多く載る仏僧、医者、また特に商人については、『在津紀事』では言及がなく、代わりに上方や大坂の知識人、すなわち学者、絵師、漢詩人たちの評伝や逸話を載せている。混沌詩社に属していた人物がその中心をなしており、当時活躍した学者や文人について検討するうえで不可欠な情報を提供する資料である。春水は知人であることが自身の評判をも高めえたような著名人について多く記述する一方、すでに没しており、忘却されつつある人物についても記録した。春水の筆による評伝や逸話は人間味に溢れており、春水がさまざまな人物と親交を深めたことを如実に伝えている。春水はこうして近世日本における学問・芸術の重要人物の一人となっていったのである。

『在津紀事』を執筆して数年後の文化一二（一八一五）年、春水は『師友志』を著し、一部は『東遊雑記』と『在津紀事』にも載る五〇名以上の人物について記した。(74) 書名からわかるとおり、春水の師と友人たちが取り上げられており、春水が一〇年以上を過ごした江戸で交流した人物も登場する。ここでも学問・芸術に取り組み、名声を得た人々のみが取り上げられている。これらの人々こそ、春水が誇った人的ネットワークのメンバーたちであった。

以上のほかにも、春水は当代の記録を書き残した。『霞関掌録』七〇巻では、春水の江戸での生活が詳細に記録されており、人名、面会、風説、書物、墓所などの情報が含まれる。春水がこれほど大部の記録を残したのは、自身の評判をさらに堅固なものにするためでもあった。(75)『東遊雑記』が実用的な用途のために編まれたのに対し、『在津紀事』、『師友志』、『霞関掌録』は、それぞれ異なる目的のもとに著された。これらとあわせて、何百通もの書簡やその他の著述は、春水の没後、子の山陽と弟の杏坪によって編纂され、春水と同時代の著名人たちに関する情報、またそれらの人物が春水とどのように繫がっていたかを現代に伝えており、春水が近世後期日本の文化的ネットワークにおける中心人物の一人であったことを示す。長年のネットワーク構築を経て、春水はついに、ネットワークの中心人物になったのである。

今日記憶されている春水の姿は、専らこの広範な文化的ネットワークを構築した思想家ないし知識人としてであって、生活の糧を得るための職業であり役職であった広島藩学問所の教授としてではない。前述したように、儒学を教授するだけでは満足しなかったことを春水は弟に打ち明けた。その他の春水の記述を参照しても、春水は後世に師として記憶されるのではなく、漢詩人、書家、そして何よりも、朱子学を研究・実践し、身分・年齢は問わず、日本中の同志とともに広めた「道を知る」学者として記憶されることを願った。

一九歳の春水が田舎の郷里を後にし、大坂の文化的な生活を始めようとしていた頃、六五歳を迎える頃には自身が日本中の学芸の中心人物になることを知ったならば、どれほど喜んだであろうか。しかし実際は、大変な労力を重ねた後でなければ、成しえなかったことである。春水による人的ネットワーク関連の記述は、近世日本を代表する知識人としての春水の位置を不動のものとし、今日にまで春水による並々ならぬ努力の形跡を伝えている。

おわりに

頼春水、春風、杏坪の三子がそれぞれに辿った道筋、またそれぞれに挙げた功績は、父又十郎の教導によるところが小さくなかった。「道を知る」者となったことで、春水は藩儒として為政の場に参画する立場を与えられた。弟の杏坪も天明五（一七八五）年に藩儒となり、後には二五〇石の中級藩士に昇格した。春風は医学を修めた後、竹原に戻り、住居、診療所、塾を兼ねた広大な春風館を建てた。

頼家三子の目覚ましい成功は、当時においては決して例外的ではなかった。学問の転換期にあっては、多くの地方の若者たちが大坂、京都、江戸で遊学しており、頼家三子も例外ではなかった。漢籍の知識を得、唐土の雅文芸に通ずることは、当時、多くの人々が共有した目標であり、春水によるネットワーク構築のための基盤を提供した。また彼らは朱子学を研究のみならず実践すべきものとして捉えており、特に儀礼に関心を持つ人物たちが結束した。彼らは儀礼を儒学的社会の発現の一種として重んじ、近世日本社会において儒学が取るべき姿が家庭を場として形作られるものと考えていた(76)。学者として名声を高め、将軍や藩主に召されることで、朱子学を少しでも近世日本社会の主流に近づけることを目指した。

今後の研究課題としては、春水と香川南浜との比較が俟たれよう。両者とも広島の出身であり、同じ時期に本藩に儒者として召された。南浜は学問所を辞職した後は広島で私塾を開き、多くの門人を抱えた。朱子学が主流であった大坂に滞在した春水とは対照的に、若き南浜は京都で徂徠学を修めた。

昨今の研究においては、近世日本の儒学を近代的価値観によって古学、徂徠学、朱子学、考証学、折衷学、実学などの学派に分類することに疑問が呈せられ、より動的な理解のもとに近世中後期日本の思想史を考察することが提唱されつつある。本書冒頭の「序」で小室氏が言及した幕藩制転換期の社会経済的状況は、それぞれの学派が形成されるうえで、従来指摘されているよりも重要な役割を果たしていたと考えられる。頼春水と香川南浜の例が示すような、一つの中心地域ないし一人の中心人物に限定されない学派の形成は、比較的新しい現象であったと言える。かつては仏寺の占有であった学問が日本中に開かれ広く浸透するようになると、共通の教育や思想を持つ人々がネットワークを形成し始め、学派のような集団が儒学の現場において立ち現れてきた。春水や南浜といった職業学者の思想的方向性を決定づけたのは、何らかの理念やイデオロギーよりも、彼らが大切にした人脈、人と人との繋がりそのものであった。中には自身の思想の変遷に随《したが》い新しい方向を見出す者もいたが、多くは既存の人脈やネットワークから遠く離れることはなかったと思われる。

学者の人脈やネットワークにおいて身分は重要な要素であり、幕府や諸藩の学問所の指導者が誰となるかをも左右した。たとえば、岩村藩主の三男として生まれた林述斎（一七六八－一八四一）は、寛政五（一七九三）年、将軍の命によって林家の養子となり、上記の教育改革の最中、江戸で昌平坂学問所の大学頭に任じられた。他方、より低い身分であった古賀精里、尾藤二洲、柴野栗山は、同じく昌平坂学問所に召され教育改革や釈奠の実施に大いに貢献したが、重大な役職は与えられなかった。春水も、ついに広島藩学問所の学頭にはならず、教育内容や考試制度の充実に功績を挙げたにもかかわらず一藩士のままでいた。

自身の努力と人的ネットワークによって、春水、二洲、栗山、精里は、少なくとも下級武士の身分まで昇格できたが、それ以上の社会的上昇は望み難かった。幕藩政治の現場においては、藩主の世嗣などの教育に当たっていたとしても、儒者は常に低い身分に置かれていたのである。学派は、為政の場に参画し、幕藩の政治・経済・教育改革に関与する機会を儒者たちに与え、自らの低い身分を超越するための一手段として機能したと言えよう。

注

（1）紺屋又十郎は惟清、また亨翁と称し、安芸国賀茂郡竹原下市村の頼兼屋弥右衛門善祐の長子として生まれた。

（2）頼祺一『近世後期朱子学派の研究』（渓水社、一九八六年）、二二頁の引用を参照した。頼春水「先府君亨翁行状」（『春水遺稿』巻十所収）。

（3）又十郎は長男の春水と明和七（一七七〇）年に富士山見物に赴いた。春水は同年に『負剣録』を著し、この旅について記した。また、頼家の家屋は現在に至るまで大切に保存されている。

（4）竹原市ウェブサイトでも、又十郎は三子を学者にせんことを望んだとの解釈が取られている。http://www.city.takehara.lg.jp/machitukuri/manabi/bunkazai/raitadasuga.html（二〇一三年八月二〇日アクセス）参照。頼祺一も、「道」を「学問」の意で理解している。前掲頼祺一、一九八六、二二頁。

（5）徳川時代における〈公共圏〉の概念は、現代のそれと意味を異にする。ここでの〈公共圏〉とは、徳川幕府による統治とともに拡大した〈公〉の領域を指し、所領の半自治に当たった藩主たちの〈私〉の領域と対比させられるものである。近世日本における〈公私〉や〈内外〉の概念については、Luke Roberts, *Performing the Great Peace* (Honolulu: University of Hawaiʻi Press, 2012)、渡辺浩『日本政治思想史——十七〜十九世紀』（東京大学出版会、二〇一〇年）参照。

（6）川口浩、ベティーナ・グラムリヒ＝オカ編『日米欧からみた近世日本の経済思想』（岩田書院、二〇一三年）、池上英子『美と礼節の絆――日本における交際文化の政治的起源』（ＮＴＴ出版、二〇〇五年）参照。併せて、妻鹿淳子『武家に嫁いだ女性の手紙――貧乏旗本の江戸暮らし』（吉川弘文館、二〇一一年）、Anna M. J. J. Beerens, "Friends, Acquaintances, Pupils and Patrons: Japanese Intellectual Life in the Late Eighteenth Century" (Doctoral dissertation, Leiden University, 2006)、Mary Elizabeth Berry, *Japan in Print: Information and Nation in the Early Modern Period* (Berkeley: University of California Press, 2006) 参照。

（7）社会的上昇は、下級武士・平人の間で全く見られないわけではなかったが、やはり身分の高い者たちに偏っていた。

（8）近世日本の儒者の地位については、Kate Wildman Nakai, "Chinese Ritual and Native Japanese Identity in Tokugawa Confucianism," in *Rethinking Confucianism: Past and Present in China, Japan, Korea, and Vietnam*, Benjamin A. Elman, John B. Duncan, and Herman Ooms (eds.) (Los Angeles: UCLA Asian Pacific Monograph Series, 2002), p. 259 参照。学者と同じく曖昧な地位を保持していた僧侶・尼・神主などは、本来、個々の寺社に所属し、寺社奉行の統制下に入るべきであったが、当局の意向に反し、多くは無所属のまま平人として登録されていた。

（9）海原徹の概算に拠れば、近世日本にはおよそ一五〇〇の私塾が存在しており、その大多数が安永九（一七八〇）年以降に開設された。海原徹『近世私塾の研究』（思文閣、一九八三年）、一八頁。

（10）女性の師も文化的資本と収入を得られたが、身分の変化を得るには男性との続柄を必要とした。

（11）近世日本の学問については、眞壁仁、前田勉による研究を参照。

（12）学派は一つの私塾に限定されない。多くの場合、私塾は一代のみ存続したためである。

（13）春水に関する伝記的事項については、主として、前掲頼祺一、一九八六、二一－二九頁、並びに、頼惟勤『日本漢学論集――嶺松廬叢録』（汲古書院、二〇〇三年）、二五三－二五六頁に拠った。

（14）落合功『近世瀬戸内塩業史の研究』（校倉書房、二〇一〇年）、六五－九九頁。

（15）行政の観点から言えば、竹原は村であったが、規模においては町であり、「町年寄」などの職名が用いられていた。

（16）神主と照蓮寺の僧侶を除けば、大部分の人物が塩業に関わっていた。竹原における文化的活動については、前掲頼惟勤、二〇〇三年を参照。広島藩における読書については、広島県編『広島県史』（近世資料編第一、広島県、一九八一年）、一一八五頁参照。

（17）海運業の屋号は頼兼屋、染物屋の屋号は青氏、また紺屋といった。

(18) 他の竹原の有力者の子弟と同じく、塩谷道碩は遊学に出され、山崎闇斎（一六一六－八二）の門人で広島藩儒の植田艮背（一六五一－一七三五）に師事した。
(19) 前掲池上、二〇〇五年。
(20) 年齢は数え年による。
(21) 前掲頼祺一、一九八六、二二頁。
(22) 頼桃三郎『詩人乃手紙――近世文壇史話』（文化評論出版、一九七四年）、一四頁。
(23) 平賀中南は唐音研究でよく知られた人物であり、特に漢詩文制作における唐音読について研究していた。湯沢質幸「近世中期における儒書唐音音読論――平賀中南を中心として」（『女子大国文』第一四二号、二〇〇八年）、一頁。中南は特定の師を持たなかったが、荻生徂徠門の大潮（一六七六－一七六八）の教えを受けたこともあった。
(24) 頼山陽史跡資料館展示図録『「詩豪」頼春水――その生涯と書』（頼山陽記念文化財団、二〇〇九年）、四－五頁参照。
(25) 宝暦一四（一七六四）年に来朝した朝鮮通信使については、Ronald P. Toby, "Carnival of the Aliens. Korean Embassies in Edo-Period Art and Popular Culture," *Monumenta Nipponica* 41: 4 (Winter 1986), p. 422 参照。当時の記録として、春水の「游忠海記」（前掲頼桃三郎、一九七四年所収）、及び朝鮮側のものがある。
(26) 前掲頼祺一、一九八六年、二三頁。
(27) 『東遊雑記』（写本）の翻刻は、広島県編『広島県史』（近世資料編第六、一九八七年）、一二〇九－一二一八頁、及び、前掲頼桃三郎、一九七四年、一二一－三四頁所収。
(28) 『東遊雑記』には、「しほ屋」（第五）、「錦屋」（第三十、三十一）、「糸屋」（第三十二）、「布屋」（第二十四）、「綿屋」（第四十二）、「炭屋」（第五十五）、「胡麻屋」（第三十四）などが見える。
(29) 前掲頼桃三郎、一九七四年、三〇頁。
(30) 前掲 Beerens, 2006、並びに、同氏によるオンライン・データベース（http://www.denki-etcetera.nl/、二〇一三年八月二八日アクセス）参照。
(31) 春水が面会を果たさなかった人物たちの間に共通点は見られず、春水が何らかの明確な意図をもって面会を避けた証拠は存在しない。
(32) 前掲頼祺一、一九八六年、二三頁。
(33) 出費の記録は、前掲頼桃三郎、一九七四年、二二六－二二八頁に翻刻所収。

(34) 頼家の出費については、皆川美恵子「広島藩儒頼家にみる家庭生活――『頼春水日記』と『梅颸日記』の考察から」（大口勇次郎編『梅颸日記の研究』お茶の水女子大学ジェンダー研究センター、二〇〇一年）、二九頁参照。一匁は現在の一〇〇〇円に換算されることが多い。その計算によれば、春水は一二〇日間で一八万四〇〇〇円相当を費やしたことになる。

(35) 春水によれば、相場では一匁が六三文に相当し、蕎麦一杯の値段は一六文であった。

(36) 前掲頼桃三郎、一九七四年、五頁、及び、前掲頼祺一、一九八六年、二四・三〇頁。

(37) 混沌社にはさまざまな年齢の者が参加しており、春水は二一歳、最年長の鳥山崧岳は六〇歳であった。

(38) 明和四（一七六七）年の文書による。前掲頼桃三郎、一九七四年、一二頁。

(39) 安永七（一七七八）年一一月一五日付の春水の書簡を参照。前掲頼祺一、一九八六年、四一－四二頁。

(40) 「田舎」については、安永七（一七七八）年閏七月五日付書簡（前掲頼祺一、一九八六年、四三六頁所収）参照。

(41) 又十郎が京都で交流した人物たちの和歌については、前掲頼惟勤、二〇〇三年、一〇－一三頁参照。又十郎の留守中は、春風が竹原に戻り、家業を助け、弟の杏坪を世話した。

(42) 前掲頼祺一、一九八六年、三〇八－三〇九・三一二頁所収の書簡を参照。

(43) 古賀精里は藩士の子、高山彦九郎は郷士の子であった。その他の人物たちは平人であった。

(44) 春水は、安永二（一七七三）年の時点ですでに朱子学に関心を示しており、同年閏三月一六日付書簡（前掲頼祺一、一九八六年、三三三－三四頁所収）で古学より朱子学が優れているとの見解を記した。よく知られるように、春水の人的ネットワークは、寛政の改革を統率した老中の松平定信（一七五八－一八二九）とも繋がっていた。その詳細については、Robert L. Backus, "The Motivation of Confucian Orthodoxy in Tokugawa Japan," *Harvard Journal of Asiatic Studies* 39: 2 (1979), pp. 275－338 参照。

(45) 前掲頼惟勤、二〇〇三年、一三頁。

(46) 前掲頼祺一、一九八六年、三五頁参照。

(47) 五節句は、一月、三月、五月、七月、九月。なお大坂では銀貨が用いられたため、春水は金二両に相当する銀貨（およそ一四〇匁）を受け取っていたことになる。

(48) 春水の門人には、尾藤二洲の弟の孝章や、細合半斎の子の元達などがいた。前掲頼祺一、一九八六年、三五頁。

(49) 『大日本史』懐徳堂写本は、明和八－九（一七七一－七二）年、中井竹山の指揮のもと作成された。春水が参照したのはこの本である。湯浅邦弘・竹田健二編『懐徳堂の歴史を読む』（大阪大学出版会、二〇〇五年）、一六頁。

(50) 費用の詳細については、前掲頼祺一、一九八六年、五八－五九頁参照。
(51) この書簡の翻刻は、前掲頼祺一、一九八六年、四五五－四五八頁所収。引用箇所は四五八頁。
(52) 吉井豊庸の嗣子。
(53) 書簡の往還の詳細については、前掲頼祺一、一九八六年、四〇－六六頁参照。
(54) Bettina Gramlich-Oka, "A Father's Advice: Confucian Cultivation for Women in the Late Eighteenth Century," in P. F. Kornicki, Mara Patessio, and G. G. Rowley (eds.), *The Female as Subject: Reading and Writing in Early Modern Japan* (Michigan University Press, 2010), pp. 123－140 参照。
(55) 直から静子に宛てられた天明六（一七八六）年一月六日付の書簡については、皆川美恵子『頼静子の主婦生活――梅颸日記に見る儒教家庭』（雲母書房、一九九七年）、六六頁参照。
(56) Bettina Gramlich-Oka, "Neo-Confucianism Reconsidered: *Family Rituals* in the Rai Household," *U.S.-Japan Women's Journal* 39 (2010), pp. 7－37 参照。
(57) 安永七（一七七八）年閏七月五日、及び同年八月四日の書簡（前掲頼祺一、一九八六年、四三六・四四二頁所収）参照。
(58) 春水の妻も書写を手伝った。同本は広島市立図書館蔵。
(59) 前掲頼祺一、一九八六年、六七－七四頁。
(60) この面会については、前掲頼祺一、一九八六年、五五四－五五九頁所収書簡の春水による記述を参照。
(61) これ以前の広島藩における武家のための教育については、広島県編『広島県史』（近世資料編第一）一一五三－一一六六頁参照。
(62) 家族間の書簡の応酬については、前掲頼祺一、一九八六年、五五二－五五九頁参照。春水が藩儒に登用される前、広島藩主と春水の間の連絡は藩士らが取り持った。
(63) 前掲頼祺一、一九八六年、七〇－七一頁参照。
(64) 前掲頼祺一、一九八六年、五六二－五六三頁所収の書簡を参照。
(65) 前掲頼祺一、一九八六年、七三頁の引用による。
(66) 一人扶持は一日当たり五合の米を支給することをもとに算定された。春水自身の計算によると、米五四石に相当するはずの三〇人扶持であれば、実際に支給されるのは三〇石に過ぎなかった。杏坪に宛てて春水が送った天明元（一七八一）年一二月一七日付の書簡（前掲頼祺一、一九八六年、五六九頁所収）参照。

(67) 広島藩学問所の開設については、『広島県史』（近世編第二）、一〇三一－一〇五二頁参照。
(68) 春水による世嗣の教育については、前掲頼祺一、一九八六年、一七〇－一九八頁参照。
(69) 春水の年譜は、前掲『「詩豪」頼春水――その生涯と書』、二〇〇九年、六四－六八頁参照。藩儒に登用された後の春水の経歴については、『広島県史』（近世資料編第六）、八一－八二頁参照。なお三〇〇石とは名目上の俸禄であり、実際は多くともその七割程度を受給したと考えてよい。広島藩における武家の格式については、『広島県史』（近世編第二）、二二四－四〇頁参照。
(70) 藩の学問所の学風に対する春水の働きかけについては、広島県編『広島県史』（近世資料編第二）、一〇四〇－一〇四二頁参照。
(71) 頼家における家礼の実施については、Bettina Gramlich-Oka, "Neo-Confucianism Reconsidered: *Family Rituals* in the Rai Household," *U.S.-Japan-Women's Journal* 39 (2010), pp. 7－37参照。広島藩における釈奠の詳細な状況については、James I. McMullen, "The Worship of Confucius in Hiroshima," *Japonica Humboldtiana* 16 (2013), pp. 83－107参照。
(72) 春水の日記の翻刻は『春水日記』として木崎愛吉、頼成一編『頼山陽全書』（第六巻、国書刊行会、一九八三年所収）。日記は三六歳の春水が広島藩儒として登用される前日の天明元（一七八一）年一二月一六日から文化一三（一八一六）年に没する二カ月前までのおよそ三五年間にわたって綴られた。
(73) 『在津紀事』は『春水遺稿別録』巻一・二所収。早稲田大学古典籍データベースに画像所収（http://www.wul.waseda.ac.jp/kotenseki/html/bunko01/bunko01_01830/index.html、二〇〇九年四月七日アクセス）。春水の子、山陽が校訂し、山陽と春水の弟、杏坪が『春水遺稿』の一部として文政一一（一八二八）年に刊行した。
(74) 『師友志』は『春水遺稿別録』巻三所収。http://www.wul.waseda.ac.jp/kotenseki/html/bunko01/bunko01_01830/index.html（二〇〇九年四月七日アクセス）参照。
(75) 同書は、春水が享和二（一八〇二）年から文化一二（一八一五）年にかけて撰した。
(76) James I. McMullen, "Non-agnatic Adoption: A Confucian Controversy in Seventeenth- and Eighteenth-century Japan," *Harvard Journal of Asiatic Studies* 35 (1975), p. 133、及び、前掲McMullen (2013), pp. 83－107参照。

第2章　近世高砂社の芸能興行と賑わい

塩川隆文

はじめに

本書のテーマである「幕藩制転換期の経済思想」について、芸能興行という素材で何がいえるだろうか。いい換えれば、芸能興行の分析を通じて、経済思想の転換を見出すことができないか。これが本章の課題である。

芸能興行とは、芸能が上演できるよう手配することである。具体的には、役者を呼び寄せ、小屋を建て、領主の許可をとり、それらの経費を負担する等の諸活動を総称して興行と呼ぶのである。小規模の興行が数年に一度単発で行われる程度の状況から、興行が毎年のように行われ、大規模な芸能興行が企画される状況が現出するためには、それを許容する政策誘導や、経済状況の好転（あるいは悪化）、社会関係の構築、さらにはそれを下支えする思想の発展が不可欠である。思想に限定していうならば、芸能興行の質的な変化を促す思想的根拠とはいったい何なのだろうか。

ここで、芸能興行の転換点がいつといわれているか、先行研究から確認しておく。氏家幹人は、地方城下町において、宝暦期から天明期にかけて、興行政策が肯定的に転換されること、その眼目が景気の浮揚による都市騒擾の防止にあったことを指摘する。(1) ただし、氏家の研究対象は東国の地方城下町に限定されており、その結論が

表２－１　近世芸能興行の開始時期

興行開始時期（西暦年）	件数
不明	66
1601-1625	2
1626-1650	5
1651-1675	10
1676-1700	27
1701-1725	22
1726-1750	15
1751-1775	36
1776-1800	28
1801-1825	27
1826-1850	21
1851-1875	27
総計	286

出典：塩川隆文「近世の寺社における芸能興行と賑わい」2012年（博士論文）。

全国的な傾向として当てはまるかどうかは検討の余地がある。

表２－１は、全国の芸能興行地をリストアップし、その興行開始時期を二五年区分で集計したものである。これをみると、芸能興行の開始時期には大きく二つの山があることがわかる。一つは一六七六－一七〇〇年で、和暦でいうと元禄期がほぼこれに相当する。もう一つの山が一七五一－七五年で、ほぼ宝暦期に相当する。この結果だけをみると、宝暦期に画期を見出した氏家説を補強するようにみえる。それでは、宝暦期にカウントされている場所は具体的にどういう場所だったのか。

表２－２は、一七五一－七五年に芸能興行が開始された場所を北から順に並べたものである。これをみると、たしかに松前、久保田、鶴岡、高田、富山、金沢、甲府、名古屋、津など、地方城下町の事例が多いが、当該期の芸能興行が必ずしもそれに限定されるわけではない。また、地方城下町であっても、行われた場所を子細にみていくと、寺社地が興行地として選定されることが多いこともわかる。

それでは、城下町以外の地方都市において芸能興行がこの時期に行われたのはなぜだろうか。本章の課題に即していえば、当該期の芸能興行の転換を促した思想的根拠は、景気の浮揚に

表２-２　1751-75年に開始した興行地

	興行地（都市）	現在の地名	興行開始年	
1	神明町（松前）	北海道松前町	宝暦10	1760
2	竹駒神社（岩沼）	宮城県岩沼市	宝暦６	1756
3	穢多町（久保田）	秋田県秋田市	明和９	1772
4	山王社（鶴岡）	山形県鶴岡市	宝暦５	1755
5	天神宮（鶴岡）	山形県鶴岡市	宝暦７	1757
6	下紺屋町（高田）	新潟県高田市	安永２	1773
7	清水定舞台（富山）	富山県富山市	明和３	1766
8	春日社（金沢）	石川県金沢市	安永４	1775
9	日和山（宮腰）	〃	安永４	1775
10	不明（松任）	石川県白山市	安永４	1775
11	多太神社（小松）	石川県小松市	宝暦11	1761
12	医王寺（山中）	石川県加賀市	宝暦10	1760
13	不明（山代）	〃	宝暦13	1763
14	串（串）	石川県小松市	宝暦13	1763
15	教安寺（甲府）	山梨県甲府市	明和２	1765
16	八幡社（甲府）	〃	宝暦２	1752
17	妙遠寺（甲府）	〃	宝暦４	1754
18	要法寺（甲府）	〃	宝暦６	1756
19	尊体寺（甲府）	〃	宝暦８	1758
20	一蓮寺（甲府）	〃	宝暦９	1759
21	大泉寺（甲府）	〃	明和８	1771
22	来迎寺（甲府）	〃	明和５	1768
23	古渡稲荷（名古屋）	愛知県名古屋市	明和５	1768
24	七ツ寺（名古屋）	〃	宝暦８	1758
25	真光寺（津）	三重県津市	宝暦９	1759
26	福満寺（津）	〃	宝暦６	1756
27	明学院（津）	〃	宝暦９	1759
28	錦天神（京都）	京都府京都市	宝暦９	1759
29	因幡薬師（京都）	〃	宝暦９	1759
30	平野（京都）	〃	宝暦４	1754
31	内野新地（京都）	〃	明和元	1764
32	石垣（京都）	〃	宝暦12	1762
33	難波新地（大坂）	大阪府大阪市	明和元	1764
34	御霊社（大坂）	〃	明和２	1765
35	高砂神社（高砂）	兵庫県高砂市	明和５	1768
36	伊崎新地（下関）	山口県下関市	明和４	1767

出典：前掲塩川、2012年。

よる都市騒擾の防止という経済政策にのみ帰されるものなのだろうか。

この問題を考察するにあたり、私は各地の芸能興行の願書等にみられる「賑わい」という文言に注目し、その意味を検討することが有効であると考える。近世における「賑わい」概念を理解するにあたっては、近世名古屋町人、一東理助の経済思想が参考になる。一東理助によれば、「都而賑々敷を好申ハ士農工商とも皆同意」である。この一節は、人は身分を問わず、経済的・物質的な豊かさや、多くの人が集うことによって生じる活力を追求する存在である、というふうに解釈することができる(2)。

それでは、このような賑わい概念と芸能興行とがどのように結びついてくるのか。次に、近世加賀の佐那武社（現、大野湊神社）の神主が臨時神事中の芸能興行の申請に際して述べた言葉を紹介したい。「神事或ハ開帳等ニ而少々賑ひ無御座候而者神事中参詣人無之ものニ御座候」。神主は「見物事」、すなわち芸能こそが祭礼における「賑わい」の源泉であり、臨時神事の成否を決めるものと認識している(3)。さらに、この「賑わい」という言葉があたかも物や行動であるかのように使われることがある。たとえば、氷見町年寄の日記、『應響雑記』には「先日之恐悦盆、にきやひもいたせす」という用例が掲載されている。恐悦盆とは、領主の慶事を祝う一種の祭礼であるが、そのときに「にきやひ」をしなかったということである。ここでの賑わいとは、祭礼の余興の芸能、付け祭りを指す。つまり、これらの芸能は、祭礼に賑わいをもたらすものとして、そのまま「にきやひ」と呼ばれていることがわかる(4)。

本章では、かかる「賑わい」概念の検討事例として、高砂社における芸能興行を取り上げる。高砂における芸能興行については、『高砂市史』において、中川すがねによる要を得た解説がある(5)。本章もこれに負う所が少なくないが、高砂社に焦点を絞って興行記録の再検討を行い、新たな論点の発掘に努めたい。まずは、高砂社における芸能興行を分析し、その特徴を明らかにする。そのうえで、願書に現れる「賑わい」という文言に注目し、そ

図2－1　高砂社関係略地図

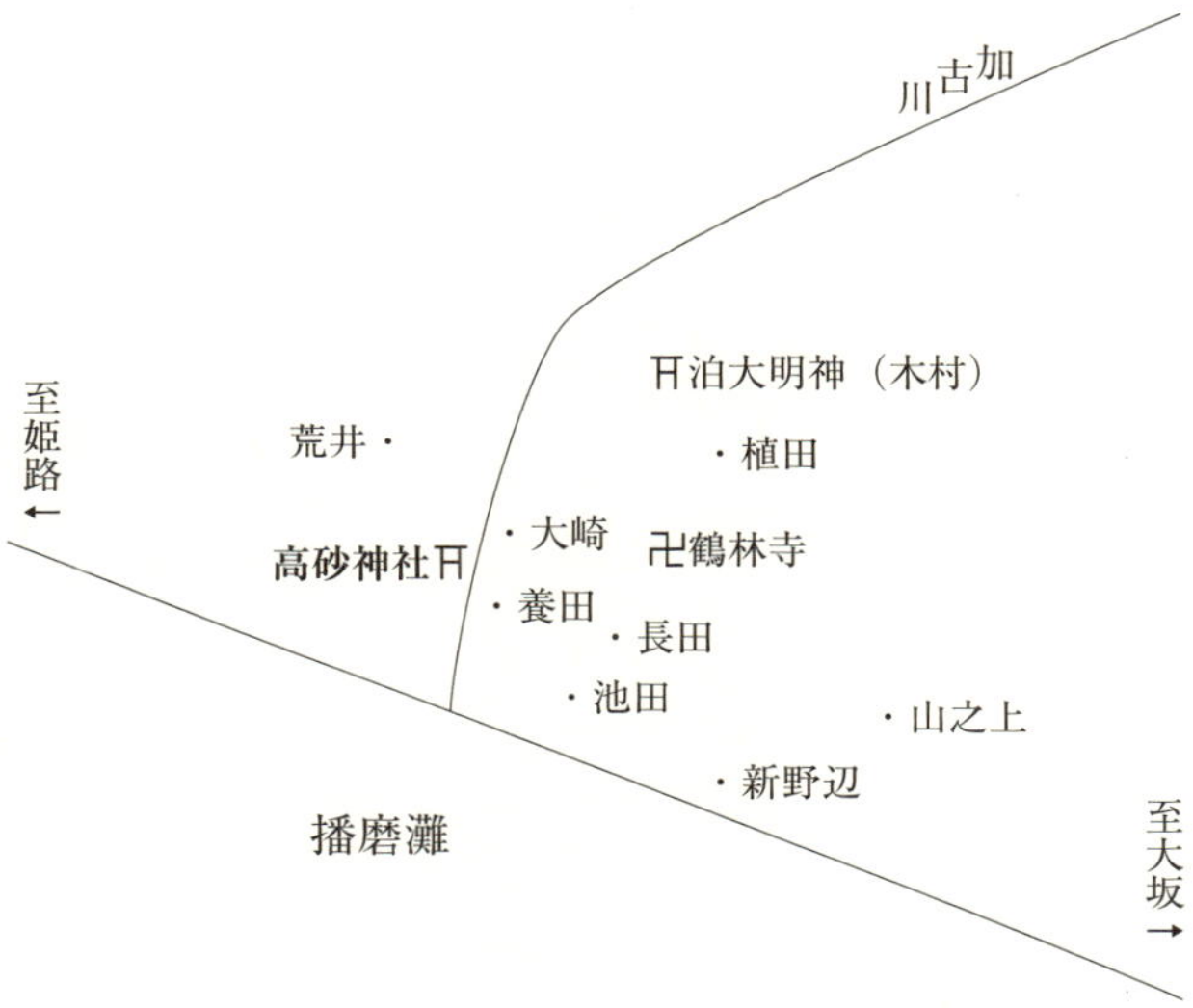

の意味を明らかにする。以上の検討を踏まえ、高砂社において、いつ、どのような理由で芸能興行が始められたのか、画期はいつかを確定していきたい。

高砂は、播磨国の東部を流れる加古川の右岸河口に位置する港町である。慶長期に姫路城主池田輝政により高砂城と港町の建設が進められた。次の領主、本多忠政は一国一城令で高砂城が廃城となったのを契機に高砂町の再開発を行った。その結果「元和・寛永の朝の比、最大に繁昌せし也（中略）大小の軒をつらねて四千余屋（中略）売買の道広く、川より海より運び来る貨物日に万船を交易す」（『高砂雑誌』）といわれる盛況を呈した[6]。高砂の人口は、安永二（一七七三）年時点で八〇九七人であり、播磨国内では姫路を別格として飾磨津、明石と並ぶ人口規模の都市であった[7]。

高砂社（牛頭天王社ともいう。現在の社は高砂神社と称する）は、高砂、荒井村及び「川東」（加古川東岸）の養田《ようた》村、池田村、大崎村などの氏神社である（図2－1）。『高砂市史』では、高砂社が姫路藩権力と関係が深い神社であったことが指摘されており、社領とし

図２－２　高砂社例大祭

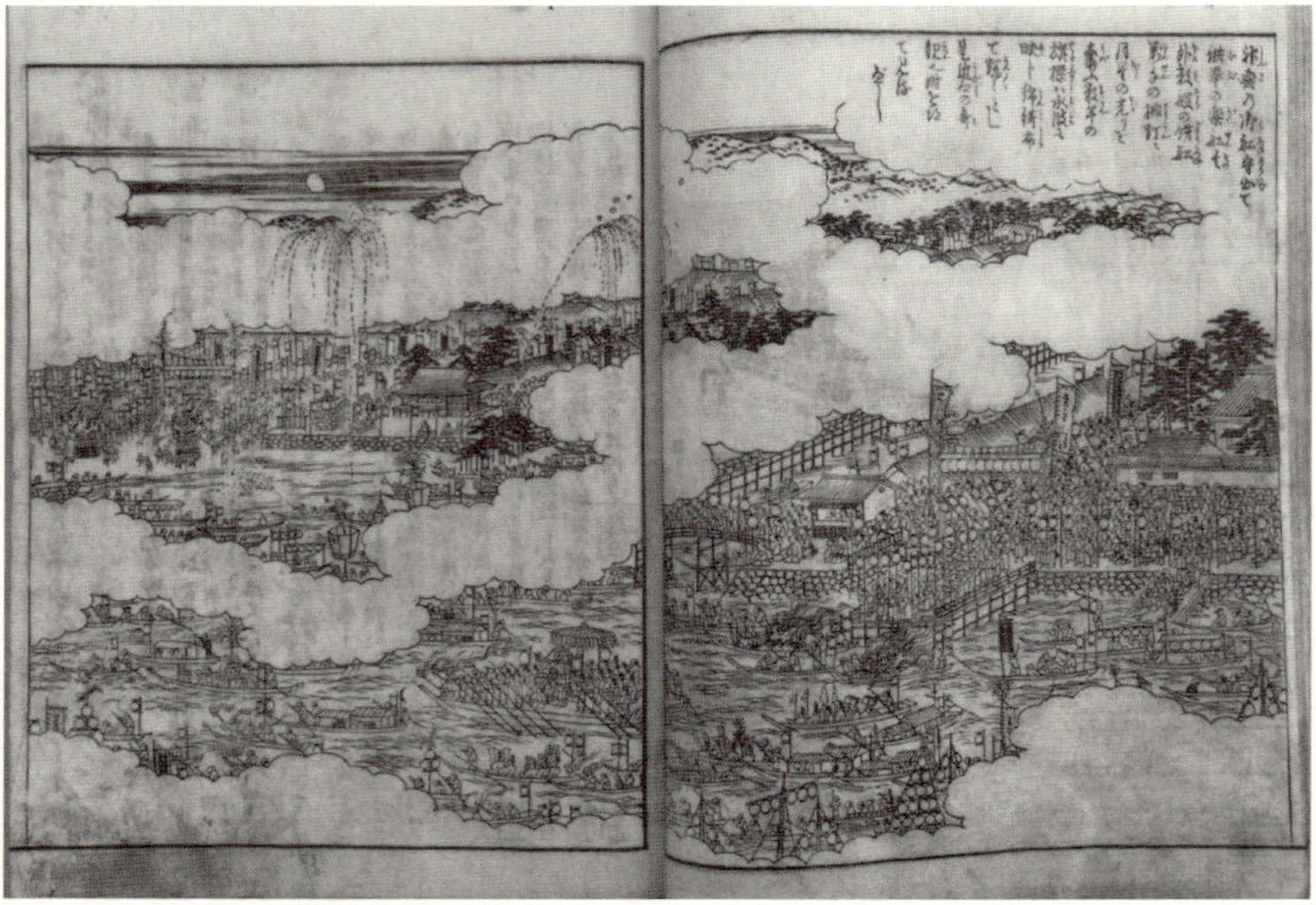

出典：『播磨名所巡覧図会』3（文化元年刊行）。

注：図の右上に「神輿《しんよ》乃御船守出《みふねもりいで》て、供奉《ぐぶ》の楽船《がくせん》、其外《そのほか》数《す》艘《そう》の餝船《かさりふね》、万千《まんせん》の挑灯《てうちん》ニ月星《ほし》の光《ひか》りを奪《うば》ふ、数竿《すかん》の旗標《はたしるし》ハ水波《すいは》に映じ、錦綺布《きんきしき》て爛々《らんらん》とし、是近郷《きんごう》の奇観《きかん》也、時を得て見るべし」と記されている。

て三〇石が領主から寄進されている(8)。境内には能「高砂」ゆかりの相生松が生い茂り、のち尉姥社《じょうとばしゃ》が勧請された。例大祭（「恒例之祭礼」）は旧暦九月一〇・一一日に行われ、「愉快の大祭礼、皇都の祇園祭亦葵祭、江府の山王祭、八幡放生祭等の四、五祭を除てハ余に並ひもあるべからざる。此祭祀也」（『高砂雑誌』）といわれた。『播磨名所巡覧図会』に掲載された高砂社例大祭の風景（図２－２）からは、神輿渡御の際、海上に多くの供船が出され、花火が打ち上げられ、多くの人びとが祭礼見物のため群集している様子がうかがえる。このような雰囲気のなかで芸能興行が行われていたことに留意しておきたい。

　今回使用する史料は、高砂神社が

所蔵する高砂神社文書である。(9) 宝永二（一七〇五）年から昭和期に至る全三六冊の御用留及び一四冊の宗門改帳が現存する。

１　興行の推移

（１）明和九年の祭礼芝居

高砂社における芸能興行の一覧を表２－３にまとめた。以下、この表を参照しつつ、高砂社における芸能興行の推移を追ってみたい。

高砂社では九月の例大祭のときに播磨国の能太夫である孔雀太夫により能が演じられていた。しかし、姫路城での御能を優先する等の理由でしばしば延引するようになり、その代わりとして享保二（一七一七）年には相撲、(10)明和八（一七七一）年からは「面掛」(11)（舞台に能面を掛けて能を演じたことにする簡略化）が行われた。

一方、高砂社の門前には戎社という小社があった。そこで行われる戎祭は「戎賑」とも呼ばれ、何らかの芸能が行われていた可能性がある。ところが、享保一八（一七三三）年一一月の戎祭の際に、それまで高砂社の神事に関与してきた養田村崎宮神主と、おそらくは祭礼の「割符」（取り分）をめぐって争論が発生したことをきっかけに、祭祀権の動揺が生じたようである。(12) 元文三（一七三八）年の延引の記事の後、文政七（一八二四）年まで戎祭の動向を追うことができない。

高砂社での芝居興行の初見は、明和九（一七七二）年である。

表２－３　高砂神社芸能興行出願一覧

No.	年月日	内容	開催	芸人	世話人	修復文言	賑わい文言	その他
1	明和９(1772)年６月	祭礼（人形）芝居	○	荒井村五郎兵衛座			夏祭為賑ひ	
2	安永２(1773)年６月	万歳芸	○	御領分小屋之者		社修覆之他足	祭礼賑として	
3	天明６(1786)年９月	音楽奉納	○	氏子之内				願望
4	寛政４(1792)年２月	神道講談	○	常州筑波山神主河野中務		普請為助力		
5	寛政６(1794)年３月	角力興行	○	角力取		普請為助力		
6	寛政９(1797)年２月	歌舞伎・曲馬芸興行	○	高室歌舞伎太七座・魚崎村彦兵衛		本殿再建（助力）	（開帳）執行中為賑	
7	寛政９(1797)年３月	碁盤人形興行	○	荒井村五郎兵衛座之内伊三郎			（開帳）為賑	
8	寛政９(1797)年４月	角力興行	○	名取川了助門弟				尉姥神像祭礼式日
9	寛政10(1798)年４月	角力興行	○	名取川了助門弟				尉姥社祭礼
10	寛政10(1798)年６月	角力興行	○	名取川了助門弟				夏祭
11	寛政10(1798)年７月	祈禱・講談	○	出雲大社社家吉川正太夫				
12	寛政11(1799)年４月	神道講談	○	作州荒巻神社白岩織部				
13	享和元(1801)年３月	角力興行	○	手柄山門弟				稽古角力為寄進
14	享和元(1801)年３月	小見世物	○					尉姥社祭礼
15	享和元(1801)年８月	辻能興行	○	鍛次屋庄左衛門				願望
16	享和２(1802)年３月	神道講談	○	荒井社森田丹後				
17	享和２(1802)年３月	曲馬興行	×（不用）	京都中立売泉町亀屋庄助15人組	北本町中嶋屋善兵衛	（末社）為修復		
18	享和３(1803)年６月	浄瑠璃奉納	○	氏子之内				夏祭
19	文化元(1804)年11月	相撲興行	○	清水町飛熊平七事米屋七右衛門				氏子之儀
20	文化２(1805)年10月	角力興行	○	清水町油屋三右衛門				氏子之儀

21	文化３(1806)年１月	角力興行	○	南本町御所車喜兵衛事木下や六右衛門				
22	文化６(1809)年６月	浄瑠璃奉納	○	氏子之内				夏祭
23	文化８(1811)年１月	角力興行	○	戎町大工屋作左衛門				氏子之儀
24	文化９(1812)年３月	神道講談	○	**作州荒巻神社白岩織部**				
25	文化９(1812)年６月	**越後獅子**	○		講中	拝殿為助力	少々之賑	夏祭
26	文化11(1814)年１月	角力興行	○	南本町亀川甚蔵				氏子之儀
27	文化12(1815)年１月	角力興行	○	南渡海町名取嶋太蔵				氏子之儀
28	文化14(1817)年５月	**見立作り物奉納**	×	産子之内			為賑	夏祭
29	文政元(1818)年10月	舞囃子興行	○	井ノ口村小市郎	北本町米屋平太夫弟子中			為取立、産子之儀
30	文政２(1819)年２月	角力興行	○	小桜善兵衛事多村四郎兵衛				産子之儀
31	文政２(1819)年４月	稽古能興行	○	船頭町杉原屋源之介				産子之儀
32	文政３(1820)年３月	相撲興行	○	南本町瓶川甚蔵事志方屋宗兵衛相撲盟友・弟子中				為取立、産子之儀
33	文政３(1820)年６月	見立細工燈籠奉納	○	氏子之内		拝殿普請中		
34	文政３(1820)年９月	角力興行	×（不用）	南本町亀川甚蔵事志方屋宗兵衛弟子中				為取立、産子之儀
35	文政８(1825)年４月	神道講談	○	**泉州大鳥郡神職矢埜左倉大輔**				
36	文政９(1826)年３月	**辻能興行**	△（延引）	**大坂堀井仙助座**	講中世話方之者（講中惣代釣屋伊三郎）	拝殿大破		
37	文政９(1826)年３月	ぜんまいからくり	○	猟師町姫路屋佐兵衛				
38	文政９(1826)年３月	狂言奉納	○	氏子之内3、4人外ニ御城下縫屋瀬左衛門				
39	文政10(1827)年１月	角力興行	○	清水町早船八右衛門				氏子之儀

No.	年月日	内容	開催	芸人	世話人	修復文言	賑わい文言	その他
40	文政11(1828)年6月	ぜんまいからくり	○	細工町塩屋平兵衛、宇佐組中村同人朋友				心願、夏祭
41	文政11(1828)年8月	**万歳芸**	×	小屋		拝殿大破		
42	文政11(1828)年9月	相撲興行	○	清水町名取川良助事油屋三右衛門、相撲盟友・弟子中				産子之儀
43	文政12(1829)年1月	相撲興行	○	北渡海町松原屋為吉事鉄玉為吉	勧進元			産子之儀
44	文政12(1829)年6月	浄瑠璃身振物真似興行	△(願止)	**大坂難波新地相生町菱屋与兵衛親子3人**	農人町農人屋次兵衛			
45	文政13(1830)年5月	神道講談	○	**泉州大鳥郡金熊寺神職矢野左倉太夫**				
46	文政13(1830)年12月	**万歳芸→説経芸**	○	小屋之者→宇佐崎座説経之もの	下請人藍屋町鍛冶屋仁兵衛	拝殿再建、為助成		
47	天保2(1831)年8月	相撲興行	○	南本町兜山鉄左衛門				産子之儀
48	天保3(1832)年1月	相撲興行	○	早渡り事坂越屋太助				産子之儀
49	天保3(1832)年5月	曲持芸	△(中止)	**大坂安治川弥吉親子3人**				
50	天保7(1836)年8月	神道講談	○	**泉州大鳥郡金熊大権現神職矢埜左倉大輔**				
51	天保10(1839)年3月	神道講談	○	広峯山神職魚住主水				
52	天保11(1840)年8月	角力興行	○	南本町兜山鉄左衛門				産子之儀
53	天保11(1840)年9月	角力興行	○	細工町大森屋三十郎悴久兵衛				産子之儀
54	天保12(1841)年1月	角力興行	○	清水町油屋三右衛門悴藤の豊勇蔵				産子之儀
55	天保14(1843)年9月	角力興行	○	南本町桜嶋事釣屋伊七郎				産子之儀

56	天保14(1843)年10月	角力興行	○	高瀬町八陣太夫則鯛屋弥三郎				産子之儀
57	天保15(1844)年９月	角力興行	○	南本町手柄山繁右衛門				産子之儀
58	弘化２(1845)年９月	角力興行	○	清水町油屋三右衛門弟名取川栄吉				産子之儀
59	弘化４(1847)年２月	**軽口物真似→浄瑠璃人形→浄瑠璃会**	×			本社普請出来	為賑	
60	弘化４(1847)年３月	**ちょんがれ興行**	○		船頭町安右衛門	当社普請出来	為賑	
61	弘化４(1847)年３月	**紙細工物興行**	○	大工町紋右衛門		当社普請出来	為賑	
62	嘉永元(1848)年10月	角力興行	○	田町鉄玉為吉				産子之儀
63	嘉永５(1852)年８月	角力興行	○	北本町浪切熊太				産子之儀
64	安政２(1855)年６月	神道講談	○	**泉州大鳥郡金熊寺村神職矢野左倉太夫**				
65	明治５(1872)年７月	角力興行	○	南渡海町飛勢山事狩網屋市次郎				産子之儀
66	明治９(1876)年７月27日	浄瑠璃・俄踊	○	氏子者				定例之祭典
67	明治10(1877)年10月21日	浄瑠璃奉納	○	北本町内之者				御祈祷
68	明治11(1878)年７月	俄踊	○	氏子者				祭典

出典：高砂神社文書。
注：「内容」欄の太字は神社企画の興行を、「芸人」欄の太字は他領芸人の興行を示す。

〈史料1〉

明和九辰六月祭礼芝居願書之扣

差上申願書之事

一高砂社牛頭天王夏祭例年之通来七日より十四日迄相勤申度奉願上候処、御聞届被下置難有奉存候、右夏祭為賑ひ高砂組荒井村五郎兵衛座相頼、祭礼中人形芝居興行仕度奉願上候、右願之通被為　仰付被下置候ハヽ、難有可奉存候、已上

明和九年辰六月三日

神主　小松若狭　印
構年寄　宗兵衛　印
大年寄　原喜曽右衛門　印
同　三谷七郎左衛門　印

宗門御奉行所(13)

この願書で注目したいのは次の三点である。一点目は、芸能興行の実施が夏祭のタイミングと合わせて申請されていることである。この芸能興行自体が神主によって「祭礼芝居」と命名されていることからも、この芸能興行が祭礼と密接不可分な関係にあったことがうかがえる。二点目は、興行理由が「夏祭為賑ひ」であったことである。夏祭に賑わいをもたらすため、あるいは夏祭に賑わいをもたらすものとして、芸能興行が企画されたことがわかる。三点目は、芸能の内容が荒井村五郎兵衛座による人形芝居であったことである。高砂社の氏子村の一

つである荒井村に人形芝居を演じうる芸能者が居住していたことは注目に値する。
翌安永二（一七七三）年にも「祭礼賑」として「小屋之者」による万歳芸が行われた[14]。この後しばらく芸能興行に関する記事はみられない。天明六（一七八六）年には音楽奉納が行われたが[15]、寛政元（一七八九）年天王寺楽人より音楽奉納指留願が出され、中断に追い込まれた[16]。

（2）寛政八年の尉姥神像遷座と芸能興行

寛政四（一七九二）年には神道講談[17]、同六年には角力興行が行われた[18]。いずれも以後の高砂社で頻繁に行われる「興行」[19]である（神道講談の願書には「此度普請為助力」とあり、資金獲得の意味合いが強い）。
寛政八（一七九六）年、尉姥神像遷座・開帳願が出された[20]。願書によると、この像はもともと高砂社に安置されていたが、天正年中の兵乱で行方知れずとなっていた。それが最近京都勝明寺にあることが判明したため、勝明寺に掛け合って高砂社に戻すことが決まった。この開帳に合わせて、歌舞伎・曲馬興行が企画された。

〈史料2〉

御願奉申上候口上

一高砂社本殿再建之儀、先達而より度々御願奉申上候通被成、屋根替而已仕候積リニ御座候而取掛リ申候処、存之外建物大損ニ而御座候而、其侭ニて葺替相成リ不申候ニ付、無拠又々御願申上再建仕候仕合ニ御座候故、甚大造之入用相掛リ、氏子共一統当惑仕候へ共、致掛ケ候儀ニ而無拠他借等を以当難取凌罷在候得共、今以上方并奥筋・灘方等ニ而材木代不足銀御座候而、追々催促ニ差こまり申候、右ニ付此度正遷宮尚又尉姥神像拝礼等も仕候へハ、諸人之助力を以滞銀皆済も仕度存念ニ御座候、尤御時節柄奉恐入候得共、右体

之訳ニ御座候へハ、執行中為賑与晴天廿日之間、高室歌舞伎太七座并魚崎村彦兵衛曲馬芸興行為致度奉願上候、左候へハ、其助力も有之候之間、何卒御賢慮之上御聞被為　成下置度奉願上候、尤兼而御停止之博奕并売女体之者決而指置申間敷候、惣而右賑即境内江罷越候売人之類ニ到迄兼而申含、随分神妙ニ為仕可申候、何卒右願之通被為仰付被下置候ハヽ、難有奉存候、已上

寛政九年
巳二月

高砂社
小松安芸

宗門
御奉行所

御願奉願上候口上

一先達而御願申上御聞済被下置候尉姥神像開帳ニ付、為賑与荒井村五郎兵衛座之内伊三郎与申者相雇、碁ばん人形為致度奉願上候、右願之通被為　仰付被下置候ハヽ、難有奉存候、以上

寛政九年巳三月

高砂社
小松安芸印

宗門
御奉行所(21)

願書の前半では、高砂社本殿の再建に莫大な費用がかかり、氏子一統が当惑していること、借金をして取り凌

いでいるものの、材木代の不足銀を催促され困っていること、そこで正遷宮と尉姥神像の開帳を行い、「諸人之助力を以滞銀皆済」したい存念であることが記されている。前段をふまえ、後半では正遷宮・開帳執行中の賑わいとして晴天二〇日間高室歌舞伎と魚崎村彦兵衛による曲馬興行を行い、再建費用の「助力」としたい旨が記されている。また、末尾に記されている「博奕并売女体之者決而指置申間敷」及び「右賑即境内江罷越候売人之類ニ到迄兼而申含、随分神妙ニ為仕可申」という記述も見逃せない。これは高砂社においても、祭礼時には「博奕并売女体之者」が入り込んでくる可能性が当事者たちの間で想定されていたということである。さらに、祭礼の賑わいとして行われる芸能興行に合わせて、周囲から「境内江罷越候売人之類」（茶屋）[22]が集まることも予め織り込み済みであった。祭礼期間中、高砂社境内には、歌舞伎・曲馬の小屋を中心として、その客目当ての茶屋が立ち並び、臨時に出現した歓楽街・市場と化すであろうことがこの願書から読み取れるのである。

寛政一〇（一七九八）年以降、尉姥祭は事実上四月の恒例祭礼となり[23]、これに合わせて角力興行などが出願されることがあった。

（3）寛政期以降の芸能興行

寛政期以降、高砂社における芸能興行の件数は飛躍的に増加する。表2－3によると、寛政期より前に行われた芸能興行の件数がわずか三件なのに対し、寛政期以降は六五件にものぼる。とりわけ興行が集中しているのが文政九（一八二六）年から天保三（一八三二）年にかけての時期である。この時期の願書の一例として、文政九（一八二六）年の辻能興行の願書をみてみよう。

〈史料3〉

差上申願書之事

一当社拝殿大破ニ付、去ル文化二年丑六月中普請御願奉申上候処、願之通被為仰付、早速普請ニ取掛リ罷在候へ共、先年本社普請より引続多分借財等△茂御座候而、凌方も無御座、当惑難渋以今成就不仕、歎敷奉存候、右ニ付先達而御願奉申上、御聞済御座候太々神楽中、（講中引請ニ相成△）大坂堀井仙助座相雇、晴天十日之間於社内辻能興行仕、右助成を以普請成就仕度奉願上候、御時節柄之御儀ニ御座候得共、格別之御厚憐を以、右願之通被為仰付被下置度奉願上候、尤右興行中講中世話方之者より取締、万事神妙ニ仕候間、右願之通被為仰付被下置候ハヽ、難有仕合可奉存候、以上

文政九年
戌三月

高砂社
小松美作守

宗門
御奉行所(24)

史料3によると、文化二（一八〇五）年に拝殿普請に取り掛かったものの、先年の本殿再建普請以来の借財が引き続き多分に残っており、講中が立て替えている状態である。もはや「凌方」もなく当惑しているので、太々神楽中（これ自体も普請費用獲得が目的か）に大坂堀井仙助能一座を雇って興行したいと記されている。

この願書から読み取れるのは、寛政九（一七九七）年に本殿再建費用獲得のため正遷宮と尉姥神像開帳に併せて芸能興行を行ったにもかかわらず、約三〇年後の文政九（一八二六）年になってもなお神社は多額の借財を負っている事実である。普請費用の獲得が願書に記されているものの、その収益は借財を一挙に返済する規模ではなかったことがうかがえる。それでもなお神社が実効性に乏しい芸能興行を継続し、出願理由にしばしば普請費

用の獲得を挙げたのは、これが興行許可を得やすい名目であったからだろう。この願書で注目すべきは、その多額の借財を講中が引き受けていることが明記されている点である。神社が多額の借財を負っているにもかかわらず、経営を存続することができたのは、この構造があったからにほかならない。願書の末尾には「右興行中講中世話方之者より取締、万事神妙ニ仕」る旨が記されており、この興行が講中の管理下で行われていたことがわかる。講中が世話人になるということは、その収益の一部が講中の手元に残る可能性が高い。つまりこの興行は、長年にわたり神社の負債を引き受けてきた講中に対する反対給付としての性格をもつものである。

かかる考察をふまえると、この時期の高砂社の芸能興行は、神社の経営補塡の名目を立てつつ、実際には講中など高砂町人の強い要望に神社が同意する形で次々と出願がなされたとみるべきであろう。

ところが、嘉永期（一八四八－五四）以降になると、高砂社の芸能興行の出願件数は激減する。幕末の緊迫した政治情勢や明治維新の廃仏毀釈が高砂社の経営に大きな影響を及ぼした結果と考えられる。

2　興行の種類・担い手・出願理由

（1）興行の種類

表2－3によれば、高砂社で最も多く行われた芸能興行は相撲興行で二九件あり、相撲の盛んな土地柄を反映している。相撲取は例外なく高砂町人であり、江戸等の大相撲は行われた形跡がない[25]。相撲興行の願書にはしばしば「産子之儀ニ御座候得者」などと記され、高砂町人であることが相撲興行の出願条件であった。

（2）興行の担い手

芸人は判明する六四件のうち一二件が「他領者」[26]である（№4、11、12、17、24、35、36、44、45、49、50、64）。このうち八件が神道講談の神職である。この場合、神職仲間からの請合一札を出すことで身元保証が可能なため、神道講談は比較的許可の得やすい興行であった。これに対し、神道講談以外ではわずかに四件しかなく、他領芸人の招へいが制限されていたことがうかがえる。

世話人（興行人）は、判明する限りすべて高砂町人であり、かつ一定しない。これは、芸能興行の専業化が進んでいないことを意味しており、高砂における芸能興行の一つの特徴である。世話人の本業についてもほとんど不明だが、注目されるのは、先に取り上げた文政九（一八二六）年三月の辻能興行（№36）の願書の末尾において、金毘羅宿を営んでいた伊七郎の一族とみられる釣屋伊三郎が「講中世話方之者」[27]の一人として名を連ねていることである。釣屋伊七郎は、天保一四（一八四三）年九月の角力興行（№55）の願書により、「桜嶋」という四股《しこ》名《な》を持つ相撲取であったことも判明する。

（3）興行の出願理由

興行の出願理由は、願書に記された文言によりいくつかのパターンに分類することが可能である。

a．祭礼・開帳等における「賑わい」の創出を目的とするもの。
b．興行による参詣人の増加や収益を社殿修復の「助力」とするもの。
c．出願者の「願望」によるもの。
d．出願者が「氏子」であるもの。

このうち、a・bは神社側（講中など高砂町人を含む）が積極的に企画するもの（№1・2・7・17・25・28・

36・41・46・59・60・61）であるのに対し、ｃ・ｄは高砂町人らの求めに応じ神社が場所貸しするもので、受動的である。

３　興行の出願過程

これまで興行全体の流れや分類方法を提示してきた。次に個別の興行に焦点を絞って興行の出願過程を追ってみたい。

神社が芸能興行を企画する場合、興行単独で出願することはない。必ず祭礼や開帳に合わせて、その余興（「賑わい」）として芸能興行を出願するのが常であった。

たとえば、寛政九（一七九七）年の正遷宮の場合（表２－４－１）、尉姥神像の開帳願を大坂町奉行に出願し許可を得たあと、歌舞伎・曲馬芸興行及び碁盤人形興行の三件を姫路の宗門奉行所に出願した。つまり、修復にともなう遷宮といった出願の本体部分は大坂町奉行の管轄になるが、(28) その附属部分に当たる芸能興行の出願は姫路の宗門奉行所で受け付けるという役割分担がなされている。同じく弘化四（一八四七）年に正遷宮を行った場合にも（表２－４－２）、正遷宮等執行願・同建札願・屋根葺替出来届の三件を大坂町奉行に出願・報告し（建札願は道方御役所にも）、その許可を得たうえで軽口物真似・浄瑠璃人形興行・ちょんがれ興行・紙細工物興行の四件を姫路の宗門奉行所に出願した。これらは遷宮の絡んだ興行であるため、本体部分の遷宮に関しては大坂町奉行へ出願する必要があった。

一方、町人からの願い出などにより、遷宮や祭礼に付随しない興行を出願する場合は、大坂町奉行に出願する必要がなく、姫路の宗門奉行所にのみ出願し、許可を得るしきたりであった。

表２-４-１　寛政８-９年正遷宮

年月	表題	差出 → 宛先
寛政 8(1796)年 11 月	尉姥神像遷座願	高砂社神主小松安芸・構年寄次五左衛門・大年寄梶原由三郎・同菅野惣左衛門 → 宗門御奉行所
12 月	正遷宮建札願	高砂社小松安芸 → 道方御役所
12 月	正遷宮建札願	高砂社小松安芸 → 町御奉行所
寛政 9(1797)年（月未詳）	尉姥神像開帳願	高砂社神主小松安芸・同氏子惣代鍛冶屋弥次郎・同魚屋四郎兵衛・瓦屋左次右衛門・年寄次五左衛門・大年寄梶原長左衛門・同原喜三右衛門 → 宗門御奉行所
1 月	大坂御番所宛願書添翰願	高砂社神主小松安芸・年寄次右衛門・大年寄梶原長左衛門・原喜三右衛門 → 宗門御奉行所
3 月	尉姥神像開帳願	高砂社神主小松安芸・役人代儀右衛門 →（大坂町）御奉行
2 月	刀田山建札願	高砂社小松安芸 → 宗門御奉行所
2 月	**歌舞伎・曲馬芸興行願**	高砂社小松安芸 → 宗門御奉行所
2 月	**歌舞伎・曲馬芸興行届**	高砂社小松安芸 → 町御奉行所
3 月	**碁盤人形興行願**	高砂社小松安芸 → 宗門御奉行所
4 月	閉帳届	高砂社小松安芸 → 宗門御奉行所
4 月	閉帳届添翰願	高砂社神主小松安芸・構年寄次五左衛門・大年寄梶原長左衛門・同原喜三右衛門 → 宗門御奉行所
4 月	閉帳届	上月陸奥守・組頭半兵衛 →（大坂町）御奉行
4 月	万度祓執行願	高砂社小松安芸 → 宗門御奉行所
4 月	建札指置願	高砂社小松安芸 → 宗門御奉行所
4 月	**角力興行願**	高砂社小松安芸 → 宗門御奉行所
4 月	**角力興行届**	高砂社小松安芸 → 町御奉行所

出典：高砂神社文書。
注：「表題」欄の太字は芸能興業を示す。

表2-4-2　弘化3-4年正遷宮

年月	表題	差出 → 宛先
弘化3(1846)年11月	正遷宮建札願	小松蔵人・組頭惣左衛門 →（大坂町）御奉行
11月	正遷宮建札願添翰願	高砂社小松蔵人・兼帯惣社芝崎勘解由・年寄四郎兵衛・大年寄三谷七太夫・同糟谷長平 → 宗門御奉行所
11月19日	屋根葺替出来届	小松蔵人・大工鍛治屋町四郎兵衛・組頭惣右衛門 →（大坂町）御奉行
11月	屋根葺替出来届添翰願	高砂社小松蔵人・兼帯惣社芝崎勘解由・年寄四郎兵衛・大年寄三谷七太夫・同糟谷長平 → 宗門御奉行所
11月	大工等上坂に付添翰願	東宮町年寄四郎兵衛 → 町年寄御衆中、町大年寄三谷七太夫・同糟谷長平 → 町方御役所
11月	屋根葺替聞済届	高砂社小松蔵人・兼帯惣社芝崎勘解由・年寄四郎兵衛・大年寄三谷七太夫・同糟谷長平 → 宗門御奉行所
11月21日	正遷宮等執行願	小松蔵人・組頭惣右衛門 →（大坂町）御奉行
11月	正遷宮等執行聞済届	高砂社小松蔵人・兼帯惣社芝崎勘解由・年寄四郎兵衛・大年寄三谷七太夫・同糟谷長平 → 宗門御奉行所
11月	正遷宮建札聞済届	高砂社小松蔵人・兼帯惣社芝崎勘解由・年寄四郎兵衛・大年寄三谷七太夫・同糟谷長平 → 宗門御奉行所
11月	正遷宮建札願	高砂社小松蔵人・年寄四郎兵衛・大年寄三谷七太夫・同糟谷長平 → 道方御役所
12月	正遷宮建札届	高砂社大宮司小松蔵人・年寄四郎兵衛 → 町大年寄御衆中、大年寄 → 町方御役所
12月	大工等罷下に付届	年寄四郎兵衛 → 町大年寄御衆中、大年寄 → 町方御役所
弘化4(1847)年 2月	**軽口物真似興行願（不許可）**	高砂社大宮司小松蔵人・年寄四郎兵衛・大年寄三谷七太夫・同糟谷長平 → 宗門御奉行所
2月	**浄瑠璃人形興行願（不許可）**	高砂社大宮司小松蔵人・年寄四郎兵衛・大年寄三谷七太夫・同糟谷長平 → 宗門御奉行所
2月	**浄瑠璃会御聞済に付届**	小松蔵人・年寄四郎兵衛・大年寄糟谷長平・同岸本善右衛門 → 町方御役所
3月	**ちょんがれ興行願**	高砂社大宮司小松蔵人・年寄四郎兵衛・大年寄糟谷長平・同岸本善右衛門 → 宗門御奉行所
3月	**浄瑠璃会願止**	高砂社小松蔵人・年寄四郎兵衛 → 宗門御奉行所・町方御役所
3月	**紙細工興行願**	高砂社小松蔵人・年寄四郎兵衛・大年寄糟谷長平・同岸本善右衛門 → 宗門御奉行所
4月7日	正遷宮終了届	芝崎勘解由・役人代惣右衛門 →（大坂町）御奉行所
4月	正遷宮終了届添翰願	大宮司小松蔵人・惣社芝崎勘解由・年寄四郎兵衛・大年寄三谷七太夫・糟谷長平 → 宗門御奉行所
4月	正遷宮終了聞済届	高砂社大宮司小松蔵人・惣社芝崎勘解由・年寄四郎兵衛・大年寄三谷七太夫・糟谷長平 → 宗門御奉行所

出典：高砂神社文書。
注：「表題」欄の太字は芸能興業を示す。

4　不許可・中止になった興行

ところで、芸能興行の出願はすべて許可されたわけではない。興行の出願が増える寛政期以降、不許可になったり、修正を指示される事例が目立つ。不許可を含め、中止になった事例は管見の限りで八件ある。

①　享和二（一八〇二）年曲馬興行[29]（№17）……高砂町人、中嶋屋善兵衛が世話人となり、京都の亀屋庄助らを雇い、晴天七日間の曲馬興行を行うもの。不許可理由は明確に示されず、願書に×印が書かれ、「不用」と注記される。末社修復と優先度が低いにもかかわらず「少々宛之席銭を請」けようとしたことが問題視されたか。

②　文化一四（一八一七）年見立作り物興行[30]（№28）……夏祭の際、見立作り物を奉納したいと氏子から願い出があった。ところが、公方実母の死去にともない、ほぼ時を同じくして宗門奉行から、諸社夏祭礼湯立の際、境内に作り人形や商人を差し置くこと無用との触が出され、中止となった。なお、文政三（一八二〇）年にも見立細工燈籠奉納が出願され、聞き届けられたものの、「蠟燭料」を取らないようにと念を押されている。

③　文政三（一八二〇）年相撲興行[31]（№34）……高砂町人亀川甚蔵こと志方屋惣兵衛「不仕合」につき、「取立」のため弟子中が企画したもの。「不用」と注記される。

④　文政九（一八二六）年辻能興行[32]（№36）……拝殿普請費用獲得のため大坂堀井仙助座を雇い、辻能を興行するもの。許可されたものの仙助の病気により延引となった。

⑤　文政一一（一八二八）年万歳芸興行[33]（№41）……拝殿修復費用返済のため万歳芸を晴天一五日間興行するもの。同一三年に再願書が提出されていることから、この時点では不許可になったことがわかる。不許可の理由は「外々より先前願も在之候間、追而順年ニ」出願するように、というものであった。

⑥文政一二（一八二九）年浄瑠璃身振物真似興行[34]（№44）……高砂町人、農人屋次兵衛が夏祭中に社地を借り受け、金毘羅参詣のため逗留中の「馴染」大坂難波新地の菱屋与兵衛親子三人に浄瑠璃物真似をさせるというもの。聞き届けになったものの、「芸者共」の病気により中止となった。

⑦天保三（一八三二）年曲持芸興行[35]（№49）……大坂安治川の（鉄割）弥吉親子三人を雇い、六月祇園会中七日間曲持芸をさせるもの。許可されたが、「重立候者病気」により一一日に中止となった。

⑧弘化四（一八四七）年浄瑠璃人形興行[36]（№59）……当初は軽口物真似興行を出願するが、「芝居同様之事」とみなされ却下された。そこで正遷宮中、境内に小屋掛けして、賑わいのため浄瑠璃人形興行を行うと切り替えた。しかし「人形取交」っては「歌舞伎ニ相成」との理由で不許可となった。そこで「浄瑠理会」に三度《みたび》切り替え許可を得たが、「重立候者共差支」により中止となった。

以上八件の事例の興行不許可・中止の理由は多様である。それらがすべて領主側の判断のみにより中止に追い込まれたわけではない。ただし、以下のような傾向は指摘できよう。

a．席料不可（№17・33）。出願理由に逼迫度がなく、単純に利潤を上げようとしているとみなされた場合に不許可になることがある。

b．他領の芸人不可（№13・36・44・49）。他領の芸人が来たときにばかり病気等の支障が生じるのは若干不自然である。とりわけ、№49と№59の興行がそれぞれ「重立候者病気」「重立候者共差支」と同じような表現で中止に追い込まれている。これらは、興行中止の真の理由（他領の芸人であることがネックになっている）をカモフラージュするための無難な定型文言なのではないかとの疑念を抱かせる。

c．歌舞伎不可（№59）。天保改革の際、人形浄瑠璃を含めた広義の歌舞伎芸が幕令で禁止されたことの影響が高砂にも及んでいる。

d．頻繁な興行不可（No.41）。興行の出願が他からも相次いだことから、順繰りに開催するよう領主側で調整を図っている。

5　高砂に常芝居はあったか

常芝居とは、季節や時期にかかわらず恒常的に芝居を上演する小屋・興行のことをいう。『高砂雑誌』には「戯場常小屋　天保元寅九月東戎社前に始て建之、其後破壊に及ひて更に形を不残」[37]とある。しかし、ここまで高砂社における芸能興行の変遷を眺めてきたものの、高砂社内外に常芝居があったという事実は確認できない。常小屋があったとする『高砂雑誌』の記述は、どのように理解したらよいのだろうか。

ここで地図を見ていただきたい。図2－3は高砂社南の境外（門前）図で、鳥居の奥に高砂社の境内が位置する。図の右下に東戎社が描かれている。東戎社の前には「地尻ヨリ出張リ地」と記され、空地が広がっている。芝居小屋が建てられたとすれば、ここであろう。

この東戎社前に建てられた芝居小屋に関連する記事が高砂神社文書のなかにみられるかどうか、天保元（一八三〇）年付近の興行記事を改めて見直してみた。すると、その直後の天保二（一八三一）年三月の宇佐崎座説経芸興行が「戎町持大工職小屋」で行われていたことがわかった。そこで、この史料を詳しくみてゆくことにする。

図２－３　高砂社境外図

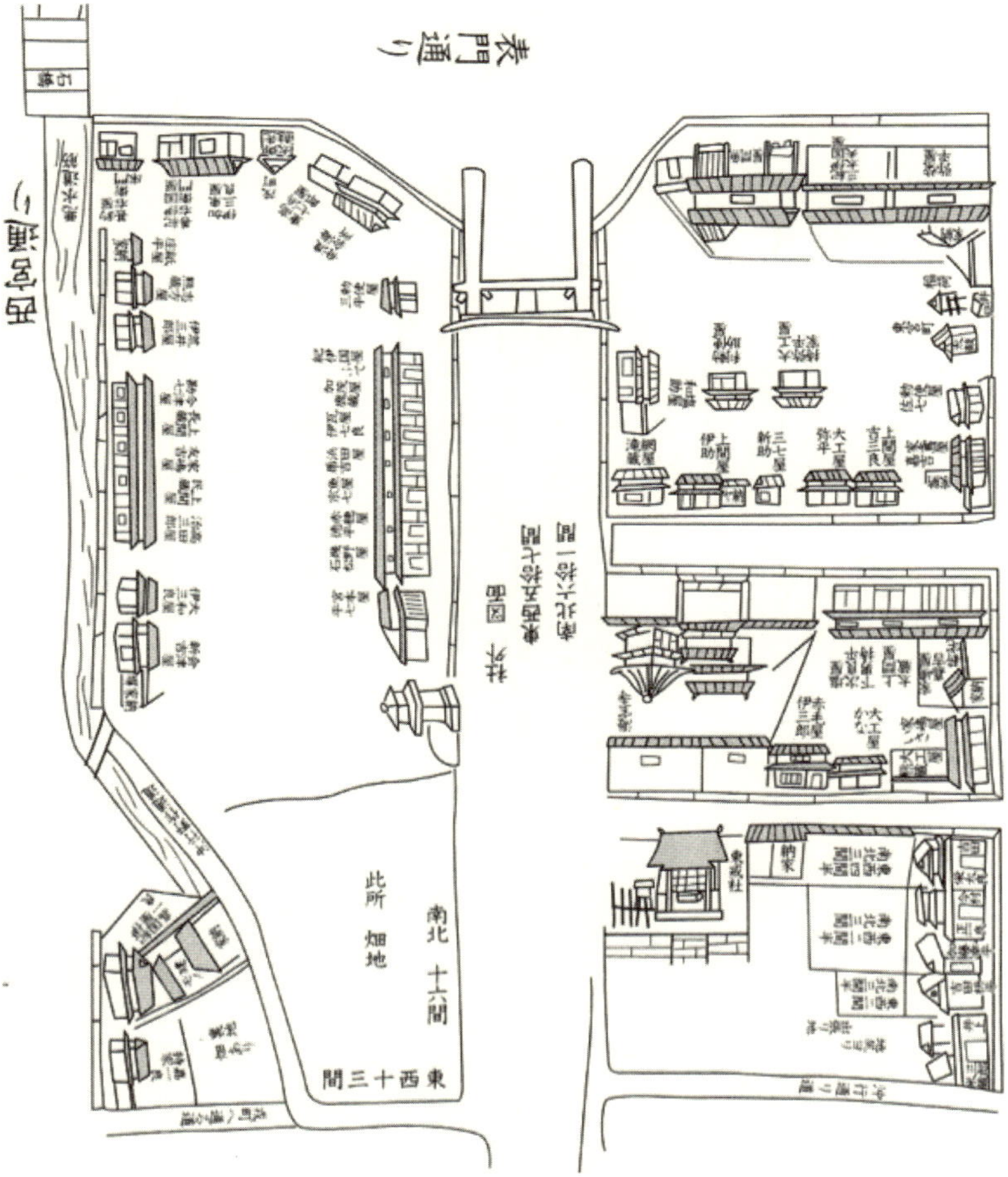

出典：『高砂市史』第五巻史料編近世。ただし上を北にするために上下逆に掲載した。

〈史料4〉

奉差上願書之事

一当社牛頭天王拝殿之節、他借銀凌方ニ善徳罷在候付、右為助成小屋之者相頼、万歳芸晴天十五日興行仕度、先達而御願奉申上候所、願之通被為　仰付、難有奉存候、然ル処、小屋之者引合仕候処、差支御座候趣ニ付、宇佐崎座説経之もの相頼、来ル廿七日より日数十五日之間戎町持大工職小家借受興行仕度奉願上候、右願之通御聞済被為　下置候ハヽ、難有奉存候、已上

天保二卯年三月

高砂社大宮司
小　松　蔵　人

年寄　甚左衛門

右之通奉願上候、已上

大年寄
中須又右衛門

同
三浦甚兵衛

宗門
御奉行所

差上申口上書之事

一昨日説経芸興行之儀、明廿八日より相始申度御願奉申上候所、御聞済成被下難有罷在候、然ル処、此節之雨天続ニ而大工職小屋相損シ雨漏リ、柱根石等等(ママ)相寛、囲相崩レ申ニ付、右取繕候上、日限之儀者追而

御願奉申上候、尤上棟式御祈禱之儀者昨日御願奉申上候日限之通執行仕度奉存候、右之段御聞済被為　下置候ハヽ、難有奉存候、已上

卯年三月廿七日　高砂社大宮司　小松蔵人

年寄　甚左衛門

右之通奉願上候、已上

大年寄　中須又右衛門

同　三浦甚兵衛

宗門御奉行所(38)

もともと、この興行は文政一三（一八三〇）年一二月に万歳芸興行として申請し、許可されたものである（No.46）。実は、この文政一三年の興行申請にも前段がある。文政一一年に万歳芸興行を申請したものの（No.41）、「先々御願茂御座候ニ付、当卯年迄相待候様」と命じられたため、文政一三年に満を持して申請したのであった。今回はぶじ許可を得、翌年になり興行をする段になって「小屋之者」に支障があったため、「宇佐崎座説経之もの」に依頼し、「戎町持大工職小屋」を借り受けて興行を行うことになった。ところが、「雨天続ニ而大工職小屋相損シ雨漏リ、柱根石等相寛、囲相崩レ」てしまった。そこで、大工職小屋を取り繕ったうえで、興行日については改めて出願することとなった。

この中の「雨天続ニ而大工職小屋相損シ雨漏リ、柱根石等相寛、囲相崩レ申」という一節は、『高砂雑誌』の「破損に及ひて」という記述を想起させるものである。改めて図2-3をみると、戎町には「大工屋弥平持家」など、大工関連の建造物が複数みられ、大工の集住する町であったことがわかる。このことも、東戎社前に建てられた常小屋が大工の持家であった可能性をうかがわせる。だとすれば、常小屋は大工職小屋の名目で建設され、雨漏りで破損してしまう程度の粗末な造りであったということになる。

芝居小屋の名目で堅牢な建造物を造らなかったのは技術的な問題ではあるまい。常設の芝居小屋を建てることに対し、何らかの規制が働いたためと考えられる。№59にあるように、境内に小屋掛けをする浄瑠璃興行は「歌舞伎ニ相成」として認められなかった。これらの事実は、高砂における常芝居成立の困難さを物語っている。

高砂において常芝居が成立しないことと、高砂社における芸能興行が祭礼芝居の形態をとったこととは表裏一体の関係にある。つまり、芝居単独での出願が認められないからこそ、必ず祭礼等にかこつけて出願する必要があったのではないか、ということである。

なお、明治五(一八七二)年に演劇小屋が境内に建てられていることが注目される(39)。これも四年ほどで取り壊されたが、なぜ明治になって出現したのか、江戸期における規制や限界を考えるうえで示唆的な現象である。

おわりに

高砂社における芸能興行は、既存の祭礼に賑わいをもたらすことを目的として、明和九(一七七二)年に開始された。高砂社においてなぜこの時期に興行という手法が導入されることになったのか、本章では充分に明らかにできなかったが、高砂社ではそれ以前から行われていた祭礼能が衰退してきており、それに代わるものとして歌舞伎に代表される新たな芸能が祭礼に求められた側面はあろう。本章では、高砂社における芸能興行が「祭礼芝居」という文脈で、つまり祭礼に付随する余興として始められた事実に注目した。

その後しばらく高砂社における芸能興行は停滞するが、寛政期になり、社殿修復が経営上の重要課題として浮上するなかで、再び芸能興行が再建費用獲得手段として注目されるようになった。高砂社では、寛政九（一七九七）年に社殿の正遷宮に合わせて、天正期以来行方不明となっていた尉姥神像を境内に遷座し、開帳を行うこととなり、その賑わいをもたらす手段として複数の芸能興行が出願された。願書では「博奕并売女体之者」や境内茶屋の出現が想定されており、それらを含めた賑わいが賽銭や地代等の形で神社の収入増につながることが期待されていたとみてよかろう。

これをきっかけとして高砂社の芸能興行は活発に行われるようになる。高砂社の芸能興行は、大まかにいって二つに大別できる。一つは、町人の求めに応じて境内社地を貸し渡して行わせるもので、典型は相撲興行である。もう一つは、祭礼・開帳の賑わいとして、社殿修復費用の獲得を目的として神社が企画するものである。

このうち、後者に関しては、芸能興行は経営への補塡を視野に入れながら、祭礼と結びついて申請されることが特徴として挙げられる。ただし、興行の推進主体は神社に対して経済的な貢献をしながら商機を拡大しようとする、釣屋伊七郎ら講中に代表される高砂町人であったと考えられる。かかる高砂町人の実態解明については今後の課題としたい。

高砂町人らの意向に添う形で神社は芸能興行を申請していったが、興行申請は無制限に許可されたわけではない。とくに、a．金銭徴収、b．他領芸人、c．歌舞伎、d．頻繁な開催を領主は警戒し、しばしば興行の差止めを行っており、興行の自律的な発展は領主権力により歯止めがかけられた。高砂において常芝居が公認されなかったことが、その証左である。したがって高砂では、氏子町人による相撲興行等を除き、芸能興行は祭礼の賑わいとして申請する必要があった。高砂社における芸能興行は祭礼芝居として始まり、最後までその枠組みのなかに収められた。この意味において、高砂社におけるハレの日常化は近世を通じて抑制されたのである。

付記

本章の執筆にあたり、史料の閲覧について御快諾を賜った高砂神社様、刊行前の繁忙期にもかかわらず史料閲覧の機会をくださった高砂市の市史編さん課の皆様、高砂の調査をお勧めいただき、市史編さん課をご紹介してくださった中川すがね先生、日本経済思想史学会金沢大会で御助言を賜った会員各位に対し、この場をお借りして厚く御礼申し上げます。

注

(1) 氏家幹人「地方都市興行の成立と背景――近世後期における芝居公許の論理」(津田秀夫編『解体期の農村社会と支配』校倉書房、一九七八年)。
(2) 塩川隆文「一東理助の経済思想――賑わいの観点から」(『日本経済思想史研究』第六号、二〇〇六年)。
(3) 塩川隆文「近世金沢の祭礼における茶屋」(『加能地域史』第五〇号、二〇一〇年)。
(4) 塩川隆文「田中屋権右衛門が見た金沢城下の賑わい」(『板橋区・金沢市友好交流都市協定締結記念　中山道板橋宿と加賀下屋敷』板橋区立郷土資料館、二〇一〇年)。
(5) 『高砂市史　第二巻　通史編　近世』(高砂市、二〇一〇年)七九〇―八〇九頁。
(6) 『兵庫県の地名　2』(平凡社、一九九九年)一九二頁。
(7) 『高砂市史　第二巻　通史編　近世』(高砂市、二〇一〇年)一三三頁。

(8) 『高砂市史　第二巻　通史編　近世』（高砂市、二〇一〇年）五八九－五九〇頁。なお、姫路領内における高砂神社の位置づけに関して、天保期の判物引渡は、書写山・増位山・惣社・男山・長壁・松原に次ぎ、高砂社は七番目であった（高砂神社文書「御用記　拾弐番」、天保六（一八三五）年）。

(9) 高砂神社所蔵。本章の執筆に際しては高砂市の市史編さん課に架蔵される紙焼き資料を用いた。

(10) 高砂神社文書「永代万覚帳」（宝永二（一七〇五）年九月）。

(11) 高砂神社文書「社頭御用録」（宝暦一三（一七六三）年正月）。

(12) 高砂神社文書「永代万覚帳」（元文三（一七三八）年三月）。

(13) 高砂神社文書「社頭御用録」（宝暦一三（一七六三）年正月）。

(14) 高砂神社文書「社頭御用録」（宝暦一三（一七六三）年正月）。

(15) 高砂神社文書「弐番　社頭御用録」（天明六（一七八六）年九月）。

(16) 高砂神社文書「弐番　社頭御用録」（天明六（一七八六）年九月）。

(17) 高砂神社文書「三番　社頭御用録」（寛政三（一七九一）年五月）。

(18) 高砂神社文書「四番　社頭御用録」（寛政七（一七九五）年六月）。

(19) 小林准士は、高砂社にも訪れている矢野左倉太夫の活動を検討し、近世の神道講釈は特定の職業的集団が各地の神社を巡回するという「芸能興行」的形態をとっていたと指摘している（「神道講釈師の旅と神仏論争の展開――矢野左倉太夫の活動に即して」『社会文化論集　島根大学法文学部紀要社会文化学科編』第七号、二〇一一年）。

(20) 高砂神社文書「三番　社頭御用録」（寛政三（一七九一）年五月）。

(21) 高砂神社文書「三番　社頭御用録」（寛政三（一七九一）年五月）。

(22) 茶屋については拙稿「近世金沢の祭礼における茶屋」（『加能地域史』第五〇号、二〇一〇年）で、茶屋と芸能興行との関わりを考察した。また、本来仮設の茶屋が常設化し、仲間組織を形成した事例を屋久健二が詳細に検討している（「近世大坂天満宮の茶屋仲間」佐賀朝・吉田伸之編『シリーズ遊廓社会１　三都と地方都市』、吉川弘文館、二〇一三年）。

(23) 高砂社（姫路領）では、恒例の祭礼は「届」、臨時の祭礼は「願」と手続きが峻別されていた。つまり恒例の祭礼は在来《ありきたり》神事として審査が簡略化されるのに対し、臨時の祭礼は本来想定されていない神事であるから、その可否が宗門奉行所によってそのつど判断される建前なのである。尉姥祭は初年こそ開帳として企画・出願されたが、翌年からは「尉姥社例年之祭礼」として願書が出され、以後毎年ほぼ同じ文言で出願され続け、事実上例祭化した。

(24) 高砂神社文書「御用記　拾番」(文政九(一八二六)年〜)。

(25) 『雷電日記』(ベースボールマガジン社、一九九九年)によると、高砂近隣の加古川及び姫路で大相撲が興行されている。

(26) 高砂は姫路領内にあるので、ここでの「他領者」とは姫路領外の者ということである。

(27) 高砂からは金毘羅参詣のための丸亀行の船が出ており、その手配をする宿を金毘羅宿といった(『高砂市史　第二巻　通史編　近世』高砂市、二〇一〇年、五二八-五三二頁)。

(28) 高砂社は姫路領内の神社であり、社領は黒印状により当時の姫路領主から寄進されたものである。御朱印寺社でないにもかかわらず、社殿の修復・遷宮に際し大坂町奉行へ報告する必要があったことがわかる。このことについて、大坂町奉行所による建築規制を検討した妻木宣嗣は、藪田貫の「摂河支配国論」を想起しつつ、摂河においては寺社普請に際し、村方を通じて大坂町奉行に申請する必要があったことを実証している(『近世の建築・法令・社会』清文堂出版、二〇一三年)。また、松本和明は享保期の広田社還宮の事例を検討し、実質的な許認可権者は領主たる尼崎藩であったが、畿内の寺社行政は、藩・奉行所が一体となって展開していたと論じている(「享保期における広田社還宮と西宮社開帳」『西宮神社御社用日記　第三巻』清文堂出版、二〇一五年)。

(29) 高砂神社文書「五番　社頭御用録」(寛政九(一七九七)年六月)。

(30) 高砂神社文書「八番　社頭御用録」(文化一四(一八一七)年四月五日)。

(31) 高砂神社文書「九番　社頭御用録」(文政二(一八一九)年〜)。

(32) 高砂神社文書「御用記　拾番」(文政九(一八二六)年〜)。

(33) 高砂神社文書「御用記　拾番」(文政九(一八二六)年〜)。

(34) 高砂神社文書「御用記　拾番」(文政九(一八二六)年〜)。

(35) 高砂神社文書「御用記　拾壱番」(文政一二(一八二九)年一二月〜)。

(36) 高砂神社文書「御用記　拾四番」(天保一四(一八四三)年〜)。

(37) 『高砂雑誌　全』(市史編纂準備室、一九九七年)一〇九頁「往古ありて当今元治元なきもの」。

(38) 高砂神社文書「御用記　拾壱番」(文政一二(一八二九)年一二月〜)。

(39) 高砂神社文書「御用記　第弐拾六番」(明治五(一八七二)年〜)。

第3章　伊能忠敬の経営観と家——文化期の書簡から

田口英明

はじめに

本章は、『伊能忠敬書状』[1]（以下『書状』）収録の伊能忠敬書簡を基本的な素材として、最晩年の伊能忠敬（一七四五－一八一八）の経営観について考察することを目的としている。『書状』を用いた研究は枚挙に暇がなく、これまでそれを通じて忠敬の人間性、経営観、鋭い経済観念、家族に対する思い、嗜好といったさまざまな側面が明らかにされている[2]。本章は、基本的に、従来の忠敬像を改めるようなものではない。しかし、忠敬が家の経営について語るときに頻繁に用いているにもかかわらず、これまで指摘されることのなかった「取締」という言葉を手がかりにして、上記の課題に迫ってみたい。

『書状』には一六〇点の資料が翻刻されており、うち書簡は一五八点である。『書状』に収録されている書簡は、年号が付されておらず、また時系列順で配列されていないため、本章では先行研究を参考にしつつ、書簡の内容を手がかりに可能な限り年代の推定を行った。一五八点のうち、寛政期ごろと推定される二三点を除く一三五点が文化期のものである。この時期、忠敬はすでに隠居し、江戸深川黒江町に居宅を構えており、佐原の伊能三郎右衛門家（以下忠敬の表現を借りて「佐原本家」とする）は嫡男の景敬に譲られていた。文化期の書簡の多くは、景敬とともに佐原本家の経営に携わっていた長女稲（文化七年に剃髪して妙薫と改める）に宛てたものであり、文化八（一八一一）年に忠敬が二度目の九州測量に出発してから、亡くなる前年の文化一四年の年末までの時期に集中している。本章は、この文化八年以降の書簡に絞って考察を行う。

後述するように、この時期の佐原本家の経営は不調であり、また文化一〇年に景敬が亡くなり当主不在となる。そうした状況にある妙薫に対して忠敬は、測量先や江戸から経営、家政に関わる種々のアドバイスを書き送るが、その中で頻繁に現れるのが「取締」「取〆」（トリシマリ、トリシメ、以下「取締」とする）という言葉であり、表3－1に掲げたように三二点の書簡からそれが確認できる。

『日本国語大辞典』によると「取締」は、①取り締ること、管理、監督、②「取締役」の略、という意味であるが、[3]忠敬の用例を見ると、「本家取締方之儀」、「本家身上向取締之儀」、「酒造取締方」というように家産・資本の管理・運用・監督という意味で使われる場合が多いほか、「勝手の取締」や「家内取締倹約之儀」というように家計のやりくりや倹約との関連で使われることもある。また、「本家取締ノ道喜」や「本家取締役之儀」とあるように、取締役の意味でも用いられることもある。このように忠敬において「取締」は、さまざまな経済活動を管理・実践すること、またはそれを担う人、という意味で用いられていたことがわかるが、この言葉を多用したという事実は、忠敬が何らかの経営改革が佐原本家に必要であると考えていたことを意味するのではなかろうか。すなわち、伊能三郎右衛門家という名望に立脚した従来どおりの経営を続けていたのでは時代状況に対処しえず、実効性を持った経営改革と、それを担う人材が佐原本家の存続にとって不可欠であるとの認識を忠敬が持っていたことを示唆しているのではないだろうか。このような視角から本章では、次の二つを具体的に検討したい。第一は、低迷する文化期の佐原本家に対してどのような経営方針を立てたのかを明らかにすること（第2節）、第二は、家の存続に深く関わる「取締」を担う人物にどのような能力を求めたのかを明らかにすること

（第3節、第4節）、である。

なお、天保期（一八三〇－四四）から幕末期にかけて、佐原本家と深いゆかりを持つ家から、伊能茂左衛門景晴（一八〇八－八六）や清宮利右衛門秀堅（一八〇九－七九）という優れた実務家が生まれる。前者は醤油醸造業、後者は質商として広域的な経済活動を展開し、家を再興したのみならず、天保一三（一八四二）年に領主である旗本津田氏より勝手向御改革取賄役（以下賄役）に任命される。酒井一輔氏は、両者が、津田氏の財政運営の過程で、余剰資金を財政内部に貯蓄し、それを領主の家産としてではなく地域の財産として、知行地内外で独自に運用していたことを明らかにした(4)。本章は、こうした優れた資金管理運用能力を持った幕末期の実務家の事例研究に対して、何らかの示唆が与えられるのではないかと考える。

1　伊能忠敬の略歴と佐原本家の動向

（1）伊能忠敬の略歴およびその家族(5)

ここで忠敬の略歴を記しておこう。忠敬は、延享二（一七四五）年一月一一日に上総国山辺郡小関村（現、千葉県山武郡九十九里町）の小関家に生まれる。宝暦元（一七五一）年七歳のときに、母の死を受けて、母の弟が小関家を継ぐことになり、父貞恒は実家である上総国武射郡小堤《おんずみ》村（現、山武郡横芝光町）の神保家に戻るが、忠敬はしばらく小関家に残され、一一歳のときに父のもとに戻ったと言われている。宝暦一二（一七六二）年、一八歳で下総国香取郡佐原村（現、千葉県香取市）伊能三郎右衛門家の達《みち》の婿となり、三郎右衛門を称し、佐原村の名主後見となる。

天明元（一七八一）年、領主津田氏より名主を命じられる。天明三年の浅間山の噴火、そして利根川氾濫によ

表３－１　「取締」という文言を含んだ忠敬書簡一覧

書簡番号	年月日	宛先	**取締／取〆	文例
2	文化９年 ５月25日	妙薫尼、おりて女	取締	「出立前申含候本家取締方、地頭方江かし金之儀、以後相止候様両人江申聞候所」
4	文化９年 １月２日	妙薫御房、おりて	取締	「去冬深川にて申談し候本家の取締方、地頭方へかし金も相止候様我等方ゟ遣し置候」
5	文化９年 ３月５日	妙薫尼、おりて女	取締	「本家取締之儀、おりてと申合、長久ニ相続候様御心配可被成候」
17	文化14年 １月21日	妙薫	取締	「是迄の御状ニ金高減方も、一切取締候御文も無之候」
18	文化14年 ３月２日	妙薫	取締	「扨酒造取締方ハ何れ六ケ敷存候得ハ、気長ニ相分り候様ニ店卸可被成候」
20	文化14年 11月２日	妙薫	取締	「身上渡し候而も宜身分ゆへ召抱、本家の取締致候ハヽ、末々三治郎為ニも相成可申」「右伝兵衛ヲ召抱、店賃田徳其外取締方為致」
37	文化14年 １月27日	妙薫	取締	「左太夫儀、朝もはやく、勝手の取締も時々致し申候」
40	文化14年 ２月７日	妙薫	不取締	「然し取締方にて彼此御心労故ニや、廿四日夜与風御失気、卒倒被成候由、御労之程察し入候」「七左衛門決心覚悟ニより宜筋ニ候得とも、不取締の性ゆへ安心不致候」
42	文化14年 ２月12日	（記載なし）	不取〆	「若キ娘おほく候而ハ、家内不取〆ニ相成候間」
43	文化14年 ２月16日	伊能妙薫	取締	「本家の取締、何角御心配御辛労察し入候、出府延引候而も宜候間、成だけ御取極可被成候」
44	文化14年 ２月16日	（記載なし）	不取締	「善兵衛ゟも飯米入用多候を、伊八江内々致物語候得共、夫なりニ打捨置候ハまづ不取締ニ而、主人為ニハ相成不申性得ニ御座候」
45	文化14年 ２月22日	妙薫	不取〆	「御屋敷へハ、……兎角不取〆ニこまり入候」
50	文化14年 ２月27日	妙薫	取締	「本家取締第一之儀ニ候得ハ、古酒新酒諸取替成だけ御調、寛々と御仕立被成」
52	文化11年 ３月２日	妙薫、おりて	取締	「本家取締ニ大須賀八郎右衛門儀相頼候様、度々申遣候所ニ」
59	文化12年 ５月12日	妙薫、おりて	不取締、取締	「隠宅逼塞の家にて、……金百両余相かゝり、元金迄も不足ニ相成リ候而ハ、余り不取締ト存し候」「昨日八日市場逸八、此方江見舞ニ罷越永沢本家取締の物語も有之候」
60	文化12年 ５月12日	妙薫	取締	「家内取締倹約之儀」
71	文化－年 ７月13日*	妙薫	取締、取締役	「本家相続候得ハ、本宿中ノ取締ニも相成候」「中宿道喜……本家取締役之儀も御存之通ニ、断も有之候」

出典：千葉県史編纂審議会『伊能忠敬書状』（千葉縣史料近世篇文化史料一）、千葉県、1973年。

72	文化－年 ７月18日＊	妙薫尼	取締、 取締	「盆後前、本家身上向取締之儀、御世話ト存候」「能々御勘弁大丈夫ニ御取締可被成候」
78	文化11年 ７月22日	（記載なし）	取締	「本家取締ノ道喜なれバ、左様ニ自分ヲ手軽ニ致候而ハ、万一ノ外の聞へ候而ハ不宜候」
80	文化－年 ７月27日＊	妙薫尼	取締	「能々身上向御取締之上、御出府可被成候」
88	文化14年 10月11日	妙薫	取締	「加納屋江此上ハ本家へ日勤か、又引越し其元へ申合帳合取締、古酒代金取入之筋ヲ申談し遣候」
91	文化－年 ７月18日＊	妙薫	取締	「御両人の手にて取締出来候様ニ致し度候、兎角店賃、田地ノ入金、運賃、小遣等、落筆無之様ニ可被成候」
96	文化13年 12月11日	妙薫	取締	「加納屋治兵衛……罷越候ハヽ、本家取締の儀、能々御談し可被成候」
98	文化－年 12月16日＊	妙薫	取締	「古酒かけ方取集之儀……此外之御取集御苦労察し入候、其御許本家取締不被成候而ハ、埒もなき事ニ相成申候」
102	文化13年 12月22日	妙薫	取締	「本家ハ年増ニ百金ヤ百五十金ハ相延、寛ニ相成可申存候所、手支候ハ兼々御相談申候通り、取締の不宜と、酒造ノ方入用江入込ゆへ筋ニも候哉」
104	文化13年 12月27日	妙薫	取締	「彼此加納屋へ取締方能々被仰合可致候」
106	文化11年 －月－日	（記載なし）	取締	「田地之儀ハ質地証文相渡候而も、道喜本家取締世話料ニ、右作徳米ハ差遣し」「何れ田地ノ方ハ道喜の取締世話中にも、随分相帰し候所存ニ候」
117	文化10年 11月８日	妙薫、 おりて	取締	「然ハ本家主人大病後ハ、御両人嘸々御辛労御心支と察し入候、能々御申合られ、家内取締金銭出入御心配」
120	文化８年 12月17日	妙薫御房	取締	「出立前佐原家内取締方、其方、おりて申合、主人江談し御取極可被成候」
132	文化10年 ９月21日	妙薫	取〆・ 取締	「親類一同相談の上中宿道喜相頼、家内の諸事御取〆被成候段、仰遣され致承知候」「本家身上向取締之儀は大切ニ候間、御両人ニ而能々被申合、男子と相成御執斗可被成候」
133	文化10年 閏11月２日	妙薫、 おりて	取締・ 取締	「本家主人大病ニ付、親類相談の上取締伊能道喜江相頼候旨、先達而仰遣され承知致し候」「七、八年、八、九年手強家内取締の世話人」「一日も早相頼、諸帳面取締候様と存候」
134	文化11年 １月２日	妙薫、 おりて	取締・ 取〆	「本家取締方之儀、中宿ニ而は無覚束候間、三治郎成長迄大須賀八郎右衛門是非ニ相頼候様」「諸帳合ハ勿論、家内取〆、三治郎補佐ニ大ニ宜候」

注１：年はすべて推定である。
　２：＊文化 11 年以降か。
　３：＊＊「締」「〆」には「シマリ」ないしは「シメ」のルビが付されている場合がある。意味上の差異はないと思われる。

って農作物に大きな被害が起こると、上方から購入した米を安く売って窮民を救った。これを受けて津田氏より苗字及び道中帯刀が許され、翌四年には名主を辞し村方後見を命じられ佐原村の重鎮となる。また、天明六年にも同様の救恤にあたった。

寛政四（一七九二）年に、津田氏より三人扶持を給せられるが、寛政六年に家を嫡男の景敬に譲り、隠居し、通称を勘解由と改める。翌七年、五一歳のときに江戸へ出て深川黒江町（現、東京都江東区門前仲町）に居宅を構え、二一歳年下の高橋至時の門弟となり、天体観測を始める。日々天体の運行を計算推測することに没頭したため、至時はこれに感心して忠敬に「推歩先生」というあだ名をつけた。寛政一二年閏四月、忠敬五六歳のときに、幕府の許可を受けて蝦夷東南海岸および奥州街道の測量を行う。以降、文化一三（一八一六）年の江戸府内の測量が終わるまで一七年間、一〇回におよぶ測量の旅を続けた。文化一五（一八一八）年四月一三日八丁堀亀島町（現、東京都中央区）の居宅で病没する。

次に、忠敬の家族について、本章と関係する範囲で記しておこう。

長女稲（一七六三－一八二二）は、最晩年の忠敬が大きな信頼と愛情を注いだ人物であった。稲は、新保家の親戚である上総国山辺郡片貝村（現、山武郡九十九里町）の布留川盛右衛門を佐原に迎えてその妻となる。稲と盛右衛門は、佐原本家の江戸出店を任される時期があったが、盛右衛門が意に添わない行動をしたため、忠敬は彼と離別し、そして盛右衛門に従うことにした稲を勘当する。文化七（一八一〇）年、盛右衛門が亡くなり、夫への義務を終えた稲は剃髪して妙薫と改名し、忠敬に赦免を願い佐原本家に戻る。以降は、「男子増《マサリ》」[6]となって佐原本家を支え、文政五（一八二二）年八月に病没する。

景敬（一七六六－一八一三）は、寛政六年に佐原本家の当主となった。彼は温厚な性格であったが、それが「柔和」であるとしばしば忠敬から厳しい評価を受けた。文化八年、河岸問屋の一件で公事になった際、忠敬は、

「其許［筆者注――景敬］柔和ニ候得ハ、訴訟人不埒なる儀を申出候而も、挨拶ニも御難渋可被成……其許内々御出府ハ御無用ニ候、名代おりて女、又三治郎ニ而宜候」(7)と、公事には不向きであるので江戸出府は無用であるという厳しい書簡を景敬に書き送っている。

景敬は、一度離婚を経たあと、上総国山辺郡東士川《としかわ》村（現、千葉県東金市）小川治兵衛の娘りて（一七八四－一八一八）を後妻として迎える。りては良妻であり、忠敬の評価も高く、先の引用でも景敬の名代として名前が挙げられている。りては、景敬との間に、文化三年に三治郎（忠誨《のり》、一八〇六－二七）、文化七年に銕之助（一八一〇－一八）をもうけたが、忠敬と同年の文政元年に三五歳で亡くなった。

（2）佐原本家の経営動向

ここでは、忠敬当主時代（宝暦から寛政期）から文化期にかけての佐原本家の経営の動向について、先行研究によりながら触れておきたい(8)。

まず、忠敬当主時代であるが、一言で言って、順調な成長を見せた時期であった。小作料収入と店賃収入からなる地所部門、酒造業部門、米穀を中心とする商業部門、運送業部門、そして利貸資本部門と、多岐にわたる諸営業からの利益は、安永三（一七七四）年の三五一両から寛政六（一七九四）年の一二六四両一分へと四倍近くに伸びている。

経営の基幹の一つである酒造業は、忠敬が入婿する以前の元文期（一七三六－四〇）より年間一〇〇〇石を超える酒造高をあげており、忠敬が当主をしていた時期になっても、浅間山の噴火と利根川洪水が発生した天明期を除いて、その規模を維持していた。そして、天明八（一七八八）年の株改め時には、公称酒造株高一四八〇石を申告し、佐原第二位の規模となる。

表３-２　伊能忠敬年譜

年		数え年	事項
延享２	1745	1	上総国山辺郡小関村（現、千葉県山武郡九十九里町小関）の小関家に生まれる。幼名は三治郎。
宝暦元	1751	7	母と死別。父貞恒は三治郎の兄、姉を伴い、実家である武射郡小堤村（現、山武郡横芝光町）の神保家に復籍するが、三治郎は以後５年間小関家に留まる。
宝暦12	1762	18	12月伊能三郎右衛門家の娘達の後配として入婿。林大学頭の門に入り、名を忠敬と改める。名主後見となる。
宝暦13	1763	19	長女稲生まれる。
明和３	1766	22	長男景敬生まれる。この年の凶作に際し、米銭を出して窮民を救恤する。
明和６	1769	25	二女篠生まれる。江戸新川に薪問屋を開く。
天明元	1781	37	8月津田氏より名主に命じられる。
天明３	1783	39	関東地方大凶作。上方から売米を求め近隣に安く売り窮民にこれを与える。残米を江戸に廻送して利益を得る。9月津田氏より苗字、道中帯刀が許される。12月妻達死去。
天明４	1784	40	8月名主をやめ、村方後見を命じられる。
天明６	1786	42	関東地方大飢饉。上方より米穀を廻送し地域の窮民を救恤し、残米を江戸で販売し巨利を得る。
天明８	1788	44	株改めに際して年間公称酒造高1,480石を申告。佐原第二位の酒造家となる。
寛政４	1792	48	地頭から三人扶持を給せられる。このころ暦数に興味を覚え始める。
寛政６	1794	50	12月家を景敬に譲り、隠居して三人扶持を辞す。隠居扶持として一人扶持を給せられる。通称を勘解由と改む。
寛政７	1795	51	5月江戸へ出て、深川黒江町に居宅を構える。家に施設を整え天体観測をはじめ、高橋至時の門弟となる。
寛政12	1800	56	幕府の許可により閏4月19日江戸を出発。奥州街道、蝦夷地南岸を測量し、10月21日江戸着。蝦夷測量に関連して間宮林蔵と邂逅。
享和元	1801	57	正月幕府より天明年間の救恤を行いたることを賞される。4月2日江戸を出発。伊豆から陸奥の本州東海岸、奥州街道を測量し、12月7日江戸着。
享和２	1802	58	6月11日江戸を出発。出羽街道、陸奥、越後の日本海岸、越後街道、中山道の一部を実測し、10月23日江戸着。

享和3	1803	59	2月25日江戸を出発。駿河、尾張、越前、越後の海岸、佐渡島を測量し、寺泊、清水越、高崎を経て、10月7日江戸着。
文化元	1804	60	1月2日高橋至時死去。8月日本東半部沿海地図を作成し幕府に上呈、将軍家斉の閲覧を受ける。9月幕吏として暦局に出役。
文化2	1805	61	2月25日江戸を出発。東海道筋、伊勢、紀伊の海岸、淀川筋、琵琶湖畔、山陽海岸を測量。岡山で越年。
文化3	1806	62	1月18日岡山を出発。備中以西の山陽海岸、山陰、隠岐島等を測量し、11月15日江戸着。長孫三治郎生まれる。
文化5	1808	64	1月25日江戸を出発。畿内沿岸、淡路、四国沿岸、大坂、奈良等を測量、伊勢山田で越年。
文化6	1809	65	1月18日江戸着。8月27日江戸を出発。中山道、山陽道を経て、小倉で越年。
文化7	1810	66	小倉から豊前、豊後、日向、大隅、薩摩、肥後の沿岸、薩肥街道、天草島を測量、大分で越年。次孫銕之助生まれる。長女稲は剃髪して妙薫と改め、佐原本家に帰る。
文化8	1811	67	大分から小倉を経て、下関から中国地方の内陸を測量。さらに美濃、三河、信濃、甲信街道、甲州街道等を測量して、5月8日江戸着。11月25日江戸を出発。富士山近傍を測量したのち、摂津国郡山で越年。
文化9	1812	68	郡山から直接九州に渡り、小倉、熊本を経て鹿児島着。屋久島、種子島を測量。その後九州内陸部の諸道、筑前、筑後、肥前の沿岸を測量し、松浦で越年。
文化10	1813	69	平戸、壱岐、対馬、五島列島を測量し、長崎、博多、小倉を経て、中国内陸部を測量。姫路で越年。6月7日長男景敬死去。
文化11	1814	70	姫路から近畿主要街道を測量。さらに、飛騨街道、松本平、善光寺平、中山道を経て5月22日江戸着。6月江戸での居宅を八丁堀亀島町に移転、ここを地図御用所とする。景敬の喪を発し、忠誨（三治郎）を後嗣とする。
文化13	1816	72	閏8月8日から10月23日にかけて江戸府内測量。
文政元	1818	74	4月13日八丁堀亀島町の居宅で死去。喪を秘して発せず。このころ三治郎は江戸に出て漢学や暦算を学んでいたが、忠敬没後、妙薫はこの三治郎の世話と地図御用の管理にあたっていた。6月15日りて死去。11月銕之助死去。
文政4	1821		7月大日本沿海輿地全図および大日本沿海実測録が完成し、高橋景保の序文をつけて上呈された。9月4日忠敬の喪を公表。
文政5	1822		8月妙薫死去。
文政10	1827		2月12日忠誨死去

出典：千葉県史編纂審議会『伊能忠敬書状』（千葉縣史料近世篇文化史料一）、292－297頁。

表３-３　佐原本家の経営利金

A　安永３（1774）年　「店卸目録帳」

部門	利金	対総利金比率
酒造	163両３分	46.6%
田徳	95両	27.0%
倉敷・店賃	30両	8.5%
舟利	23両２分	6.7%
薪木	37両３分	10.7%
炭	１両１分	0.4%
計	351両１分	

B　寛政６（1794）年　「店卸目録帳」

部門	利金	対総利金比率
酒造	370両３分	29.3%
田徳・店賃	142両１分	11.2%
倉敷	30両	2.4%
運送	39両３分	3.1%
利潤嵩	450両１分	35.6%
米利	231両１分	18.3%
計	1264両１分	

出典：酒井右二「近世中後期在町佐原における伊能家の経営動向」、４頁、表４。

米穀取引については、その詳細を明らかにする資料は現存しないが、寛政六年の「店卸目録帳」には、「名古屋買入米」「上方切手米」などの仕切りがあり、忠敬が広域的な米穀取引をしていたことがわかる。また、天明六（一七八六）年の利根川洪水とそれに伴う米価高騰によって発生した飢饉に際して、忠敬は米価高騰以前に「過分」に購入していた「大坂買入米」「地方買入米」を、窮民に安く販売し、救恤に役立てる一方で、残余米を江戸に転売し、巨額の利益を得る。忠敬は、広域的な米穀取引を、「大損」をもたらすリスクの大きなものである反面、「大利運」となったときには大きな利得をもたらすものであるとの認識を示しているが[9]、その認識の背後にはこのような名主時代の体験があったのである。

利貸部門については、寛政六年にはその利益が全体の三分の一を占めるほどの部門に成長するが、その背景には宝暦年間（一七五一－六四）以降他村への村貸件数が増加したことがある。また、天明四（一七八四）年に、佐原本家の江戸の出店加納屋は、津田氏の蔵元となるが、このことは佐原本家の利貸部門が、領主財政に大きく依存するものであり、領主財政が破綻に陥らない限りで順調に成りゆくものであったことを示唆している。

次に、忠敬隠居後の経営についてであるが、一九世紀に入ると経営は傾き始める。文化期以降の佐原本家の帳簿関連資料が現存しないため、詳細については不明であるが、断片的ではあっても衰退していく状況をうかが

表3－4　佐原本家の酒造経営の動向

年		酒造米株高	酒造米高	酒造代金	酒造利金	酒造利益率	総利金内の酒造利金率
元文3	1738		1,506石	1,986両	209両	10.5%	
宝暦10	1760		1,278石	1,464両	220両	15.1%	
安永2	1773		1,527石	1,314両	163両	12.4%	46.6%
天明4	1784		720石	1,303両	239両	18.3%	
天明7	1787	33石					
天明8	1788	1,480石	493石3斗				
寛政5	1793		1,009石	1,472両	370両	25.1%	29.3%
享和3	1803		600石				
文政9	1826		387石				

出典：酒井右二「近世中後期在町佐原における伊能家の経営動向」、5頁、表5。

うことができる。

享和三（一八〇三）年、佐原の酒造家一七名が津田氏に酒造減石を願い出る。この減石願いは、佐原の酒造業が全体として低迷していたことを示唆しており興味深いが、ここで佐原本家は、天明期の公称造石高一四八〇石から六〇〇石へと大幅な減石を願っている。後述するように、文化末年頃忠敬は酒造業からの撤退を検討するよう繰り返し佐原本家に書き送っているが、佐原本家は忠敬没後の文政期にも、規模を縮小しながら酒造業を継続していた。しかし、天保一〇（一八三九）年の株改めの時点では酒造株仲間から姿を消してしまう。なお、天保期の株仲間の半数以上が新興の酒造家であったことから、酒井右二氏は、文化期から天保期にかけて酒造家の新旧交代があったとし、その要因として文化三（一八〇六）年九月に休株以外の業者でも勝手次第に酒造を許可する幕令が出されたことを指摘している。

また、酒井右二氏は、伊能三郎右衛門家に現存する近世の質地証文件数は、文化期が最多であることから、佐原本家がこの時期に商工業部門の不調から土地集積に向かったと述べている。ただし、後出の〈資料1〉で忠敬が土地の買入れ禁止を書き送っているように、この土地集積は効率的なものではなく、現状打開に繋がらなかったことが推察される(10)。

こうした経営不振の状況は忠敬の書簡からも確認できる。景敬没後の佐原本家について忠敬は、「本家ニ三郎右衛門死去後、預り金并ニ借用金弐千両も有之、無拠本宅取〆切、隠宅住居逼塞」[11]と記している。そして、地所の売却を通じて負債を処理しようとするが、次の引用のように順調に進むことはなかった。

〈資料1〉[12]

佐原本家ニは大借用有之、居屋敷ノ外長屋とも売払、借用片付申度候得共、世柄あしく買人も無之候、中々外ゟ屋敷長屋買入候所存ハ一切無之、自分長屋買人次第ニ売払候様、外ゟ居屋敷田畑買入之儀ハ無用ノ段、家内家来迄へも、申聞ケ候筋を申聞候

ここで「世柄あしく」とあるように、逼迫した経済状況は佐原本家だけの問題ではなかった。近世初期より佐原本家と同等の地位にあり、天明期には佐原第一の酒造家であった永沢治郎右衛門家は、「永沢本家ニハ酒造之儀、去申年ゟ相休ミ候由、我等御地江罷越候前後ハ繁昌ニ候所、時節到来残念ニ存候」[13]とあるように、文化期に入り酒造を休止する。また、天明期第四位の酒造家であった永沢仁兵衛も文化期には「大困窮」[14]となるなど、天明期の有力酒造家が軒並み没落していたことが、忠敬の書簡から窺える。このように忠敬の目には文化期の佐原は「不繁昌」[15]に映ったのである。

それでは、このような「不繁昌」の中で、忠敬は、佐原本家に対してどのような経営のあり方、すなわち「取締」を要求したのであろうか。次節では、その点について検討していきたい。

2　文化期佐原本家の経営基本方針

忠敬は、文化八（一八一一）年一一月、二回目の九州測量に向けて出発するに際し、景敬に対して佐原本家の今後の基本方針についての三か条を書き置きする。

〈資料2〉(16)

一、孝ハ仁義の根元ニ候、親ニ順家事を治、子孫長久を心かけ候儀第一ニ候、兎角質素ニ行々諸商売を相休、貸金等も地頭村貸ハ相止候様可被成候、此度妙薫、おりてへ申含置候間、我等と被心得諸事相談可有之候

一、我等方より其許へ年々ニ預ケ置候金子猶又此度も相渡し候金子共、年々ニ七月と極月ニ利足妙薫、おりてへ相渡し、立会封金ニ可致置候、尤慥成質地借付方も候ハヾ、右両人篤と承知之上貸付、元利返済次第封金ニ可致候

一、此迄本家へ預ケ置候金八百両之事、兼て其許取添被成置候屋敷地面、御配当被成候地所、猶又金高ニ十分相当候様相改両人へ承知為致、高帳も御仕分置可被成候、則当家長久之用意ニ候、余ハ両人へ申含置候

文化八未年十一月　　伊能勘解由　印

伊能三郎右衛門

第一条では、ゆくゆくは諸商売を停止するとともに地頭貸や村貸をやめることを、第二条では、忠敬からの預かり金、およびその利金の管理・貸付は複数人（妙薫・りて）の立ち会いのもとで行うことを、そして第三条では、預かり金・地所・担保物件などは帳面で仕分けし管理をすることを、それぞれ定めており、それが「当家長久之用意」であるとしている。表3－1より、文化八年一二月一七日付書簡には「出立前佐原家内取締方、其方、

おりて申合、主人江談し御取極可被成候」（書簡番号一二〇）と、同九年一月二日付書簡には「去冬深川にて申談し候本家の取締方」（書簡番号四）と、同年五月二五日付書簡には「出立前申含候本家取締方」（書簡番号二）とそれぞれあるが、出立前に指示したという「取締方」とは、時期的に見て〈資料二〉を指しており、これが文化期の佐原本家の経営基本方針であったとみなしてよかろう。この内容を念頭に置きつつ、本節では、書簡で取り上げられている経営事項について、次の三つの点を検討したい。

（1）貸金の停止

文化九年五月、忠敬は、測量先の鹿児島から再度領主への貸金停止について次のように書き送っている。

〈資料3〉(17)

一、出立前申含候本家取締《シマリ》方、地頭方江かし金之儀、以後相止候様両人江申聞候所、本家も只今ニ而は承知被致候よし、遅《ヲソク》ハ御座候得共大ニ宜候、当世ハ士農共人物悪ク、恐敷時節柄ニ相成候得ハ、地頭ハ勿論百性商人共ニ一通ノかしハ相成不申候、此上共ニ両人ゟ御心付可被成候

このように、領主への貸金の停止は最重要な経営方針であったわけだが、次の〈資料4〉の「泣子ト御地頭の御事」という言葉が示すように、領主が先納金といったかたちで貸金を強く求めてきた場合には、従わざるのを得ないのが実情であった。

〈資料4〉(18)

一、先日忠四郎帰村ニ申進候先納金之儀、同人ゟ栗原氏、名主仁兵衛へ申通し、一段無事ニ御座候所、十六

日豊嶋屋伊左衛門本家代、油屋四郎兵衛、森屋仁兵衛三人別段ニ呼出し、三月節句前御入用ニ御差支候ニ付、三人骨折一人金五十両宛、合金百五十両用達くれ候様ニ、ひたすら御頼ニ付、……泣子《ナクコ》ト御地頭の御事ニ候得ハ、ひつしと御差支ニ有之候ハヽ、本家の飯米百俵も御売払先納可被成候、飯米百俵ニ而ハ代金少々ノ不足と存候、有《アリ》の儘《マヽ》大正直の事ニ候得ハ、金五十両ヲ両度納《ヲサメ》ニ相成候様ニ御願ヒ可被成候、此度廿五両ニ而相済候得ハ、飯米五拾表売候而も宜候、乍然無拠御差支ニ而、是非ニ五十金と被仰候ハヽ、此上之儀ヲ御断《コトハリ》、飯米百俵御売被成、上納可被成候、御屋敷へハ、行々御暮し方ニ付、我等所存も可申上と、兼而渡辺清蔵殿へ内談致し置候得共、兎角不取〆ニこまり入候、扨我等返書の筋、忠四郎へ申聞ケ、夫ゟ栗原氏へも通達候様ニ可被成候、本家も不都合ゆへ、此度ハ御断《コトハリ》中度候得共、栗原氏も御難儀、御屋敷ニも御差支ニ付、無拠飯米売払も申遣候

佐原本家の家計も窮迫しているが、領主の頼みにやむなく飯米を売却して先納金を用立てなければならなかったのである。ここで興味深いのが、領主の財政悪化の要因として忠敬が、「兎角不取〆」、すなわち領主の財政が取り締まれていない状況を指摘し、さらに「御暮し方」について提言しようとしていることである。忠敬が、一体どのような提言を考えていたかを裏付ける資料を持たないが、後述のように忠敬は、家計の「取締」の要諦として年間の消費支出を五〇両と定め、その限りで生活することを求めている。それと同様のことを領主に提言しようとしていたのであろうか。ともあれ、佐原本家の利貸部門は領主財政に大きく依存するものであったが、それが破綻をきたしはじめており、佐原本家存続のうえでもその改革が必要であると忠敬は感じ取っていたのである。この点は天保期の賄役の成立背景を示唆するものとして注目できる[19]。

ところで、〈資料3〉の後半を見ると、忠敬は、領主に対してだけではなく、百姓・商人へも貸金をしないよ

うにと述べている。その理由として「当世ハ士農共人物悪ク、恐敷時節柄ニ相成候」と述べているだけだが、文化期の書簡からは債権回収をめぐる係争に関するものが散見でき、不景気な中、債権回収が難航していたことが推察される。また、それに加えて採算にあわない土地建物を保持していたことも背景にあったのではなかろうか。〈資料2〉では「御配当被成候地所、猶又金高ニ十分相当候様相改」と述べ、投資した地所が「金高」に見合ったものであるかを改めるように求めているし、「慥成質地借付方も候ハゞ、右両人篤と承知之上貸付」と、貸し付けを行う際の担保物件は「慥成」ものでなければならないとしていることからもそうしたことが窺える。そして、次の引用は、長屋の修繕費用の見積もりが予想外に高くついたことに立腹した忠敬が書き送った書簡からであるが、不採算な建物を抱え苦慮している様子を看取することができる。

〈資料5〉[20]

一、山川長屋手入ニ大ニカヽり申候、兼々乙右衛門へも、普請ニ取掛り不申候前ニ、小羽、杉皮、手間等大工ニ積らせ高直ニ候ハヽ、手入相止メ地かしニも可致、下直ニ出来候ハヽ、算盤ニかけ、普請手入可致、何ニも此方へきゝ合候様申合候所、此度ノ大掛りアキレ切り申候、一体古人（三郎右衛門事）心得違ニ而一切利割ニも引合不申候屋敷田地買入、猶又か様ニ手入かゝり候而ハ、一切ニ相済不申候

（2）酒造業の休止

佐原本家の基幹部門である酒造業について忠敬は休止を検討していた。そのきっかけとなったのが、文化一三年末に佐原本家で「金子不回り」[21]、すなわち現金がショートしたことが発端となって、「古酒」（文化一二年製造酒）の売掛金の残高とその回収が問題になったことである。「古酒」の売掛は、「来正月店卸ニ、亥古酒勘定初本

家酒造、諸色ノ店卸と引合不申候而ハ、相分り不申候」と、店卸をし直さなければどれだけあるのかが判明しないため、「先ハ正月店卸、日数ハ相掛候とも、能々相分り候様御仕立可被成候」(22)と、入念に店卸をするように命ずる。その結果、

〈資料6〉(23)

一、酒蔵店卸の儀、年々の目録不引合ニ付、御改被成候よし、御心労之程察し入候、亥年［筆者注――文化一二年］相応ニ見へ候勘定も仕立直し候得ハ、あまり宜も無之候よし、兎角酒造ハ六ケ敷被存候間、去冬ゟ度々御かけ合申候、扨亥年の古酒代、丑年迄ニ漸入候事ニ候、右丑年迄の古酒代ヲ相加江申候而も不宜候ハヽ、其余ハ猶又徳分ハ有之間敷候、兎角酒代金を年々ニかし過《スキ》、かし金ニ一割の利足を払、其上ニ一割の入金有之候得ハ、酒勘定宜儀ハ無之事ニ候、成だけ御改、当秋［筆者注――文化一四年］ハ酒造休候か、外々へかし候ニ相究候、手嶋屋、油屋出金ノ酒造ハ無覚束候

というように、当初は良好であるように見えた文化一二年の酒店勘定は、勘定をし直してみたところ思わしいものではなかった。忠敬は、酒造経営の行き詰まりの要因を、販売収益に占める売掛金の比重が過分である点に見ており、しかも「古酒代金取入之儀も、大ニ六ケ敷可有之候、仮令皆損候而も、致度無之候、目録之内半金も取レ申候得ハ、実ニ御丹誠ニ候」(24)と、売掛金回収が難航するだろうと予測し、「皆損」を覚悟する。そして、文化一四年の秋より酒造を休止にするか、他の酒造家に佐原本家の酒造設備を貸し出すという形で、撤退を検討するのである。このように、酒造業においても従来の経営のあり方を見直す時期にあると忠敬は考えたのである。

（3）「帳合」の重要性

多岐にわたる経営の要として、忠敬が重視したのが「帳合」を通じた資産、資金の管理であった。それがよく現れている資料として次の二点を掲げる。

〈資料7〉(25)

扨横川岸［筆者注——伊能七左衛門］へかし金、弐百両利一割ノ所六分利ニ致し、九ケ年程（弥勘定取極候ハ、年々帳御改可被成候）一ケ年ニ利金弐十両宛入候ヲ、利六分ニ致候得ハ、金弐百両一ケ年利金十弐両ト相成候、一ケ年一割利金弐十両ト、一ケ年六分利金十弐両と差引候得ハ、利違一ケ年ニ金八両也、九ケ年（帳合改ノ上）にて金七十弐両ノ利違を、元金弐百両ノ内へ入ニ致し度様子と相聞へ候

〈資料8〉(26)

扨去酒造ニも当子ノ酒造ニも、油屋、豊嶋屋ゟ入金之儀、本家ノ帳江入金ニ相成、其上ハ酒造米代其外ノ諸掛ニ出候哉、本家帳へ入ニ相成不申、豊嶋屋方ゟ直《スグ》米代其外ニ出候而ハ、元帳が不極《フキマリ》ニ而大不締《フシマリ》ニ候、多分本家元帳へ入ニなり候事とハ存候得共、為念申遣候

〈資料7〉は、佐原本家から年利一割で元金二〇〇両の融資を受け、年間二〇両の利子を九ケ年（合計一八〇両）にわたって支払ってきた一族の七左衛門が、融資条件を見直し、年利を六パーセントに改め、その差額利子分七二両を元金から差し引いてもらいたいと願い出たことに対する忠敬の返信である。忠敬は、過去において七左衛門が利子返済を履行しているかを帳面で確認させるとともに、融資条件に変更があった場合には「帳合改」をすることを求めている。

〈資料8〉は、先に述べた文化一三年年末の「金子不回り」の際のものである。「金子不回り」を心得難い忠敬は、油屋や豊嶋屋から入金があったことをきちんと記帳し、そのうえで出金をしているのか、もしそうではなく記帳を怠っていたならば「元帳が不極ニ而大不締」であると述べている。「帳合」を通じた資金の出納管理にこそ「取締」の要諦があるという忠敬の考えを看取することができよう。

忠敬は、したがって、経営に従事する人間はすべて「帳合」ができなくてはならないと考えており、りてに対しては「おりて女寄算《ヨセサン》ヲ能覚へ、出入無差支様ニ帳合為致、……何れニもおりて女金銭出入能出来候様致し度候」と、「帳合」を身につけ、資金の出納管理ができることが望ましいと言う(27)。また、親族の新保庄作を江戸の忠敬宅から佐原本家の使用人として送り出すに際しては、

〈資料9〉(28)

一、此もの算筆も少《スコシ》ハ相成候得共、生《ナマ》ヌルク元気少ニ而物毎《ゴト》埒明不申候、乍然柔和《ニウワ》ニ候間、鉦《ドラ》等ハ有之間敷候、一通《ヒトトヲリ》ハ申含《フクメ》候得共、筆算帳合ノ教《ヲシエ》間ニ合不申候、其御許ゟ出入帳合能々被申合可然候

と、「筆算帳合」を十分に教えられなかったため、妙薫に対して「帳合」を庄作に教えるよう書き送っている。「当時下総、上総の奉公人も兎角六ケ敷、実体《ジツテイ》正直なもの少候」(29)という見解を忠敬を持っていたが、そうしたなかで奉公人に対して求めたのが「算筆」であった点も興味深い。

以上をまとめると、忠敬はそれまで経営の柱であった利貸部門、酒造部門の双方において従来の経営が行き詰まった状態にあると認識し、しかもそれが領主財政の悪化や、未回収の売掛金といった自家の経営努力のみでは容易に改善しえないところに要因があると見ていた。そうした中でこれ以上の欠損を防ぎ、「金子不回り」とい

った事態を回避するためにも、両部門の縮小・休止を考慮せざるを得なかったのである。その一方、「帳合」を通じて資産、現金の管理を徹底し、「慥成」なる融資先を慎重に選び、資産運用することを当該期の経営の基本方針としたのである。

3 利得・価格・費用に対する姿勢

「取締」を担う人物にどのような能力を求めたのかという問いを検討する前に、本節では、忠敬自身が経済活動をする際にどのようなことに注意を払っていたかについて確認したい。

〈資料2〉で忠敬は、「行々諸商売を相休」と述べているが、妙薫への書簡を見ると、「幸左衛門一件取集金手ニ入候哉、下飯田取集金年中本家へ入候ハヽ、蔵米壱両ニ一石ノ少余ニも候ハヽ、買入候而宜候」(30)というように、佐原本家に対して米の買入を指示している箇所を散見することができる。

〈資料10〉(31)

其御許旧冬御下向ニ御持参金之内、かし付ニ相成候外、江原蔵米弐百表御買入之段致承知候、尤紙新［筆者注——紙屋新兵衛］へ向ケ御積送之旨、豊嶋屋伊左衛門申来候、右江原米弐百表之儀、其地相場一両ニ何程ニ御買入ニ候哉、舟賃何程ニ候哉、何日頃御積入ニ候哉、追便ニ被仰遣可給候、紙新江兼而かけ合も又かけ引も可有之候、当時御当地相場田古米にて石壱斗弐升位、江原米ニ而上ニ候ハヽ、石壱斗位ニハ売レ可申哉と紙新物語ニ候、猶追々可得御意候、以上

忠敬は、旗本江原氏の蔵米を佐原で購入した佐原本家に対して、佐原での購入価格と江戸への輸送費を問い合

わせているが、ここからは江戸での相場を勘案したうえで売却益を計算しようとする様子が窺える。江戸と佐原の米価の違いの中で商機をつかもうとする姿勢が忠敬にはあったのである。そして、「残金八十五両ハ正月限迄ニ而も、二月初迄ニ而も、壱割半なりとも、二割なりとも、米質《シチ》か又ハ大丈夫の屋敷質なり、御かし付可給候、大丈夫ニ無之候ハヽ、十五日後金渋りニ而、御屋敷方御年貢売払米ヲ、買入候も宜候」[32]とあるように、米の買入は、短期的利貸と比べてどちらが有利であるかという判断のもとで行うものであった。このように忠敬は、資金を短期的に運用して、少しでも利益を得ようとしたのである。

また、前節の〈資料5〉に「普請ニ取掛り不申候前ニ、小羽、杉皮、手間等大工ニ積らせ高直ニ候ハヽ、手入相止メ地かしニも可致、下直ニ出来候ハヽ、算盤ニかけ、普請手入可致」とあるように、地所管理運用においても、維持経費と予想収益を天秤にかけたうえで、建物の修繕をするか否かの判断を行っていた。

これらのことから、経済活動をする際に、忠敬が地域間における商品の価格差や費用計算を念頭に置いていたことが確認されるだろう。商機を確実につかみ、損失を被らないようにするには、経営を差配する人物は、なによりも損得計算に長けていなければならなかったのである。忠敬が〈資料2〉で商売休止を提案したのは、そうした能力がある人材が不在の中で商売を行うことは、いたずらに家産の減少を招くだけだと考えたからではないだろうか。

価格や費用に対するこうした姿勢は家計面にも強く表れている。家計に関して忠敬は、「質素倹約」を「取締」の要諦とし、先にも触れたように年間支出上限を五〇両と定め、それを超えないように生活することを求めた。

〈資料11〉[33]

追啓、先達而も申遣候家内質素倹約之儀被仰合、家普請、神社の定例を別ニ致し、小遣、飯米、給金等ニ而

金五拾両限ニ御 賄《マカナイ》可被成候、去年之様ニ而ハ一切ニ相済《スミ》不申候、深川黒江町ノ暮《クラシ》ニ而御考可被成候、佐原ニ而も中宿、横岸、永仁等の暮しも五十金限と存候、小隠居江引込、暮し方ニ百金余相かゝり候而ハ、一切倹約の甲斐《カイ》も無之候

忠敬は、支出の上限額を定めつつ、飯米や水油といった日用品の消費量を日々記帳し、「何れ小遣も日割、衣類も何程と御取極候ハヽ、飯米、塩噌、薪ニ而、随分五十金にて相済可申候」(34)と、一日あたりの小遣いや日用品の消費量を割り出す。このように客観的な消費・支出基準を設ける点に忠敬の倹約の特徴があると言えよう。また、先行研究で紹介されているように、忠敬は、商品購入に際し、江戸で調達した場合と、佐原で調達したものを江戸に輸送した場合とを比較し、どちらが有利であるかを考慮に入れていた。

〈資料12〉(35)

此頃ハ御当地も鴨、雁《ガン》の類高直ニ候間、鶏《ニハトリ》の柏《カシワ》メシ鳥一羽三百銅宛ニ而相整食申候、鴨ハ一番但二羽ニ而ハ、金壱歩四、五百銅くらいニ候、御地ハ何程くらいニ候哉、後音ニ直段可被仰遣候

こうした姿勢は、奢侈品の購入に際しても見てとれる。文化九年、二回目の九州測量中の忠敬に対して、佐原本家は「毛氈」を長崎で調達してほしいと依頼する。次の引用は、それに対する忠敬の返信である。

〈資料13〉(36)

一、長崎江罷越候ハヽ、上毛氈二枚、或ハ二間物買整候様ニ被申越致承知候、乍然紅毛《ヲランダ》渡りものニ候得ハ、買入候儀無覚束候、御聞も可被成候、阿蘭陀舟三年程入津無之候間、長崎も致難儀候、硝子《ビイドロ》、唐よし、阿蘭陀薬物ハ三、四倍ノ高直ニ相成候、唐渡ものニ候ハヽ、格別ノ高直ニも有之間敷候、乍然長沢ノ買整候せつ

ゟ、一倍ノ余ノ高直とハ被存候、何れ承合可申候、当《アテ》ニハ被成間敷候、緋毛氈四枚も致承知候、白木屋ニ而一枚何程くらい致し候哉、後便ニ御聞合直段可被仰遣候、大凡直段知候得ハ調《ト、ノヘ》能候

「毛氈」は忠敬にとって「余り入用之無之ものニ而第一ニ奢《ヲゴリ》と被存候」ものであって、購入するのは好ましくないが、「下直ニ有之候ハヽ、相整可申候、高直ニ候ハヽ、見合可申候」とあるように、購入か否かの決め手となるのは価格であった[37]。その際、〈資料13〉の末尾のように、長崎の価格の評価基準として江戸の白木屋の価格を問い合わせている点が興味深い。

ところで、忠敬は「先規遺命」として「救民」を重視していたが[38]、酒井右二氏が「地域の人々への救済活動は名望家意識の表れであるが、そこには利害得失を見極めた商人的な合理精神が裏付けられていた」[39]と述べるように、忠敬の鋭い経済観念と「救民」は矛盾するものではなかった。そのことをよく示しているのが文化九年一〇月一三日付の筑後柳川からの書簡である[40]。

文化九年六月から七月にかけての悪天候によって利根川が氾濫し、川沿いの耕地や家作、そして農作物が大きな被害を受けた。その知らせを受けた忠敬は、佐原本家に対して、飢饉が発生した天明六年のように餓死に及ぶものが出た場合には、七〇両も八〇両も供出し、佐原に限らず広く地域の救民を救恤することが伊能家の使命であることを伝える。しかし、その一方で同じ書簡の中で、次のように述べている。

〈資料14〉

右凶作之様子ニ而ハ、来酉ノ春ニ相成候ハヽ、小百姓共猶々扶食差支と存候、乍然丙午ノ年と違、国々八、九分作、其地も岡方ハ相応之作と存候得ハ、米直段壱石ゟ八斗限と被存候、其上丙午と違、公儀ゟ彼此御勘察も御座候得ハ、丙午ノ年ノ様ニ人命ニ抱《カカハリ》候事ハ有之間敷と被存候……当冬、来春ハ未年ノ春ゟ米値段も下

直ト存候得ハ、未春程ハ窮民も有之間敷哉と存候

「丙午ノ年」、すなわち天明六年と違って、諸国の作柄は「八、九分」であり、また佐原周辺でも台地部は「相応之作」であることを理由に、同年末から翌年春にかけての米価は高騰することなく、むしろ文化八年の春と比べて下がるのではないかと予想し、したがって「窮民」もさほど出ないだろうとの判断を示している。救恤のような名望家的行動をするか否かを決めるうえで、米価の動向が大きな判断材料になっていた点からも忠敬の経済観念の鋭さを窺うことができる。

以上のことから、忠敬は中央と地方の価格差を意識し、経営においては少しでも利得を得ようとし、家計においては少しでも支出を削減することに腐心していたことがわかる。忠敬の念頭には、利得・費用計算があり、それに基づいてその都度適切な判断を下すことを重視していたのである。そしてこのことは、佐原本家の「取締」を担う人物に対しても、同様の判断力・計算力を求めたということになるだろう。こうした能力と、前節で述べた「帳合」能力とを兼ね備えた人物が佐原本家に不在の場合、考えうる方策は二つある。第一は〈資料2〉で述べているように諸商売を休業することであった。そして、第二は、そうした能力を持った人物を採用することであり、忠敬はこちらについても検討をしていた。この点について、節を改めて考察していきたい。

4　「手強家内取締の世話人」——能力者の採用

文化一〇年六月七日、佐原において景敬が没すると、佐原本家は、景敬の死の事実は伏せ、病床にあると伝え

る。その知らせを受け、景敬の死を覚悟した忠敬は、佐原本家の今後について次のように書き送っている。

〈資料15〉(41)

本家主人大病ニ付、親類相談の上取締《シマリ》伊能道喜江相頼候旨、先達而仰遣され承知致し候、其後ニ篤《トク》と相考《カンカヘ》候ニ、当分ハ中宿道喜ニ而相済可申候得共、三治郎儀来戌年漸々九歳ニ相成候得ハ、七、八年、八、九年手強《ツヨキ》家内取締《シマリ》の世話人無之候而ハ行届《トヽキ》不申候、此方分家寺宿伊能八郎兵衛三男医師ノ道祐ニ弟大須賀八郎右衛門儀、我等ニ随《シタカヒ》書籍《ジャク》も学《マナビ》元来算術ニ達シ、殊ニ加納屋新兵衛江戸へ罷越米商売致候跡《アト》、三ヶ年斗も酒店支配相頼申候所、実体ニ帳合も能致し取締も宜候、其後何程の元手も無之ニ此方長屋を借用、大須賀八郎右衛門と号し致商売候而も相応ニ元《モト》付候、……本家取締り三治郎成長ニ成候迄、八、九年十年も御頼ミ、中宿道喜其外親族毎春又ハ暮等立会、帳面相究候ハヽ大丈夫と存候、尤商売ハ相休ミ運送等斗ニ而暮し候方宜候、能人も無之候ハヽ、運送迄も止《ヤメ》候方宜候、店賃、田徳斗ノ事ニ相成候而も、大須賀八郎右衛門程の人取締《シメ》不申候而ハ、年々ノ取極出来不申候、尤大須賀八郎右衛門決心引請くれ候得ハ、当暮ゟ酒造ノ片付ニも、又運送等ニも随分間ニ合申候……一日も早相頼、諸帳面取締《シメ》候様と存候、以上

〈資料16〉(42)

本家取締《シマリ》方之儀、中宿ニ而は無覚束候間、三治郎成長迄大須賀八郎右衛門是非ニ相頼候様、先達而両度申遣候、右之仁ハ文才も有之殊ニ貞実ニ候ハ、諸帳合ハ勿論、家内取〆、三治郎補佐ニ大ニ宜候

親族の相談の結果、同族の「中宿」(＝伊能道喜)に経営管理を委ねることで当主不在の状況を切り抜けようとする佐原本家の決定に対して、忠敬は、「中宿」では覚束なく、長期的に見た場合には「手強《ツヨキ》家内取締《シマリ》の世話

人」を置かなくてはならないと述べたうえで、同族の八郎右衛門を推す。八郎右衛門は、以前三年ほど佐原本家の酒造経営を差配した経験があり、その働きぶりを忠敬は「帳合」もよく、「実体」であったと評価している。また、忠敬の高評価が、そうした実務能力のみならず、「書籍《ジャク》」を学び、「文才」があった点によるものであったことにも注目したい(43)。忠敬は、このような幅広い能力を持った人材――彼の書簡の言葉で示すと「世話人」、「取締役」(44)、「賄《マカナ》方」(45)(以下では「世話人」とする)――が不在であるならば、諸商売や運送業はもちろんのこと、佐原本家の経営を地所部門に絞った場合であっても、管理がままならなくなるだろうと述べている。

実際には、〈資料15〉〈資料16〉の書簡が出されたとき、すでに八郎右衛門は没しており(46)、彼が「世話人」となることはなかったが、このあとも忠敬は有能な人物を採用し、佐原本家の経営を差配させようとしていた。

〈資料17(47)〉

向津伝兵衛なるもの、至極律気ニ而、働も有之、公辺等御座候而もこまり不申、前ニ勤め候主人の身上を経済致し立直し、跡々のび候様ニ取斗、夫ゟ我等江引込ミ、手前の身上も宜致し、去暮も金五十両田地買入、只今ハ娘へ聟を取、聟も能働、身上渡し候而も宜身分ゆへ召抱《カヽヘ》、本家の取締《シマリ》致候ハヽ、末々三治郎為ニも相成可申、進《スヽメ》候もの有之候よし、……年ハ四十余才、能人ニ候様ニ噂《ウワサ》致し候段、此ハ天より与《アタフ》る所と存候、外国外村ゟ相抱《カヽヘ》候ハヽ、評判能候而も末々如何と案し候得共、佐原村内の向洲ニ候得ハ行先も随分相分り候、右伝兵衛ヲ召抱《カヽヘ》、店賃田徳其外取締方為致、加納屋治兵衛定居ニ相成候共、又ハ月ニ六斉《サイ》も十斉も立会、諸帳面相判相改候ハヽ、大取極《キメ》ニ可相成候、……右伝兵衛儀ニ付御出府御相談ニは及不申候、是ニ限らす何事ニ而も御文ニ而相分《ワカリ》候、御辛労ニ不及候、伝兵衛儀御文面ニてハ本家へ天授《テンノサツケ》と存候、相極候ハヽ、年中ニ而も春ニ而も、直談ニ本家ノ儀可申合候、以上この書簡は、亡くなる前年の文化一四年のものであるが、佐原村の向洲に住む伝兵衛の噂を聞いた忠敬が、「世話人」として採用するようにと述べる。伝兵衛について興味深いのが、「律儀」な性格や実務経験に加えて、「公辺等御座候而もこまり不申」とあるように、係争時の交渉能力がある点を評価していることである。別の書簡において、「乙右衛門実貞ニは候得共、公辺なれ不申、此以後大公儀出訴ニも相成候ハヽ、御勘定所御白砂と云、御組頭御留役方御列席御吟味有之候ハヽ、恐入りマゴ付、可申上儀も相残り可申哉と存候」[48]と述べるように、貸金をめぐる係争を抱えていた文化期の佐原本家において、それを差配する「世話人」は、「実貞」、すなわち正直・誠実な働きぶりをするのみでは不十分であった。〈資料15〉で「世話人」を形容する際に「手強《ツヨキ》」という語を使っているように、係争や商売において強気な交渉を辞さない性格を、「実貞」「律儀」であることと同様に求めたのである。このことは、「国の為、郷党の為ニも相成候人ハ、万人か万人、千人か千人ニ称美ハ不被致候、万人ニ被称美候人ハ柔和ニ而、人の為ニも不為ニも不相成ものニ候」[49]というような忠敬の激しい性格を物語っており、また忠敬自身もすぐれた交渉能力の持ち主であったことを考えると興味深いが[50]、同時に名望だけでは対処できない佐原という都市的環境で経営することの難しさを反映していると言えるだろう[51]。

最後に、本節で掲げた三点の資料からさらに二つのことを指摘したい。第一は、「世話人」を置くことは、将来佐原本家の当主となる孫の三治郎の教育に繋がると忠敬が考えていたことである。だからこそ「世話人」に「文才」を求めたのであろうし、また「世話人」は「外国外村」のものではなく、同族（八郎右衛門）、同郷（伝兵衛）の人物から採用しようとしたのも、この点に関係していると言えよう。第二は、「世話人」以外の人物（「中宿道喜其外親族」、「加納屋治兵衛」）が立ち会って定期的に帳面を改めることを求めていることである。「帳合」を重要視する忠敬の経営観がここにもよく現れている。

おわりに

「不繁昌」にあった文化期の佐原において、佐原本家は「預り金并ニ借用金弐千両も有之」という状況のもと、それまでの経営の基幹であった酒造部門においては売掛金の、利貸部門においては貸金の回収困難という形で行き詰まりを見せていた。そうした佐原本家に対して忠敬は、「取締」の必要性を痛感し、逼迫の要因たる村貸と酒造業を縮小・停止するとともに、「帳合」を通じて資産、資金の管理を徹底し、家計支出の削減によって家の維持を図ろうとした。忠敬は、「帳合」を「取締」の要諦であると考え、複数人による帳簿管理の必要性を繰り返し説いているが、そこからは家を一つの経営体と捉え、数量的・客観的に把握しようとする見方を看取することができよう。

酒造業、米穀商そして村貸と、佐原本家の経営はなにより米と結びつくものであり、その経営を担うものは、江戸・佐原の米価の間で、商機を摑み、資金を適切に投ずる能力があらねばならなかったはずである。また、利貸資本として存続していくにしても、不況のもとで、融資先を選別し、元利を確実に回収するためには、緻密な計算能力と交渉能力が必要であっただろうし、営業部門が多岐にわたる中で、資金の流れを確実に把握する能力も求められただろう。忠敬は、景敬没後の当主不在の閉塞した状況を、「手強家内取締の世話人」、すなわち今日の取締役に通じる実務経験に長けた人物を置くことで打開しようと考えたのである(52)。そして、この時期に忠敬が「世話人」の必要性を認識していたことは、忠敬以降のこの地域の社会経済を考えるうえで重要な意味を持っているように思われる。

忠敬没後の佐原本家は、孫の忠誨が文政一〇(一八二七)年に没し、再び当主不在となり、その後幕末まで再興することはなかったが、同じく文化期に経営難に陥り負債を抱えていた同族の茂左衛門家は、文政一二年に長らく休業していた醤油醸造業を再開させ、天保期に経営再建に成功する。[53]そして当主の景晴は、清宮利右衛門秀堅とともに、名主の上位に位置する村方取締役に就任し、佐原を主導するのみならず、冒頭で述べたように、津田氏の賄役に任命され、本格的な領主財政改革に着手する。このように天保期から幕末期にかけての佐原は、優れた管理・運営能力を持った人物によって主導されることになるのである。こうした実務家の行動や意識は、本章で明らかにされた忠敬の考えとどの程度共鳴するものであったのだろうか。文化期と天保期以降のこの地域の社会経済状況の違いを考慮しつつ、本章で解明した点を一九世紀前半の地域の実態の中に位置づけていくことが今後の課題である。

注

(1) 千葉県史編纂審議会『伊能忠敬書状』（千葉縣史料近世篇文化資料一、千葉県、一九七三年）。
(2) 代表的なものを挙げると次のようになる。大谷亮吉『伊能忠敬』（岩波書店、一九一七年）、小笠原長和「書状にみる人間伊能忠敬」（『書状』所収）、川村優『新しい伊能忠敬――農民・一商人から地理学者へ』（崙書房出版、二〇一四年）、小島一仁『伊能忠敬』（三省堂、一九七八年）、佐久間達夫編著『伊能忠敬測量日記　新説伊能忠敬』（大空社、一九九八年）。
(3) 『日本国語大辞典　第二版』（九、小学館、二〇〇一年）、一四〇八頁。
(4) 酒井一輔「幕末期旗本財政の変容と地域変容」（『社会経済史学』八〇－二、二〇一四年八月所収）。
(5) この項の内容は、前掲小笠原、一九三七年によっている。
(6) 文化十年カ十月二日妙薫・おりて宛書簡（『書状』、書簡番号一二三、一七一頁）。
(7) 文化八年カ九月七日伊能三郎右衛門宛書簡（『書状』、書簡番号一一六、一五八頁）。
(8) 酒井右二「近世中後期在町佐原における伊能家の経営動向」（『千葉県の歴史』三五、一九八八年三月所収）。酒井右二「在町佐原の豪商と周辺社会」（『千葉県の歴史』通史編近世二、千葉県、二〇〇八年所収）。

(9) 文化九年カ十月十三日妙薫御坊宛書簡（『書状』、書簡番号一二四、一七三頁）。
(10) 酒井右二氏は、佐原村近郊の新市場村（現香取市）の小作人が結束して小作米納入を滞納するなど、寛政期から天保期にかけて小作料収納をめぐって地主小作関係が悪化していたことを当該期の佐原本家の地主経営の問題点として指摘している。
(11) 年代不詳七月十三日妙薫宛書簡（『書状』、書簡番号七一、九五頁）。
(12) 文化十四年カ九月十六日妙薫宛書簡（『書状』、書簡番号八五、一一五頁）。
(13) 文化十年カ五月二十八日伊能三郎右衛門・妙薫宛書簡（『書状』、書簡番号一二六、一七八頁）。
(14) 文化十四年カ一月二十七日妙薫宛書簡（『書状』、書簡番号三七、五五頁）。
(15) 文化十四年カ八月十一日妙薫宛書簡（『書状』、書簡番号一三七、一八九頁）。
(16) 世田谷伊能家所蔵、資料番号A－66。引用中の読点は筆者によるものである。
(17) 文化九年カ五月二十五日妙薫尼・おりて女宛書簡（『書状』、書簡番号二、四－五頁）。
(18) 文化十四年カ二月二十二日妙薫宛書簡（『書状』、書簡番号四五、六八－六九頁）。
(19) 天保期賄役となった景晴と秀堅は、津田氏の約二〇年間の年貢収納量を調べたうえで、米価の変動を想定して場合分けしながら、標準的な年間収入について一七二六－二一三六両との見積もりを立てる。また、支出については、津田氏の日常生活の細部に踏み込み、約二〇〇両を削減する計画を立てたうえで、標準的な年間支出額を一八二〇両と見積もる。このように、津田氏の財政改革は賄役の入念な数量的準備のもとで実行されたのである（前掲酒井一輔、二〇一四年）。
(20) 文化十四年カ八月十四日妙薫宛書簡（『書状』、書簡番号八二、一一〇頁）。引用中の（ ）内の記述は、割注のように挿入されている部分であり、括弧は筆者が付したものである。
(21) 文化一三年カ十二月二十三日妙薫宛書簡（『書状』、書簡番号一〇三、一四三頁）、文化十三年カ十二月二十七日妙薫宛書簡（『書状』、書簡番号一〇四、一四三頁）。
(22) 文化十三年カ十二月十七日妙薫宛書簡（『書状』、書簡番号一〇〇、一三四－一三五頁）。
(23) 文化十四年カ三月七日妙薫宛書簡（『書状』、書簡番号五四、七八－七九頁）。
(24) 文化十四年カ十月十五日妙薫宛書簡（『書状』、書簡番号八九、一二一頁）。
(25) 文化十四年カ一月九日妙薫宛書簡（『書状』、書簡番号三一、四六－四七頁）。引用中の（ ）内の記述は、割注のように挿入されている部分であり、括弧は筆者が付したものである。

(26) 文化十三年カ十二月二十七日妙薫宛書簡（『書状』、書簡番号一〇四、一四四頁）。
(27) 年代不詳八月一日妙薫宛書簡（『書状』、書簡番号二四、三六頁）。
(28) 年代不詳七月二十二日妙薫尼宛書簡（『書状』、書簡番号七六、一〇二頁）。
(29) 文化十四年カ二月二十七日妙薫宛書簡（『書状』、書簡番号五〇、七三頁）。
(30) 文化十三年カ十二月十七日妙薫宛書簡（『書状』、書簡番号一〇〇、一三六頁）。
(31) 文化十三年カ一月八日伊能妙薫宛書簡（『書状』、書簡番号一〇、一八－一九頁）。
(32) 文化十三年カ十二月七日妙薫尼宛書簡（『書状』、書簡番号九五、一二八頁）。
(33) 年代不詳五月七日妙薫・おりて宛書簡（『書状』、書簡番号五七、八二頁）。
(34) 文化十二年カ五月十二日妙薫。おりて宛書簡（『書状』、書簡番号五九、八三－八四頁）。
(35) 文化十四年カ十月二十六日妙薫宛書簡（『書状』、書簡番号一一、二〇頁）。
(36) 文化九年カ八月八日伊能三郎右衛門宛書簡（『書状』、書簡番号八、一五頁）。
(37) 文化十年カ七月二十二日伊能三郎右衛門宛書簡（『書状』、書簡番号一三〇、一八一頁）。
(38) 文化十年カ四月二十七日妙薫御坊宛書簡（『書状』、書簡番号七、一三頁）。
(39) 酒井右二「在町佐原の豪商と周辺社会」、三四四頁。
(40) 文化九年カ十月十三日妙薫御坊宛書簡（『書状』、書簡番号一二四、一七二－一七四頁）。
(41) 文化十年カ閏十一月二日妙薫・おりて宛書簡（『書状』、書簡番号一三三、一八四－一八五頁）。
(42) 文化十一年カ一月二日妙薫・おりて宛書簡（『書状』、書簡番号一三四、一八六頁）。
(43) 天保期の津田氏の賄役である秀堅は、その晩年に「或人曰ク、読書ノ人往々産ヲ傾ク、故ニ父兄コレヲ厭フト。翁笑ツテ曰ク、コレ真ノ読書人ニアラズト」と述べ、忠敬と同様に学問の重要性を指摘する（中井信彦『色川三中の研究』伝記篇、塙書房、一九八八年、七五頁）。佐原という文化的水準の高い町場で商売をするうえでの教養の重要性を示唆しており興味深い。
(44) 年代不詳七月十三日妙薫宛書簡（『書状』、書簡番号七一、九六頁）。
(45) 年代不詳七月十八日妙薫尼宛書簡（『書状』、書簡番号七二、九七頁）。
(46) 文化十一年カ三月二日妙薫・おりて宛書簡（『書状』、書簡番号五二、七六頁）。
(47) 文化十四年カ十一月二日妙薫宛書簡（『書状』、書簡番号二〇、三一頁）。
(48) 文化十四年カ九月六日妙薫宛書簡（『書状』、書簡番号八四、一一二頁）。

(49) 年代不詳十二月十四日伊能盛右衛門宛書簡（『書状』、書簡番号一五一、二一八頁）。

(50) 忠敬が高い外交手腕を持っていたことについては、前掲佐久間、一九九八年、二六九頁を参照。

(51) 次の中井信彦氏の指摘が示唆的である。「民事の当事者間での解決の困難さは、他面において調整能力をもつ者の存在を求めていたに相違ない。世事の経験に富み世話好きであると同時に、家格や経歴の上からも一目置かれる名望の名主やその隠居が、一般に農村で調停者の役割を演じ、領主も彼らの調停能力に期待して、裁判途中で仲裁者として指名することが多かったことは、能く知られる通りである。農村に比して社会変動が激しく、利害の交錯する都市では、名望に基づく調停者は得難かったのかも知れない。それだけに、農村の場合と幾分異質な——勿論共通の能力がもとめられはするが——能力者を必要としたと思われる」（中井信彦『色川三中の研究』伝記篇、塙書房、一九八八年、一二一頁）。

(52) 天保期から安政期にかけて活躍した常陸国土浦の醤油醸造業および薬種商であり、国学者でもあった色川三中の家も、文化・文政期に経営が傾き、三中の父が没した文政八（一八二五）年には利付借入金だけで一一〇〇両もあった。文政期三中は、下総国下富谷村の伊藤与市という人物に、家業の全面に渡る管理権を委任し、債務処理交渉や江戸の薬種問屋との交渉にあたらせているが、忠敬の想定する「世話人」と共鳴する部分が多いように思われ、興味深い（前掲中井、一九八八年）。

(53) 文化期の茂左衛門家の状況については、永原健彦「河岸問屋と荷継問屋」（『千葉県の歴史』通史編近世二、千葉県、二〇〇八年所収）を参照。また、文政期以降の茂左衛門家の経営については、鈴木ゆり子「関東における醤油醸造業の展開」（高村直助・吉田伸之編『商人と流通』山川出版社、一九九二年所収）を参照。

第4章　大坂両替商草間直方の貨幣史
──『三貨図彙』の著作意図をめぐって

小室正紀

はじめに

大坂の両替商草間直方が二〇年以上の歳月をかけて完成させた日本貨幣史の大著『三貨図彙』[1]は、江戸時代経済史や日本貨幣史の研究者には比較的に広く知られている。また、『三貨図彙』の注目点について論じたり[2]、直方の議論がまとまって表に出ている「物価之部」を取り上げた論考はすでにある[3]。あるいは、根拠の確かな資料として、経済史の研究論文で引用されることも多い[4]。

しかし、このようにしばしば言及はされてきたものの、直方がなぜ『三貨図彙』の執筆に取り組んだのかは、未だ十分には考察されていない。『三貨図彙』は、全四二巻である。そのような大著を多忙な経営業務に従事しながら完成させるには、確固とした動機があったはずだ。動機が明確であれば、日本の貨幣史への一定の視点も著作を貫いているかもしれない。あらゆる人は時代の子であるということを考えれば、その動機や視点は、『三貨図彙』が書かれた寛政から文政へ至る時代と無関係ではないだろう。

本章では、このような観点と研究史の状況を踏まえ、『三貨図彙』の著作動機と貨幣史への視点を、直方の生きた時代と関係させながら考察してみたい。ただし、直方の著作姿勢は、自分の主張を表に出すことが少なく、資料をもって語らせる禁欲的なものである。このため、著作の動機や視点がつかみにくいことは否めない。それにもかかわらず直方の禁欲的な文言の背後にある動機を考察することは、筆者の勝手な解釈となる恐れも大きい。しかし、本章ではあえてそこに踏み込み、筆が走りすぎた部分については大方のご批判を待つこととしたい。

なお、『三貨図彙』は、後述するように、貨幣史の部分と物価史の部分に大きく分けられる。貨幣と物価は、もちろん密接に関係しているものではあるが、直方自身が、貨幣史部分と物価史部分を別の部に分けて記述していることからして、両者は関係しつつも別のテーマである可能性が高い。この見通しから、本章では同書のメインの部分である貨幣史に考察対象を絞り、物価史については別の機会に譲ることとする。

1　草間直方と『三貨図彙』

（1）経歴

『三貨図彙』がはじめて刊行されたのは、瀧本誠一校編の『日本経済叢書』の二七巻、二八巻によってである。直方の経歴については、多くの先行研究で紹介されているが、この『日本経済叢書』の解題における瀧本誠一の紹介は、現在でも要を得たものといえる。[5] また、天明七（一七八七）年までの経歴に関しては自伝『籠耳集』[6]が書き残されている。主に、この瀧本の解題と『籠耳集』によりながら、直方の経歴を簡単に見ておこう。

草間直方（通称鴻池屋伊助）は、京都の商人枡屋唯右衛門の子として宝暦三（一七五三）年に京都で生まれ、一〇歳で京都の鴻池に奉公に上がり、その後河内の鴻池新田会所で勤務した。その精勤と能力が認められ安永三（一七七四）年に鴻池の別家である尼ヶ崎草間伊助家の婿養子となり鴻池を名乗り、また安永六（一七七七）年に今橋二丁目に屋敷を得て移るが、引き続き本家に出勤し店務を担った。文化六（一八〇九）年には本家から独立を許され両替業を自営した。その後は、肥後藩、播磨山崎藩、南部藩、豊後府内藩、田安家、讃岐多度津藩などと取引し、それらの藩の財政整理に経営者として卓抜した手腕をふるった。その間、文化七（一八一〇）年には家督を息子に譲っている。

学問は、大坂町人の学塾懐徳堂で修めたといわれている[7]。このことは、『三貨図彙』に懐徳堂学主中井竹山や懐徳堂関係者の加藤景範[8]が序文を寄せていることからもうかがえる。また、漢学を学ぶとすれば鴻池家が主力スポンサーの一家であった懐徳堂を措いて外にはないだろう。

ただし、直方は和学にも関心が高かったようであり、その点は、同時期の大坂町人学者で同じく懐徳堂で学んだ山片蟠桃と異なる点である[9]。蟠桃は、「懐徳堂に学んだ優等生らしく、根っからの儒教主義者」[10]であり、国学を厳しく批判してもいた[11]。それに対して、直方は、主著である『三貨図彙』の巻頭に、和学者の序を二つ置いている。一つは、前述の加藤景範である。景範は懐徳堂で漢学を修めるとともに和学者でもあった（注8参照）。『三貨図彙』の景範の序文が和文で書かれていることからも彼の学問傾向がうかがわれる。また、もう一つは、塙保己一の序文である。いうまでもなく保己一は、わが国の古文献を『群書類従』五三〇巻として編纂刊行するという大事業を成し遂げた和学者である。直方は、保己一のこの事業を資金的に支えた中心人物の一人であり、利得抜きで融資していた金額は証文で確認できるだけでも一三五〇両にのぼっていた。また、文政二（一八一九）年の保己一の日記によれば、大坂に来た保己一は何度も直方に会って、『三貨図彙』草稿の校閲をしている[12]。このように直方は、教条的に一学派にこだわることのない、柔軟な文化人であった。

没年は天保二（一八三一）年。著書には、『三貨図彙』以外に、すでに述べた自伝『籠耳集』、享保から文化に至る御用金や買米令に関する記録をまとめた『草間伊助筆記』、鴻池新田開発当初の事績記録を編纂した『鴻池新田開発事略』、肥後藩の財政改革についての提言書『むだごと草』(13)などがある。また、直方は茶湯をたしなみ、茶道への関心が高く、晩年には茶道具について全九五巻にのぼる大著『茶器名物図彙』を著している。同書は古今の茶器名物を網羅し、それらについての正確なスケッチと関連資料・古書や古老の談話を収録して解説した実証的な著作であり、近代の茶道史研究者からも極めて高く評価されている(14)。

（2）『三貨図彙』の概要

直方の代表作『三貨図彙』は、序・跋、凡例に続き、銭之部、金之部、銀之部、物価之部、付録、遺考からなる。銭之部、金之部、銀之部の三部が本編あるいは三貨之部とも呼ぶべき貨幣史の部分で、銭之部が巻一から巻六、金之部が巻七から巻一六、銀之部が巻一七から巻二〇である。本章では、これらの部分を仮に本編と呼ぶこととする。それに続く各部はそれぞれ独立した巻建てで物価之部が巻一から巻一〇、付録が巻一から巻九、遺考が巻一から巻三となっている。

序と跋は、最初に寛政六（一七九四）年七月付けで当時懐徳堂学主であった中井竹山の序が置かれ、その後に、嘯月という署名で鴻池家第七代幸栄の序（日付なし）(15)、文政三年六月付けの塙保己一による跋、前述の加藤景範による跋（日付なし）、寛政一一年春の日付けで皆川淇園の跋が、この順番で載せられている。最後の皆川淇園は、朱子学、古学、陽明学などの特定の学派に固まらず、考証学もよくした京都の著名な儒者である。この序、跋の配列からは、直方の学派にこだわらない自由な学問の姿勢や知的な交流がうかがえる。

直方が本書を書き始めたのは寛政五・六（一七九三・九四）年頃で(16)、文化一二（一八一五）年に本編・物価之部・付録は、一応現状に近い形になっていたようである(17)。遺考は、文化一三年から文政八（一八二五）年に至る物価と改鋳の記事や資料が掲載されているので、文化一三年以降に書かれ文政八年以降に完成したといえる。

ただし、寛政六（一七九四）年付で中井竹山の序、寛政一一年付で皆川淇園の跋があることから、寛政六年には竹山の閲覧に供するような原型が出来ていたのであろう。竹山の序にも淇園の跋にも貨幣のことしか書かれていないので、その時点では内容は、物価についての記事を含まないものであった可能性が高い。また竹山の序に「既勒為三巻命曰三貨図彙」（既に勒《おさめ》て三巻と為し命て曰く三貨図彙）とあることから、その時点では三巻に過ぎないものであったと考えられる。

ともあれ本書は、寛政五・六（一七九三・九四）年頃に起筆し、文化一二（一八一五）年に三九巻本（序・跋・凡例・目録を含めれば四〇巻本）として一応は完成したが、なお文政八（一八二五）年頃まで遺考が書き加えられたものである。その間、文化一二年までで二三年間、文政八年までなら三三年間という長い年月をかけた著作で、直方のライフワークともいえる事業であった。

2　主意書、凡例に見られる著作の意図と姿勢

直方は、文化一二（一八一五）年正月の日付で、子孫に宛てて『三貨図彙』執筆の主意を書き残している（この書面を以下では「主意書」と呼ぶ）。本編の検討に入る前に、この主意書と『三貨図彙』凡例に書かれている限りで著作の意図と姿勢を、「執筆の動機」、「商家の立場」、「想定する読者」、「中心テーマ」、「歴史記述の姿勢」の五点に整理しておこう。

執筆の動機　執筆の直接の動機は、両替商仲間の筆頭であり旧家でもある鴻池家が、貨幣・物価の「古き事」について確かな知識を持っていなければならないという点にある。主意書には、「古き事は公辺より御尋の儀も前々より有ㇾ之儀にて……（中略）……金銀両替売買に相抱り申候儀は、しらでも相済不ㇾ申……（中略）……新

家の如く何もしらぬ〳〵と申ては、御旧家の詮も無レ之……」(18)とある。立場上、幕府などからの諮問があった場合に答えられるだけの知識を持っていなければならないと考えており、そのことが執筆動機となっていることがわかる。鴻池家七代幸栄が序で、直方による本書執筆を「此事（金融業）にか、はれば、彼事（貨幣の事）もしらずばあらじとて、旧をたづね新らしきを引て、しるし集めたるは、身の程をしりたる余りのつとめ」（（　）内は引用者。以下同）(19)と述べているのは、右の執筆動機を評価しての言葉であろう。

商家の立場　本書には、商家の立場から歴史を見るという意識がある。このことは右の動機からしても当然のことである。幕臣の青木昆陽（元禄一一年－明和六年　一六九八－一七六九）の『金銀銭譜』や幕臣近藤重蔵（明和八年－文政一二年　一七七一－一八二九）の『金銀図録』『宝貨通考』に対する見方にも、その意識が出ている。直方は凡例で、両人の著作を先行業績として高く評価し、参考としていることを明言しているものの、近藤の著作とは異なる点があることを次のように述べている。

　惣論ニオイテハ、少シク異動アルニ依テ、通考（『宝貨通考』のこと）トハ齟齬ノコトアラン、然ドモ商家ハ商家ノ書アリ、医卜《いぼく》家技ノ業モ銘々ノ書アリテ、又少シク不同アルガ如シ(20)（傍点・ルビは引用者。以下同）

「惣論」は総論であり、分析視角というべきだろうか。その点で幕臣の近藤とは異なり、商家は商家の書があり、本書はそのような立場から歴史を見ているという宣言だろう。

想定する読者　想定している読者については、主意書と凡例では異なっている。主意書では、「子孫へ書残置もの」と明言しており、草間家・鴻池家の子孫のためであり、同家の「後来の為に控置」くものとしている(21)。したがって、鴻池本家へは貸し出してもよいが、他家には貸し出さぬよう注意し「秘すべし〳〵」と秘匿を指示している(22)。このような点から、主意書によれば公開を前提としない私家版であったと考えられる。

しかし、凡例では、草間家・鴻池家の子孫のためとは特に断らず、「商家幼稚ノ者通覧ノ便リトス」と、広く商家一般の若手の者たちを読者とするかのような書きぶりである。[23] また、公開を前提としているとも考えられる断り書きもある。例えば、「公開ヲ憚ベキコトモアルベシ、然レドモ余モトヨリ愚蒙ニシテ是ヲ弁ヘズ、或老人ノ云シ儘ニ其恐レヲ顧ミズ記スコトアリ、聊モ私ノ意ヲ加フルニアラズ」[24] とあるが、公開を前提としていない書物であれば、このような言い訳を書く必要はない。あるいは、本書は、江戸幕府発行の金銀貨については、その正確な品位を記してないが、その点について、「金位ノ高下ハ是又局官ノ秘トスルコトニテ、他ノ知ルベキコトニアラズ、依テ詳ニセズ」[25] と述べている。鴻池家が金銀貨の品位を把握してなかったとは考えがたく、子孫に向けた非公開の書物であれば当然それを記したであろう。あえて「局官ノ秘」を書いてないのは、公開を想定していたためと考えるべきかもしれない。

公開か非公開かについては、このように「主意書」と「凡例」との間で違いがある。この点については、「おわりに」で考察を加えることとして、ここでは相違があることを指摘するのみで止めておく。

中心テーマ　第一に、凡例では、本書が「弄銭家《ろうせんか》ノ書」ではないことを宣言している。弄銭家とは、古銭収集マニアである。そのような書としては、すでに非常に詳細に書かれた「中谷・宇野両氏、近クハ芳川氏ノ著ス銭彙」[26] があった。しかし、これらの著者は、「歴代ノ国史」で資料的に裏の取れる貨幣を対象とするという考慮がなく、「珍銭」の記載に力を注いでいた。「珍銭」とは、多くは私的に鋳造された貨幣であり、古銭マニア向けに造った偽造古銭や、金座・銀座・銭座などの業者が見本として造り手元に置いていた「手本銭」などである。本書は、そのような「珍銭」は対象としないという。それは、それらが「通用ノ貨」ではないからである。本書は、あくまでも「国史ト照シ考フベキモノ」に対象を限定している。直方は、「国史」の書籍・資料に照らして、流通していたことが証明できるものに対象を絞っているのである。[27] 直方の目的は、珍しい古貨幣の解説書を著すことではなく、「歴代ノ国史」と符合し、何らかの流通力を持っていた「通用ノ貨」を対象として、日本における貨幣史を編纂しようというところにあったといえよう。

鴻池幸栄は、本書に寄せた序文で、「誰もたからのたからたるおもむきに深からずば、ながくその用を用とすることはかたかるべし」と述べ、本書が「たから」が「たから」となる事情を述べたものだと評価している[28]。「たから」が「たから」となるとは、金銀銅のような単なる金属としての「たから」が、流通力という機能を持った貨幣という「たから」になるということだろう。その状況を本書が歴史的に明らかにしたというのが、幸栄の評価である。この評価は、「通用ノ貨」を考えようという直方の視点を別の言葉で述べたものといえるだろう。

第二には、そのような貨幣史を、江戸時代における貨幣制度の成立へ至る道として描こうという視点がある。凡例では、中国の古代に通用した貨幣は対象としないと断っている。その理由は、それらの貨幣が「今ノ三貨通行ノ事ニ与ラザレバ、愚意ノ主トスル所ニ与ラザルヲ以テ」[29]であった。言い換えるならば、江戸時代の三貨通行の現状につながってくる貨幣の歴史が関心の対象であった。

さらにその江戸時代三貨制度の中でも、元文改鋳の意義を明らかにすることを重要な課題としており、その点を次のように述べている。

> 此書ニオケルヤ、元禄巳来金銀多品ノ煩ヒ、改鋳ノ興廃、交易ノ損益、市民ノ惑乱等、元文中又改鋳ノ善政ニヨリ、多品三品ニ皈《き》シテ、万民惑乱ノ事ナク、昔ノ産業不便利ナルコトヲ知ズ、サルニ依テ商家幼稚ノ者ノ心得ベキ為ニ著ス[30]

元文期（一七三六―四一）の改鋳による貨幣制度は、その後、直方の時代まで八〇年以上にわたり基本的には大きく変わることはない。その制度を「善政」として評価し、そこへ至る過程を示すことを課題としているのである。

第三には、右に述べた諸課題は、当時主流の歴史であった政治史ではないという位置づけをしている。凡例では、物価史を編む意味について、比較的に資料の揃っている慶長（一五九六－一六一五）以降であっても、この課題を詳しく取り上げた書物がないことを次のように述べている。

慶長年後トイヘドモ、タヾ治世ノ恩沢ニ誇ルノミニテ、米金交易通用ノ有ガタキ善政ヲシラズ、其委シキコトヲ記シ置モノ亦希ニシテ、古代ノ物価ヲ考ルニ拠ナシ、コレニ依テ京都寺院ノ古文書、并旧家ノ雑記等考ヘ合セテ、米金高下ノ大概ヲ記ス(31)

「治世ノ恩沢」を誇って記した書とは、いうなれば政治史の書である。第一章では、頼春水の周辺で水戸学政治史の大著『大日本史』の閲覧を希望する者が多かったことが述べられている。そのように、当時は、知識人の間で政治史への関心が高まっていた時であった。それに対して右の引用にある「米金交易通用ノ有ガタキ善政」とは、支配者に対する遠慮のある表現ではあるが、要するに経済のことである。この一文で直方は、これまで政治史の書物はあるが経済史をくわしく取り上げた書はあまりないという歴史学観を示し、本書がその課題を果たしていると述べている。政治史に対する経済史の宣言ともいえる一文である。

歴史記述の姿勢　右に述べたように、本書は、明確な問題意識をもって書かれたと考えられるが、その意識が実証を無視して理屈に走ることはない。主意書では、近年の思潮を批判し、「年々人情薄く古き事などしらべ申もの無之、気計り高上に相成歎は敷ものに候(32)」と述べている。「気計り高上」というのは、理屈ばかりで実証が伴っていないことだろう。それに対して本書は「古き事などしらべ申もの」であり、実証の書だとしている。

そのことは、凡例からも読み取れる。例えば、一五世紀後半の状況は不明なことが多く、「官家ノ古文書・記録等ヲ以テ考エ定メタク、多年願フトイヘドモ、未其時ヲ得ズ」という限界があった。そのため、閲覧できた資料の制約から、本書が六、七分の完成度であることを断っている。[33]

資料の点では、建武（一三三四－三六）や応仁（一四六七－六九）の乱による国史の散失や、戦国期における記録の欠如がある点も指摘している。一方、江戸時代になってからは、「世々制令家々ノ記録、車ニ積ミ棟ニ充ツ」ような膨大な資料があり、それを自分が読み切れていないことも告白している。このように、資料と自分の力、両面の限界を明示した上で、本書では資料的に確認できない憶説は唱えず、「疑シキハ以テ疑ハシキヲ伝フ」という記述の仕方をとることを述べている。[34] これらの文言からだけでも、本書が誠実な実証の書であることがうかがわれる。

以下では、主意書、凡例に述べられているような意図と姿勢が「銭之部」「金之部」「銀之部」でどのように展開しているかを見てみよう。

3 「銭之部」の主要論点と視角

銭貨（銅貨）について、『三貨図彙』の記述は極めて詳細であり、『六国史』などの歴代史書に記述のある貨幣・貨幣政策から始まり、資料の上で流通の確認できる銭貨のほとんど全てを考証している。その中でも大きなテーマと考えられるのは、皇朝十二銭（直方は「和朝十二銭」あるいは「本朝ノ十二銭」[35] と呼ぶ）などと呼ばれる古代銭貨発行の問題と、中世における国家貨幣欠如の状態から江戸時代初期の寛永通宝体制成立に至る過程についての問題がある。

（1）皇朝十二銭をめぐる問題

皇朝十二銭についての直方の関心は、あえてまとめるならば、和銅元（七〇八）年に始まる銭貨の発行が永延元（九八七）年をもって終わるのは何故かというところにある。いうなれば、古代貨幣制度の崩壊史を考察することであった。

直方が崩壊の大きな理由と見ているのは、一つは、貨幣を流通させる政策に当初から誤りがあった点である。太政官は、最初の銭貨である「和同開珎」を発行した四年後の和銅四（七一一）年頃に、「銭ヲ蓄ル者ニハ、位ヲ授ケラル」(36)ということを始めた。その意図を直方は「百姓ニ産業ヲ励スノ謂カ」(37)と推測しつつも、それが貨幣の流通を目的とする政策としては誤りであったと判断している。この政策により、八〇年以上後であっても「自然ト民銭ヲ蓄ル余風残リ」、「益々市民銭ヲ蓄ル故、都鄙弥銭乏シク、又奸鋳多シ」(38)というように、貨幣の流通が妨げられることになった。貨幣の機能が、価値の蓄蔵手段に傾き、交換手段としての機能が妨げられたといえよう。そこで、太政官は延暦一七（七九八）年に「銭ヲ貯フルコトヲ禁止」し、その二年後には銭で爵位を与えることも止めたのである。しかし、銭を蓄えていた者は、その使い道として、結局、爵位を誰かから買うことに向かい、爵位を売ることができる家に自ら銭貨が集まることとなった。このため、「京畿ノ銭、不融通ニシテ、民間銭乏シ」というように、依然として貨幣の流通は改善しなかったと直方は考えている。(39)

直方が崩壊のもう一つの大きな理由と考えているのは、貨幣の発行の仕方である。新銭貨を発行した場合に旧銭貨との交換法が不適切であったという点と、貨幣政策が安定を欠いていた点に注目している。以下、直方が皇朝十二銭の発行過程をどのように認識していたかを、時代を追って見てみよう。

「和同開珎」について、天平宝字四（七六〇）年に万年通宝が、さらに天平神護元（七六五）年には神功開宝が発行された。その頃は唐の制度を模倣することが多く、どちらの発行の時も、新旧銅貨の換算法は実態に即したものというよりは「唐ノ制ニヨル」もので、[40]旧銭一〇文を新銭一文に充てた。旧銭をいっきに一〇分の一の価値としたのである。言い換えれば、それまでの「和同開珎」は、一〇分の一にデノミされたのである。この換算法について直方は、「カヤウニ懸隔有テハ、民間擾乱シ、喧訴ヲ致サン」と評し、民間の混乱を招いたと考えている[41]。奏文からの直方の推測によれば、この状況に対して太政官は、一時期、旧銭の通用を止めて新銭のみを通用させた。しかしそれは、「皆古銭ヲ蓄ヘ持テ、却テ世間通用ナキコト」[42]、すなわち旧銭の退蔵となり、結局、宝亀九（七七八）年から延暦一五（七九六）年の間は旧銭と新銭を同価で併用することを認めた。ところが、延暦一五年に隆平永宝を発行した時には、再び旧銭一〇文を新銭一文に充てて併用する当初の政策が復活し延暦一九（七九九）年まで続いた。この換算法に関しては「夫ニテハ民ノ騒動ナラン」と述べ、前回と同じ理由で民間には受け入れがたかったであろうと考察している。この政策は四年間で終わり、延暦二〇（八〇〇）年からは新銭のみの通用とするが[43]、新銭の数量がいまだ十分ではないため、大同三（八〇八）年には併用を認めることになる[44]。

次の富寿神宝が弘仁九（八一八）年に発行された時は、新旧の銭が区別なく通用。しかし一七年後の承和二（八三五）年に承和昌宝が発行されてから、皇朝十二銭としては最後の乾元大宝が天徳二（九五八）年に発行された時まで七回の新発行の時には、いずれも新旧を一〇対一で区別する換算法が適用された[45]。また一〇世紀の中頃になると承平天慶の乱による不穏な状況、貴賤の奢侈、不時の出費、売官買爵、悋者の過剰な蓄銭などにより「下民困窮シ、自然ト其頃新旧ノ両銭モ不融通ニテ銭乏シク」[46]という状況を来していた。銅の産出も減少し銭を多く鋳ることもできなくなっていた。

しかし太政官では、新旧の銭を分かちなく通用させるべきか、古例の通り新旧の換算による併用を守るべきか、旧銭の通用を止めて新銭のみにすべきかで議論がまとまらない。このように政策が定まらないことは民間にも伝わり、「依レ之民新旧論奏アルコトヲ聞テ大ニ惑ヒ、新旧トモ自然ト通用ヤミ、貨物交易甚不便利ニテ、民ノ騒動大方ナラズ」[47]という状況を招いた。この銭に対する不信と混乱の中で、古代銭貨の発行と流通は終焉を迎えたと直方は考えている。

以上のような歴史の中に直方が見ているのは、一つは、「市民」「民間」「民」の反応に対する官の側の予測の欠如である。あえて時代を超越した表現をするならば、それは、「市場の反応」に対する無理解といってもよい。また、しばしば変わる政策の不安定性、とりわけ実態を無視したデノミは貨幣の価値尺度としての機能を損ない、貨幣の流通を妨げていたと認識していた。

なお、弘仁九（八一八）年発行の富寿神宝の頃は、銅の採掘量が乏しく新銭の発行量が少なかったため、「民又新銭ヲ吝《おし》ミ、蓄ヘカクシテ世ニ乏ク、旧銭ノミ世ニ流布スル」[48]とあるように新銭が退蔵されがちであった。その退蔵を避けるために新旧同価で通用させて新銭を蓄える意味を少なくした。そのことを、正徳四（一七一四）年に高品位の慶長金銀と同じ金銀貨を発行して、慶長金銀の退蔵を止めたことに対比して、その政策意図を「近クハ正徳四年ノ頃、新金銀ヲ吹出サレシト同意ナランカ」[49]と推論している。このコメントからも、直方は江戸時代の改鋳についての問題意識を持ちながら古代銭貨の歴史を考察していたと考えられる。

（2）中世から寛永通宝体制の成立へ

皇朝十二銭以降、江戸時代までは公的な全国通貨の発行はない[50]。この間に関して、直方は永楽銭（永楽通宝）などの中国からの渡来銭とさまざまな鐚《びた》銭が、地域や時代によりどのようなバランスや交換率で使われたかに関心を示している。鐚銭とは、皇朝十二銭の中でも後期のもので銅質の粗悪な銭、私的に鋳造された贋銭、それらを打ち平め薄くした銭、割れ欠けた銭、渡来銭の中でも永楽通宝以外で撰み嫌われた銭などで、永楽銭より低く評価された銭であった[51]。

この、永楽銭と鐚銭の混用や、全国通貨の制度がなかったことを、直方は、否定的に捉えていた。反対に、このような状況を脱して、江戸時代初期に貨幣制度が整備されてくることは評価している。例えば、関ヶ原の戦いの後、慶長一一（一六〇六）年に家康は、永楽銭を禁じ鐚銭に統一する制令を出し[52]、次第に銭貨の統一に向かう。その家康の意図は、「（永楽銭と鐚銭が共に流通しているために）其銭ノ善悪ヲ撰ビ論ジ、売買ノ妨トナリシカバ、商夫共迷惑スルコト多カリケリ、神君又此由ヲ聞シメサレ……（中略）……永楽銭ヲ制禁アリ」[53]と書かれている。永楽銭と鐚銭の混用は、「売買ノ妨」となり「迷惑スルコト多カリケリ」という状況であった。それを打開するため銭貨の一元化へ向かった者として家康を位置づけているのである。

また直方は、貨幣制度に関して、決して無政府主義ではなく、公の制令が不可欠であるとも考えていた。慶長期（一五九六－一六一五）、まだ江戸幕府の威令が行き届く前には、貨幣棄損の処罰がないため、永楽銭などの上質銭が銅地金として鋳潰され「自然ト永楽始メ漢銭払底ニ相成、民間次第ニ通貨不融通ニテ困窮セリ」[54]という問題が生じていた。この点に鑑み、直方は貨幣制度を安定して維持するには権力は必要であると考え、「公ノ制令ナクンバ、蓋シ治平ノ一日ヲ過サンヤ、国恩ノ有難キ事謹デ思フベシ」[55]と述べている。そのような権力が欠如していた江戸時代以前の貨幣史が、否定的に考えられていたことは、このことからも明らかだろう。

ただし直方は、江戸時代の銭貨体制が、いっきに成立したと認識していたわけではない。直方が示している資料では、例えば永禄期（一五五八－七〇）には、永楽銭と鐚銭がさまざまな交換率で混用されていた[56]。この混用を終らせ、銭貨を整理しようという試みは、家康以前に、すでに戦国時代の領国で始まっていた。永正期（一五〇四－二一）以降しばしば出された銭の選別使用を制限する撰銭令[57]や天文一九（一五五〇）年の後北条氏による永楽銭のみの通用令[58]がそれである。すでに述べたように、直方は、慶長一一年の家康による永楽銭禁止令を評価しているが、それは右に述べたような戦国期におけるさまざまな試みの延長線上で取り上げられている。

ただし、慶長一一年の制令で銭貨が一元化されたわけではない。この制令により鐚のみが通用を許されたために、鐚の価値が上がり、鐚と永楽銭の区別がなくなった。そのように幕府は考えて、元和二（一六一六）年には、原則として永楽銭と鐚銭を同価で撰別なく使用することを命ずる御触書を出す(59)。また、この御触書では、銭一貫文を金一分に充てるという銭と金貨との公定交換率も示している(60)。

しかし、これでも、まだ一元化はできない。「間々市民制令ヲ用ヒザル」(61)ために、種々の銭を区別して価値に高下をつけて使用する撰銭はなくならない。このため、元和八（一六二二）年に再び撰銭の禁令が出され、寛永二（一六二五）年にも、「此頃銭ノ売買私ニ高下コレアルニヨリ」、それを禁じ、永楽銭、鐚銭に関係なく銭一貫文を金一分に充てる制令が出された(62)。このような撰銭禁止の制令は出すものの、そもそも銭が払底していた。そのため寛永一三（一六三六）年に発行され始めたのが江戸時代の基本銭貨となる寛永通宝である。その発行の目的を直方は、『東都日録』の「世上銭払底ニテ売買高下コレアリ、民間不便利ニテ難渋ニ付キ、今通用ノ寛永銭ヲ鋳ラル」(63)という記事を引いて示している。領主の都合や利益ではなく、銭不足による民間の難渋を打開するために発行されたのが寛永通宝だと評価していたといえよう。

こうして寛永通宝の発行は始まったが、それでもまだ一元化はできない。寛永通宝の発行後も「古銭ト相交エ通用ス」(64)という状態であり、永楽銭などの渡来銭が撰ばれて高い価値で使われることはあったようだ。直方は、寛永通宝の発行量が十分になり、撰銭がなくなるのは寛文（一六六一－七三）頃と考えている。寛文期のことを述べている箇所で、「其後追々銭鋳サセラル、依レ之古銭モ〈永楽開元洪武ノ類〉価安ク相成リ、寛永ノ銭ト相並ブ」（〈　〉内は原文が割書であることを示す。以下同）(65)と記述していることから、そのことがわかる。

このように、江戸時代の銭貨の体制は、家康による永楽銭禁止令から寛永通宝の創鋳まででも三〇年、古銭も寛永通宝と同様に流通するようになった寛文期までなら六〇～七〇年という長い年月をかけて成立したというのが、直方の認識であった。またそれは、制令と民間による反応や順逆が応答を繰り返しつつ次第に一元化した過程としても示されている。

ところで、中世から江戸初期の時期には、公の国史に類する修史編纂はほとんどないので、直方はさまざまな資料や文献を使って実態を明らかにしようとしている。それらは、建武年間記・建武式目・創業記考異などの準公的記録、康富記・蜷川親俊記・家忠日記などの私的日記、多聞院日記・天王寺古文書・東寺執行日記・大光院古文書などの寺社日記・文書、源平盛衰記などの軍記物、古今武家盛衰記・北条五代記など江戸時代初期に書かれた雑史、旧章録（室鳩巣著）・伊勢貞丈随筆（伊勢貞丈）・草廬雑談（青木昆陽）・奉使小録（同）・新安書簡（新井白石）・常陸誌料（中山信名）[66]など一八世紀以降に編著された資料集や雑記・書簡、御触書や村方文書などの編纂されてない資料[67]など多岐にわたっている。

これらの資料を使った考察も極めて実証的で客観的である。例えば、その姿勢の一端を示せば、永禄一二（一五六九）年の天王寺文書に出てくる「ゑみやう」「なんきん」という銭が何なのか定め難いことにつき、「今カヤウノコトニ強テ理ヲ付ルハヨロシカラズ、古代ノ事情ヲ謬ル事アリ、知レザル事ハ其ノマ、ニ置モ可ナリ」[68]と述べ、判らないことは判らないままにしておくべきことを主張している。また、戦国時代に知行高を「貫」で示した貫高制について、直方は、知行地から産出される米の価格を永楽銭で表示したもの（銭一〇〇〇文が一貫文で貫高の貫はこの銭の単位）と考証しているが[69]、荻生徂徠は『鈴録』で、貫高の貫は田畑に植える苗の量の単位という説を唱えていた。直方は、この徂徠の説を信じ難いものとし、「鈴録ニ謂所ノ百目一貫目ト云フ事信ジ難シ……（中略）……名アル人ノ云シ事ハ其誤ヲモ弁ゼズシテ猥ニ信用スル故ニ、今委シク記シオク也」と述べ、学問上の権威に盲従しない姿勢を示している。

4　「金之部」「銀之部」の主要論点と視角

（1）江戸時代金銀貨制度成立の意義

『三貨図彙』は、江戸時代貨幣制度の成立に関して、特に計数貨幣である金貨については、その制度の成立を高く評価している。評価の理由は、単に家康が金貨を鋳造し始めたということではなく[70]、その発行が民間での流通を目的としたものであった点に置かれている。直方が示している資料によれば、家康には、「天下ノ金銀不足ニテ、末々ノ難儀ニ及ブベクト被二思召一候」[71]というように「末々」すなわち民間にとって金銀が不足しているという認識があった。また『武徳編年集』の次のような記事も紹介している。[72]同書によれば、天正・文禄（一五七三－九六）の頃には、通常は金塊を切り遣いしたり、砂金を秤にかけて用いたが、それでは「急用ヲナスニ世ニ難儀ナル故」、家康が、天正一九年（一五九一）に[73]「光次（後藤庄三郎光次）ニ命ジ昔年ヨリ在シ金銭[74]、四倍増ノ積リ四匁八分ヲ以テ小判トシ、是ヲ鋳サセテ通用」させたという。この天正一九年の小判を直方は「按ニ武蔵判ナルベシ」[75]と考証しており、この武蔵判が民間での流通と使用の利便性を考えて発行された最初の小判だというのが直方の主張である。

家康の小判発行を評価するということは、それ以前には適切な金貨はなかったという事実の確認と裏表の関係である。その点では、一つは古代の貨幣制度を美化することを否定している。例えば直方は、八世紀から一二世紀の諸資料を調べ、金銀の使用については、仏事・外交や諸臣僧尼への褒賞に使われたという記事しか出てこないことを確認し、次のように述べている。

都テ官ニハ金銀行ハレ、民間ニハ今ノ如ク金銀ヲモテ扱フコトナク、皆銭ヲ用ユル由ヲ記セリ……（中略）

……国々ヨリ貢処ノ金銀ハ、其儘官ニ納マリテ、世ニ行フコト少キ故、官府ニ満ルナルベシ、然レドモ今ノ如クニハ有ルベカラズ、国史ニヨリテ其自由ナルトハ思フベカラズ、見ル人可レ考也(76)

古代のおいて金銀は官に集められ、民間に流通せず、自由ではなかったという判断である。

このようなことを直方が指摘しているのは、おそらく古代を理想化する思潮を意識してのことでもあったであろう。『三貨図彙』が書かれていた当時は、本居宣長の『古事記伝』が寛政一〇年に脱稿し、その刊行が続けられている時であり、また平田篤胤は文化八（一八一一）年に『古史成文』や『古史伝』などをいっきに書き上げ自らの国学思想を確立している。当時は、国学思想の隆盛期であった。

そのような風潮がある中で、直方は冷静に歴史を見ることを訴えたのである。古代から家康時代までの産金のことを扱っている第七巻の最後では、古代への誤った憧憬に警鐘を鳴らして、次のように述べている。

今妄ニ臆断ヲ加ヘ、古代ノ事実ヲ謬ルコト少カラズ、多罪トイヘドモ、当代ノ金銀豊穣ナル故、却テ国恩ノ厚キヲ忘レ、古代ヲ慕フモノ、為ニ、其不辨ナルコトヲ告ルノミ(77)

これは直方が、資料に基づく経済史の実証から、心情的な古代理想化を批判した言葉というべきだろう。

もう一つの注目点は、民間に流通する最初の計数金貨が、家康による武蔵判と呼ばれる小判であり、それ以前にはないことを考証している点である。古いものでは、戦国大名の今川氏が鋳造したといわれる小判が伝わっている。この小判について、近藤重蔵の『金銀図説』は、貨幣表面に刻印されている永楽銭への換算額が今川氏の時代のものと矛盾しているので「後人ノ偽作ナラン」(78)という判断であった。直方は、この近藤の説を紹介し特に反論はしていないので、近藤説を支持していると考えられる。

その他にも、天正期に戦国大名の領国で鋳造されたという小判が数品伝わっているが、それらについての直方の判断は、「永禄・天正年ノ諸書ニ、慥ニ記セシ金銀図説ナシ、古キ云伝ヘノミニシテ憶説多シ」(79)とあるように、資料の上で発行が確認ができないというものであった。

中でも、繰り返し言及しているのは太閤豊臣秀吉が天正一六（一五八八）年に鋳造させたという小判についてである。この小判については新井白石は『宝貨事略』で太閤による発行の実態があるという説をとっていたが、直方は、その説に次のように疑問を呈している。

太閤ノ一両小判二分判ト云コト、人口ニ伝フルノミニテ、予未レ見二正史一、宝貨事略ニ、天正十六年、大判・小判ヲ造ルトアレドモ、大判ハアリテ小判ノコトハ、京都官家幷寺社ノ古文書(80)ニ不レ見……（中略）……太閤大阪主城ニテ造ラレシモノナレバ、太閤皈依《きえ》ノ京都寺院ノ仏事布施等ニモ専ラ用ヒラルベキニ、小判ト云名目不レ見(81)

贈答・恩賞用の大判はあったが、小判については資料の上で確認できないというのが、直方の判断であった。その判断は、権威ある白石の説に対する実証に基づく反論であり、研究者としての直方の気概を感じさせる。さらに自分の「憶説」であると断りながらも、太閤の小判と称するものは、「慶長金ニ極印ヲ打チ添ヘ人ヲ欺ク類」(82)の物で、江戸時代になってから小判に偽の刻印を打ち込んで偽造した偽古貨幣(83)ではないかとの推測も記している。また、太閤によっては永楽通宝と同じデザインの金銭（金で造った銭という意味）も鋳造されたという言い伝えがあり、現物も伝わっていた。しかしこの永楽の「金銭」についても、直方は「正史ノ類ニ不レ見」「云伝ヘノミニシテ不レ詳」(84)と否定的である。

このような考証を重ね、江戸時代以前に流通した小判・計数金貨に関しては、直方は発行の事実が確かなものは家康による武蔵小判のみと判断しているといえよう。また、家康のその政策の延長線上で江戸時代初期の慶長金銀の発行が行われると、直方が考えていたことは間違いがない。その慶長金銀は、「慶長六年巳年、於二駿府一被二仰出一候者、国々金銀取扱ヒ、位高下有レ之、交易不自由ニ付、金銀座御取立、金銀ノ位一ト手ニ被二仰付一」[85]という判断で発行されたものであった。民間の交易の不自由を解消するため、金銀の位を統一することを目的とした発行であり、それまでの金銀塊の切り遣いや砂金の秤り遣いではなく、また、大判などのように恩賞褒賞用のものでもなく、さらに、臨時・非常に備える蓄蔵用のものではなかった。そのような金銀貨の発行が家康により天正期頃に始められ、それが慶長の画期的な貨幣体制につながったというのが直方の見方であった。

（2）元禄宝永改鋳批判

徳川家は、慶長六（一六〇一）年から幕政初期にかけて慶長金銀を全国通貨として鋳造発行した。この金銀貨は、金貨である小判と一分判の純分率は約八五％（小判一両の金含有量約一五g）、銀の純分率約八〇％という高品位貨幣であった。この体制が初めて変わるのが元禄八（一六九五）年から宝永八（一七一一）年にかけて行われた一連の改鋳発行である。これらの発行では、小判は二回、銀は五回改鋳し、そのたびごとに品位（金銀の含有量）を落とし発行量を増やした。金貨では、元禄八年発行の元禄小判は純分率約五七％、金含有量約一〇g、その五年後の宝永七（一七一〇）年発行の宝永小判（乾字金、乾金とも呼ぶ）は、純分率は慶長小判と同じ約八五％前後に戻したが大きさを半分ほどにすることで金の含有量はさらに減らして約七gであった。銀は、元禄八年発行の元禄銀が含有率約六四％、宝永三（一七〇六）年発行の二ッ宝銀（別称、宝ノ字銀）が約五〇％、宝永七年発行の永字銀（別称、永中銀）が約四〇％、同年発行の三ッ宝銀が約三二％、宝永八年発行の四ッ宝銀が約二〇％と、毎回純度を大幅に下げて発行した。金銀共に、毎回品位を落とす乏質の増発であった。

この元禄宝永改鋳については、同時代にも明治以降にも賛否がある。同時代では新井白石が、目的が出目（乏質増発改鋳で幕府が得る利益）であり、また物価高騰を招いたとして激しく批判したことは有名である[86]。他方、当時であっても、例えば川崎宿の名主田中丘隅は民間の豊かさを招いたとして評価している[87]。明治以降は、新井白石の批判の影響もあり、失政と考えることが長く通説であった[88]。しかし一九六〇年代頃からは、貨幣の品位に拘泥しないで経済の成長に合わせて通貨量を増大しようとした先進的な政策と評価する説も唱えられている[89]。

それでは直方はどのように見ていたか。元禄宝永改鋳について『三貨図彙』は、極めて批判的である。ただし、この改鋳が目指した貨幣増発という意図に関しては必ずしも否定はしていない。この改鋳は勘定奉行荻原重秀の指導によるものだが、直方は、荻原の意図には「金銀万倍シ、財用豊カニシテ貴賤ノ便利ナルベシトノ考ヘ」があったと推測している[90]。しかし、その意図にもかかわらず結果は評価できないというのが直方の見方である。例えば、この改鋳を批判する際に、「元禄金銀出デ、天下金銀倍シ、融通自由ナルベキニ、世間古金銀ヲ隠シ貯ヘ、出デザルニヨリ、却テ又金銀不融通ニナリテ、市民苦シム」[91]というように意図そのものは否定していない。あるいは、「天下金銀ヲ増スノ益ハアレドモ、民服セザルニヨリ、却テ煩ヒトナル」[92]と述べているように、増発による「益」を認めつつも結果を否定する書き振りである。

このように、経済情勢に合わせて貨幣を増発することは否定しないという直方の貨幣観は、後述する元文改鋳に対する見方からも、ほぼ確かである。元文改鋳は元禄宝永改鋳と同じく乏質増発改鋳であるが、それに対しては、直方は経済情勢に合わせた適正な改鋳と評価しているのである。

それにもかかわらず、元禄宝永改鋳を直方が厳しく批判している主要な論点は三点にまとめられる。第一には、この改鋳が貨幣の退蔵を引き起こしたという点。第二には、貨幣信用を損ねたという点。そして第三には多品貨幣の併存による混乱である。多品貨幣とは、同じ額面で品位の異なる複数の貨幣が存在しているということである。

退蔵問題　第一の退蔵問題から見てみよう。改鋳は品位を落とした新たな元禄宝永金銀を発行しつつ、それと引き替えに品位の高い慶長金銀を回収し、それを金属材料にして、そこに混ぜ物を入れて、さらに発行を続けるという方法で進められた(93)。しかし、すでに前頁の引用で示したように、直方は、品位の高い慶長金銀は退蔵されて、貨幣流通を阻害（直方の言う「不融通」）したと見ていた(94)。「悪貨は良貨を駆逐する」というグレシャムの法則どおり、慶長金銀は蓄蔵用にしまい込まれてしまい、新旧合わせた貨幣流通量はかえって減少したというのである。しかも、この退蔵と「不融通」は、次のように、金貨・銀貨・銅貨の間で相互に影響を与えながら進んだ。

元禄金銀ヲ賤ミ、慶長金銀ヲ貴重シ、市民貯蔵シ自然ト慶長金銀世ニ払底ニナリ、依レ之銭ノ売買多ク、又元禄ノ新銀モ吹立無レ数故ヲ以テ、銀銭弥々世ニ払底シ市民迷惑ス……（中略）……兎角銀銭払底ニテ、金銀倶ニ世間不融通ナリ(95)

品位の低い元禄金銀の発行により、それまでの慶長金銀は退蔵され金貨銀貨が不足した。このため、銭による取引が増え、銭需要が高まり銭も不足した。しかも元禄改鋳では新銀の発行量が不十分なため銀は金貨以上に払底し、特に銀と銭が不足し、流通が妨げられたというのが、この引用文で述べられている判断だ(96)。あるいは、慶長銀よりも「貯フルニ便利」な慶長金の方がより多く蓄蔵され、金貨が不足し、そのため「市民専ラ銀銭ヲ日用ニ取扱フ故、於レ爰又銀銭世間ニ払底ニナリ、弥々民苦シム」(97)というように、退蔵されない貨幣まで不足したとも直方は見ていた。また、元禄の新銀貨より新金貨がより嫌われ、本来は金遣いの東国でも「銀ヲ以テ直段ヲ定、其代リニ新金ヲ受取事ヲ迷惑ニ及ビ、騒論日々ニ喧シ」(98)という状況であったとも考えている。

現在の経済史研究では、元禄宝永改鋳により、発行済みの貨幣数量は金貨に換算した額面で二・二六倍に増大したと推計されている[99]。しかし、直方は、慶長金銀が退蔵されたため、流通貨幣数量はかえって減少し、市民は迷惑したと判断していたのである。

品位の問題　このような状況を生み出した原因と考えられているのが、第二の論点である貨幣の信用の問題である。直方は、信用を損ねている原因は、一言でいうならば貨幣の品位が悪いということだと考えていた。元禄金銀の問題点は、「新金銀トモ位アシク、民コレヲ賤シム」[100]というように品位が低いところにあり、また宝永の銀貨も、「増シ鋳ルタビゴトニ位アシク、自然ト国民服セザルヤウニナレリ」[101]という欠陥があった。このような指摘を直方は右の引用以外にも繰り返し述べている。それらは要するに、品位が低いことにより、貨幣が、「民」「国民」の信用を失ったということである。

この、品位の下落による貨幣信用の喪失は、次のように自ら物価の高騰につながった。

> 元禄年以来、金銀吹替アリテ、銀銅交へ、位次第ニ下品ニナリユキ、市民服セザル故、自ヅカラ万物高直ニナリ、金銀ヲ賤シミ、交易融通セズシテ、士民服セズ[102]

また、次のようにも記している。

> 元禄金ノ位アシキニヨリ諸人服セズ、自然ト古金ヲ貯へテ、世上新元禄金多シ、コレニヨツテ諸色直段高直ニ成ル[103]

品位の高い慶長金と低品位の元禄金が併用される中で、慶長金は退蔵され、市場に残った悪貨の元禄金が物価の基準となるので、物価が上昇するという説である。これらの引用はどちらも、物価に関する貨幣品位説のように見える。

ところで藤井定義は、直方と山片蟠桃の貨幣・物価論を新井白石や荻生徂徠の所説と比較して、前の二人を貨幣品位説、白石と徂徠を貨幣数量説と位置づけている。(104)

たしかに藤井論文でも述べられているように新井白石は正徳三（一七一三）年奉呈の「白石建議」で、貨幣の価値に関して実質価値（貴金属としての価値）に基づいて考えるのは両替屋の姦計であり誤りであると、次のように断じた。

金銀の品善悪を論じ候事など武家に於て一向に其沙汰なき事にて此事申出し候ものは両替仕る者共金銀の品に次第をたて両替の事につきて其利をもとめ候はんための姦計にて候を商人共も其説にまどひ候て終に天下の難儀とは罷成候き(105)

その上で白石は、「万物の価高くなり来り候事……（中略）……真実は世に通じ行はれ候金銀の数そのむかしよりは倍々し候て多くなり来り候故にて候」(106)「当時万物の価の重くなり候事金銀の数多く候て其価軽くなり候故により候事疑ふべからざる事にて候」(107)と述べている。物価は貨幣の発行量によって決まるという考えで、明らかに貨幣数量説である。

また、荻生徂徠も享保一二（一七二七）年頃に書いた『政談』で物価の問題に関して、「惣て金銀を金つけ石にて試て位のよきといふは、両替屋などのいふ事にて、大きにおろかなる事也」(108)と貨幣の品位（実質価値）を問題にすることを、両替屋の愚かな議論として否定し、銭の発行量をコントロールすることで物価を調整することを主張している。徂徠の主張は、やや複雑なので、その詳細に立ち入ることは避けるが、要するに日常の小額消費に使う貨幣である銭と高額貨幣の金・銀との両替相場で社会全体の購買力が決まるという理論であり、その両替相場は、銭と金銀の双方の発行量で左右されると考えていた。(109)この徂徠の主張も、貨幣数量説といってよい。

この徂徠の説に関して、直方は「銭之部」では『政談』を長文にわたって引用し、その主張に対して「金銀銭ノ増スハヨケレドモ、性ノヨキハ何ノ詮モナシトハ云ヒ難シ、同ジクハ性能クシテ増シタキモノナリ」[110]と批判を加えている。さらに、再度「金之部」でも「徂徠先生ノ政談ニ金銀ノ性ノヨキハ、何ノ詮モナキコトナリト云ルハ、甚其意ヲ得ズ」[111]と述べており、徂徠説への反意は極めて強い。また、すでに述べたように、直方は、元禄宝永の改鋳では、慶長金銀が退蔵されたことにより「却テ又金銀不融通ニナリ」と考えていた。「不融通」とは、貨幣の流通速度が低下したということで、嚙み砕いていえばお金がまわらなくなったということである。つまり、貨幣の発行量が増えたとしても、市場で取引される貨幣量が増えていないとすれば、貨幣数量説で物価上昇を説明することは難しい。

このような点から、直方の考えが藤井の論じたように貨幣品位説であったと考えることはけっして誤りではない。しかし、それは以下に述べるように広い意味での品位説であり、物価が貨幣の実質価値で決まるか、あるいはそれに比例するということを主張したものではない。

その点で、直方が金銀の品位が低いことと物価上昇を直接結びつけて論じているところは、実は一ヶ所もないことは、注目すべきである。例えば、以下を見ていただきたい。

> 宝永二年ニ銀ヲ吹セラル、此銀又銅・錫ヲ交、位アシク民不服、天下銀ヲ増ノ益ハアレドモ、民弥々是ヲ賤シム、夫ヨリ又諸色直段高直ニナリ……[112]

この文のように、直方が貨幣の品位が低いことと「諸色直段高直」とを関連させる時には、必ずその間に、「民不服」、「民弥々是ヲ賤シム」といった「民」の反応が入っている。この他にも品位の低い元禄宝永金銀に対する人々の反応として、これまでの引用文中に見られた「国民服セザル」、「諸人服セズ」という言葉以外にも、

「市民服セズ」[113]「市民帰服セザル」[114]という言葉も使われている。これらは、民であれ国民であれ諸人であれ市民であれ、いずれにしても、現代風に言い換えれば市場ということである。直方がいわんとしていることは、市場がそれらの貨幣を信用しなかったということである。直方は、貨幣は実質価値で流通すると主張しているわけではない。

それでは、具体的には、どのように貨幣信用が崩れて物価上昇につながると考えていたのか。その一端は、銀貨の品位が最低になっていた正徳二（一七一二）年の物価についての次の文言からうかがわれる。

此節通用ノ三ッ宝・四ッ宝、殊ノ外位アシク民服セズ、依レ之追付吹替有レ之由専ラ風説ス、然レバ只今通用ノ銀ハ、皆潰シニ相成リ大損アルベシトテ、金銀ノ代リニ、米穀・絹布・薬種ノ類ヲ貯ヘ置ケバ、勝手ヨロシキトテ、諸人専ラ諸色ヲ買コム、依レ之諸色値段、殊ノ外高直ニ相成ル[115]

ここで述べられているのは、銀貨への信用がないので、現物に投資をするという経済行動が専らとなり、物価が上昇したという分析である。また、金貨と物価の関係に関しても、次のような見方を示している。

慶長・元禄・乾金多品ニシテ民用不便利ナル故、久シカラズシテ一様ニ吹替アルベキ旨ヲ察シ、絹布・雑穀ヲ始メ、諸物ノ価ヲ増シテ交易シ、吹替アリテモ損失ナキ様ト謀ル[116]

この場合には、慶長・元禄・乾金の異なる三品位の金貨が併存している不便利さゆえに、金貨の永続性への信用が失われ、現物投資が盛んになったという解釈である。金・銀いずれにしても直方は、貨幣の貴金属品位が低下したことは貨幣の信用を損なう切っ掛けではあるが、貨幣の実質価値が物価を決めているとは見ていない。むしろ実質価値とは必ずしも比例しない貨幣の信用の増減が物価を決めているという考えである。現代においても、例えば円の為替相場は、発行数量にかかわらず、さまざまな要因による円への信用如何で変動し、それが物価に影響を与えている。直方の主張の本質は、このような貨幣信用の問題を指摘している点にあった。

多品貨幣の併存　前項最後の引用のように物価の問題とも関連しつつ、貨幣流通を妨げたものが第三の多品貨幣の併存である。幕府の目論見では、早急に旧貨幣を新貨幣と交換して、新貨幣に統一できるはずであった。しかし、現実には目論見どおりには進まなかった。その過程を直方は、当局が次々と出す御触書を示しながら、次のように辿っている。まず、元禄金銀を発行した翌年の元禄九（一六九六）年七月には、当局は慶長金銀の通用を停止することを予告した(117)。しかし、退蔵により引替えが進まず、そのため流通貨幣量も不十分なため、翌（元禄一〇）年五月には次の年（元禄一一年）の三月までという期限付きで旧の慶長金銀の通用を許した(118)。それでも慶長金銀の通用停止は難しく、期限が来ると、さらに通用許可を一年延長するものの(119)、結局通用停止はできず、元禄一二年四月には以後も新旧両方の貨幣を併用することを許し(120)、当局は新金銀への統一を諦めている。

このように、新通貨への統一は実行できず、さらに宝永期の金銀改鋳発行が加わりいっそう多くの品位の貨幣が併存することになった。その結果は宝永期の末までには極めて煩雑な状況を来していた。直方は、その煩雑さを次のように記している。

元禄・乾金ノ両金ト元禄巳下五品ノ銀トシテ市民交易スル故、自ラ米穀・油・絹布ハジメ、諸物ノ価日々ニ高直ニ相成ル……（中略）……市中甚喧シキコト推シテ知ルベシ(121)

元禄年以来金銀多品ニシテ、公私ノ用不弁理ニシテ、通用マギラハシク市民甚喧シク、海内ノ煩トナル(122)

当局は、改鋳開始時点では、品位にかかわらず名目価値（貨幣額面）どおりで取引するように布令したが(123)、その後、宝永七（一七一〇）年の改鋳の時には、結局は市場で決まる貨幣の交換相場を認めるざるを得なくなっていた。[124] その結果、金貨が慶長・元禄・乾金の三種、銀が慶長銀・元禄銀・宝永銀・永中銀・三ッ宝銀・四ッ宝銀の六種類、合わせて金属・品位の異なる九種が、さまざまな交換率で使用されることになった。直方は、それら貨幣間の両替相場のうち一八通りの換算値を記すとともに、その状況を「多品ニシテ甚紛シ」と評して、当時の貨幣制度が劣悪であったことを示している。[125]

以上のように、元禄宝永改鋳は、直方の評価では、退蔵を招いた点、貨幣信用を崩し物価高騰を招いた点、多品貨幣の併存により煩雑を極めた点から、批判すべき政策であった。

（3）正徳享保改鋳批判

正徳四（一七一四）年に始まる正徳享保改鋳は、この改鋳の提唱者であった新井白石の「白石建議」によれば、[126] 元禄宝永改鋳による物価上昇に対して、貨幣発行量を減らして物価を沈静化させると共に、金銀貨の品位を慶長と同等の高品位に戻すという政策であった。

ただし、「白石建議」は幕府内部の政策意見書であり、『三貨図彙』を読む限りでは、直方は未見であったと思われる。直方がこの改鋳の政策方針を読み取る材料としているのは、改鋳に先立って正徳二年に公表されている御触書である。しかし、この御触書の記述は、意図してか、物価と貨幣の関係については数量説なのか品位説なのか不鮮明である。[127] 明らかなのは、金銀は「万代之後迄之宝とすべき物」であるので、その大切な金銀を毀損しないよう、経済への影響に関係なく慶長の高品位に戻すという方針である。[128]

直方は、この御触書によって、幕府の政策意図や貨幣についての考え方を示しているが、主要な関心はそこにはない。彼の関心は、むしろ、この改鋳がどのような影響を与えたかという点にあり、それをその後に次々と出された御触書を辿りながら考察している。その考察によれば、正徳享保改鋳に関しては、肯定的に評価すべき面はあるものの、全体としては否定的に見ている。

肯定的な面は、慶長金銀と同等の高品位貨幣を発行したことにより、退蔵されていた慶長金銀が市場に出てきた点である。そのことに対する評価は、次のように、極めて高い。

〈正徳金の発行により〉何方ニ隠レシヤ、右慶長金夥シク出テ当時ノ新金ト相並ブト云、是恐多クモ賢王ノ明智ヨリ出テ、市民ノ隠蔵スル処ノ良金銀、再ビ世ニ発顕スルコト、凡智ノ及ブ所ニアラズ、謹テ考フベシ(129)

また、退蔵されていた貨幣が市場に出てきたことは、次のように、融通交易に資する面もあった。

慶長ノ金銀自ラ世ニ顕レ出デ、天下ノ金銀万倍ス、是全ク明臣ノ賢慮ニヨリ、忽チ天下通用ノ金銀万倍シ、元禄ヨリ宝永マデノ金銀、引替融通無レ滞、世以テ之ヲ恐惑シ、衆民忽チ服シ、右ノ新金銀〈但今ノ古金銀ナリ〉ト古慶長ノ金銀トヲ以テ、万物交易ス(130)

「通用ノ金銀万倍シ」という言葉は、慶長金銀が市場に出たことを強く印象づけるための表現であり、文字どおりにとるべきではないが(131)、直方が、正徳改鋳の開始時点に限れば、退蔵金銀が市場に戻り万物の交易に良い影響を与えたと考えていたことは確かだろう。

他方、否定的な面は、第一には元禄宝永改鋳により引き起こされた金銀貨が多品の状況を解決できなかったばかりでなく、いっそう、それを深刻にした点であった。

正徳改鋳の当初から幕府は、金貨についても銀貨についても、品位の高い慶長・正徳金銀と品位の低い元禄・宝永金銀の間で一定の引替率を定めた「割遣ひ」を布令した(132)。一定期間の「割遣ひ」を許し、その間に旧貨幣を回収して、その後に新貨幣に統一する目論見であった。

しかし、たびたびの布令にもかかわらず、引替えは思うようには進まなかった。その原因を直方は金貨については、一つには、正徳金は、高品位の貨幣であるため直ちに十分な発行ができなかったことに求めている。「吹方モ十分ナラザル故、先ヅ当分新古取交通行シ、連々ニ引替申ス」[133]というように、時間をかけて新旧貨幣の引替えを進めざるを得なかったのである。また現実の取引では、宝永金（乾金）で借りたものは宝永金で返し、元禄金で借りたものは元禄金で返すことが、換算の問題が生ぜず便利であった。このように、「古金ニテハ是迄遣ヒ馴レ、又新金ニテハ不便利ノ方モアリ」という理由で、元禄・宝永金が使い続けられたとも、直方は判断している[134]。

幕府は、このような併用を早く解消しようと、正徳五（一七一五）年には、元禄金の通用を享保二（一七一七）年までと令したが、この期限を二度にわたって延期し享保七（一七二二）年まで通用を許した。また宝永金（乾金）は享保四（一七一九）年までの通用許可を七年まで延ばしたが、享保一五（一七三〇）年には結局、以後の通用を許している。それは、民間が宝永金を一両の半分である二分相当の「便利よろしき」金貨として使用しており、その現実を認めざるを得ないとの判断によるものであった。直方はこの過程を御触書で辿り[135]、結局、元禄金・乾金などの通用が止むのは「享保年ノ末」すなわち、一七三〇年代の半ばだと考えている。また、その間の金貨の流通は、「慶長金・元禄金・乾金、口々増歩割合相庭ヲ以テ諸色交易コレアリ候ニ付、金多品ニシテ、諸人甚ダ紛ラハシク、不便利ナリ」[136]と評している。多様な品位の金貨が併存し紛らわしく、はなはだ不便であったというのである。

銀貨の場合には、直方の見るところでは、金貨以上に多品貨幣の併存とそれに伴う不便利が続いた。正徳改鋳の始まった正徳四年には当局は、正徳銀と既発行銀を品位に応じて、①慶長銀・正徳銀、②元禄銀、③宝ノ字銀（二ッ宝銀）、④永中・三ッ宝・四ッ宝の四種に分け、その相互の交換率を定めた[137]。この交換率でさえ、「金銀多品ニシテ、士民融通方甚紛ハシク不便利ナリ」[138]というものであった。しかし、銀の産出量は少なく、銀を吹き直して統一するには、当局は「二十ヶ年余にても、成就計り難く候」と判断せざるを得なかった。享保三年の御触書では、この判断の下、永中、三ッ宝、四ッ宝も別々に分け六種の銀貨相互の交換率を定めたのである[139]。享保五年には、この交換率による使用を翌六年までとし、それ以降は、低品位の元禄・宝永の銀貨は通用停止とする布令を出したものの、この期限は八年までに延期された。しかし、直方の見るところでは、新たな正徳・享保の「新銀ノ出来方無レ数」ために、特に銀遣いの関西・九州・四国・西国筋では旧の銀貨も使わざるを得ず、元文改鋳が行われるまで、「割合遣ヒ」が行われたのである[140]。

このように多品の銀が併存続したことを、直方は、「正徳ニ新銀出テヨリ、此新銀ト慶長銀ヲ以テ、又諸物交易ス、依テ新古銀相場両道ニ成リ弥紛ラハシ」[141]と評した。また、「銀多品ニシテ、今ヲ以見レバ、甚ダ紛ハシク不便理ナルコトナルベシ、推テ知ルべシ」[142]とも述べ、この点で正徳享保改鋳の欠陥を認識するように求めている。

正徳享保改鋳のもう一つの欠陥は、享保期における米価下落の大きな原因となったことである。米価下落の悪影響を直方は次のように記している。

> 享保十三四年ノ頃ハ、別テ諸国米穀充満シ、又米価下落シ、大禄ノ士ハ勿論、小禄ノ士ニ至ルマデ年分ノ食料ヲ除イテ、米ヲウレドモ朝夕ノ用度ニ足ラズ、多ク売レバ食料ニ足ラズ、農民ハ作徳ヲ売レドモ其年ノ肥《コヤシ》ヲ求ムルニ足ラズ、市民ハ米ノ安キニヨリ、自然ト己ガ職分ニ怠ル故ニ、米価賤キモ、却テ士民ノ為メトナラズ[143]

米価下落はこのようにして、「世上一統ノ難儀」を引き起こし、享保一七・一八年の凶作の影響による高騰を除けば、それ以降も享保年間は、米価下落の悪影響が続いたと直方は資料から判断している[144]。

この米価下落の原因について直方は、もちろん「諸国米穀豊熟」による過剰生産もあるが、「通用ノ金銀（正徳・享保金銀貨）位宜シキニヨリ、当時ノ米ノ位ト相当セズ[145]」という原因もあったと考えていた。この「相当セズ」という点は、元文改鋳の評価と表裏の関係にあるので、次項で検討を加えよう。

（4）元文改鋳への賞賛

元文元（一七三六）年から行われた元文改鋳に関しては、直方は、「万代不究ノ善政」という言葉で[146]、ほぼ全面的に肯定している。

元文改鋳を高く評価するのは第一には、正徳享保金銀が一因となった低米価を解決し、適正な物価水準をもたらした点にある。この改鋳の実施に影響を与えた可能性があるものとして、直方は大坂両替商が上呈した答申に注目している[147]。享保一三（一七二八）年以降の低米価の下で、当局は米穀値段引上げの方法について、大坂の堂島米問屋と両替商に諮問し、彼らから書面で答申が上呈されたのである。その中で、両替商から出された答申には、直方によれば、次のような主旨が書かれていた。

> 全ク諸国ヨリ出ル米多キ故トハ云ヒナガラ、一ツニハ只今通用ノ金銀位宜シキニヨリ、当時ノ米ノ位ト相当セズ。……（中略）……今ノ銀〈但正徳ノ古銀ナリ〉ニテ、米一石三十目、宝永ノ銀ナレバ、凡十割増ノ算用ニシテ、米一石代六十目ニ当レル歟〈但十割増ハ永中銀ト新銀ノ割也〉何レニモ金銀ト米ト位相当セザル理モアランカト考フル[148]

この答申書が述べているのは、享保期に流通していた正徳銀は品位が高すぎて米価が安くなり、それ以前の宝永銀では品位が低すぎて米価が高くなり、いずれも適正ではないという判断である。つまり、貨幣の品位により米価を調節すべきだとの主張であった。

これは、広義での品位説といってもよいが、むしろ平価の切下げ・切上げで経済を調整する近代の兌換紙幣の考え方に近い。江戸時代の金銀貨は額面としての名目価値と貴金属の価値としての実質価値の両方を備えていた。額面は金貨であれば両・分・朱という貨幣単位であり、銀貨であれば匁・目で測られる重さである。この額面に対して兌換を保障されている金銀量が平価であるが、当時の貨幣は紙幣ではなく貴金属貨幣であるので、兌換するまでもなく貨幣そのものに平価とされる貴金属量が固着していたと考えればよいだろう。この平価を調整することにより、つまり名目価値に対応する貴金属量を増減することで、経済情勢に合わせるべきだというのが両替商の考え方であった。

八年余り後の元文改鋳がこの答申に基づいて行われたか否かは明らかでないが、結果は同様な効果をもたらす改鋳であった。そして、この元文改鋳による金銀貨、すなわち「文金銀」について、直方は「此ノ文金銀、元禄以来正徳迄ノ金銀、位ノ宜シキ全ク其中庸ヲ得タリ、公私共ニ便ニシテ、万代不究ノ善政ナルモノナリ」(149)と手放しの賞賛をしている(150)。

ここで注目すべきは、この賞賛理由である「中庸ヲ得タリ」というのが、何の中庸かということだ。直方は元文改鋳の賞賛に続けて、米価に関して、次のように述べている。

　士農ニ益アレバ、工商ニ不益アリ、工商ニ益アレバ、士農ニ不益アリ、此益・不益ノ根本ハ、融通ノ道ニアリテ、万物融通滞ラザレバ、益・不益、平等ニ行ハレ損益ナシ(151)

米価に象徴されるような経済問題は、その立場立場で損益が相反しがちである。米の売り手である士農は高米価が望ましい。他方、米の消費者である工商は低米価を歓迎する。しかし直方は、適正な「融通」すなわち適正な流通があれば、損益は折り合うという。反対に「融通偏ヨレバ、是非・損益アリ」ということになる。

もちろん、米価のようなものは年々の豊凶などにより価格変動がある。しかし直方は、一〇年単位で見れば平均値があると考えていた。「米価ノ高卑ハ皆天理ニテ、大抵十年ニハ高下平均ニナルモノナリ」[152]という認識である。そして、その平均値がどの程度になるかは貨幣が関係しており、それゆえに貨幣は適正な政策で管理しなければならない。そのことを直方は、「(年々の米価の)高下ノ事ハ何レ天理也、金銀ノコトハ人力ニテ如何様ニモナルモノ」[153]と述べている。「中庸ヲ得タリ」とは、「人力ニテ如何様ニモナル」貨幣を政策により適正な平価にするということであった[154]。

ところで、元文金銀貨の貴金属量は、金貨は一両に金約八・六g、銀貨は銀含有率約四六％であった。これはすでに述べた正徳享保金銀の品位に比べると、その六割程度の含有量・含有率で非常に品位が劣っていた。一方、元禄宝永改鋳と比較すると、宝永七年以降の金銀貨よりは品位が高いものの、初期の元禄小判・元禄銀・二ッ宝銀よりは劣位である。

元文改鋳による金銀貨の品位は、直方が品位が低く民間の信用が得られなかったとして批判した元禄小判・元禄銀・二ッ宝銀よりは低い。それにもかかわらず、元文改鋳を賞賛しているのは、ただ品位が高ければ良いと考えていたわけではないということである。重要なことは絶対的な品位ではなく、その時代の経済情勢に適合した品位(平価といってもよい)にするということであった。元文改鋳は、そのような点で「万代不究ノ善政」と考えられていた。

直方が、元文改鋳を高く評価する第二の点は、享保末年まで残っていた多品貨幣の併用を解消したことである。その過程を直方は、鴻池の記録と御触書で示している[155]。それらの資料によれば、元文元(一七三六)年六月の改鋳発行に先立ち、当局は、その時点で流通していた慶長・正徳・享保の高品位の金銀と新たな品位の低い元文金銀とを一定期間の間、金座銀座を初めとする引換所で、増歩を付けて交換することとした。その一方で、通常の取引においては、慶長・正徳享保金銀と元文金銀を一対一で使用することを命じた。[156] 増歩は金貨については六五%、銀貨については五〇%であり、慶長・正徳享保金一〇〇両に対して元文金（文金）一六五両、慶長・正徳享保銀一貫目に対して元文銀（文銀）一貫五〇〇目での交換であった。このように大幅な増歩が設定されていたので、交換は比較的順調に進んだ。ただし、直ちに通常の取引で新旧金銀を一対一で使用することは無理があり、当局は、発行と同月には、増歩と同じウェートをつけて新旧両方の金銀貨を併用して「割合にて取遣」することを、なお二、三ヶ月の間は認めることとした。[157] しかし、その期限では併用を停止することはできず、結局元文三年四月まで併用は延期されている。[158] このような延期はあったものの、直方は、同年一二月までには新旧貨幣が「残ラズ引替相済」となったと御触書から読み取っていた。[159]

このようにして、元文改鋳では約三年半という比較的短期間で元文金銀への貨幣の統一が達成され、多品貨幣の併存状態も解消された。直方が『三貨図彙』を書いていたのは、この元文改鋳から約八〇年後であるが、その時でも基本的には元文金銀の貨幣体制であった。[160] 元文に始まるその体制について、直方は次のように述べている。

（正徳享保期の金銀が如何に不便利であったかについて）武家方ハ勿論、市民トイヘドモ今其委シキコトヲ知ル者ハ希ナリ、元文元辰年、今ノ文銀ニ改鋳アリテ、金銀一様ニ相成リ公私共ニ便ナル善政ノ世ニ遭ヒテ、弥々先ノ不便利ナル事実知ル者ナク、又巨細ニ明ラメ知ル者有テモ、無用不益ニ云ヒナス者有テ、今上下便ナル善政ノ国恩ヲ忘ルニ至ル、甚ダ嘆ズベキコト也、故ニ正徳・享保年ノ金銀交易ノ十分一ヲ記ス[161]

元文改鋳は、多品の金銀貨が併存していた状況を終わらせ「金銀一様」の貨幣制度を実現した点でも「善政」

として高く評価すべきものであったのである。

おわりに

以上のように『三貨図彙』本編は、一つの流れを持った日本貨幣史である。その流れは、要約すれば次のようになるだろう。日本の貨幣史は古代の皇朝十二銭から始まる。この皇朝十二銭は、二〇〇年以上にわたり次々と発行されたものの、流通手段としては十分に機能せず、古代貨幣制度は崩壊した。その後は、統一された全国貨幣のない混乱状態が続いたが、家康が自身の領国で始めた貨幣政策の延長線上で江戸幕府による慶長・寛永の貨幣制度が成立した。それは、日本史上で初めて流通力も持った全国統一貨幣を普及させた制度であり、貨幣史史上で画期的意義を持っていた。しかし、その後、元禄宝永、正徳享保の改鋳により貨幣制度には多くの問題と混乱が生じた。それを解決したのが元文改鋳である。元文改鋳により、金銀貨はそれぞれ再び単一の品位に統一され、またその品位も経済実態に合うものとなった。この元文貨幣体制を「万代不究ノ善政」と高く評価することで、『三貨図彙』本編の貨幣史は終わっているといってもよい。なお、同書は、古代から元文に至るこの過程を圧倒的な量の資料で示し、資料をもって貨幣史を語らせた書でもある。

貨幣史をこのように描くに当たり、直方が基本的な視点としているものは、「民」と「融通」「不融通」という言葉に象徴される。「民」は、「民間」「市民」「末々」「国民」「士民」「諸人」「衆民」などとも表現され、貨幣を使用する人々を指している。この人々が、「衆民忽ち服し」「民服セズ」「市民迷惑ス」「民間不便利」といった用例のように、その貨幣を受け入れて信頼し便利に使用していたか否かが、直方が歴史上の貨幣を評価する視点となっていた。この、民が服すか服さないか、すなわち民の向背という視点は、現代風にいうならば、市場の反応といってもよい。

ただし、民の向背が、貨幣史を見る判断基準となっているからといって、直方は民の向背を正義の基準と見ていたわけではない。正徳改鋳の後に、品位の異なる金貨であっても額面どおりに使用すべきとの制令が出された。しかし、民間では制令を無視し品位を考慮して異なった相場で使い続けられた。このことを評するに際して、「或老人」の次のような言葉を引用している。

> 下情は卑しきもの故何となく其品を分ち、通用を妨ぐるものなり、左やうの時は俗諺の如く、多勢に無勢制し難きものなり[162]

「下情」は民の向背・民の動向と言い換えてよいだろう。その民の向背・民の動向は、正邪、当否、尊卑とは関係なく、「多勢に無勢制し難きもの」であった。逆らいがたいものとして市場の反応があると直方は考えていたといってもよい。

したがって、貨幣政策を行うには、この「制し難き」下情を捉えられることが重要であった。それにもかかわらず武家にはその能力が低いことを「或老人」をして次のようにいわしめている。

> 経済治術ヲトルニハ、民ノ情ヲ知ラザレバ害ニナルコト多シ、官家ハ大概下情ニ疎キモノナリ、是レ武備ヲ専務トスル故其ノ謂アルベシ[163]

また、この「民ノ情」は次のように武家の唱える一片の理論でつかめるものではない。

> 経済ハ蠡《ひさご》ヲ以テ海ヲ測ル管見豹毛ノ論ニテハナシ、過アラバ命令ノ重キモ破リ、幾度モ過チハ改ムベシ、

是レ忠ノ経済ナリ(164)

経済は、民の向背・市場の反応を見ながら、過った制令は何度でも撤回して経験的に進めていかざるを得ないものと考えていた。

一方、「融通」「不融通」は、ある貨幣制度の下で、その貨幣と物品が滞りなく流通していたか否かを、直方が判断する際に使われる言葉であった。当然、「民間」の貨幣への信頼は速やかな流通すなわち「融通」を促進し、「民間」の反応と「融通」「不融通」は相互に関係するものであった。

しかし、「下情」が正邪の判断を越えた現実と考えられていたのとは異なり、速やかな「融通」は、次のように「天の道」と直方は考えていた。

天ノ陽ハ地ノ陰ニ融通シ、天地ノ徳ハ人ニ融通シ、人ハ万物ノ理ヲ融通シテ、聖賢ノ道行ハレ、四民共夫々恒ノ産ナキハナク、米穀・貨物交易融通シテ、一日モ止ムコトナシ、然レバ融通ハ則天ノ道ナリ(165)

直方の考えでは、自然、道徳、知識など、この世の全ては「融通」すなわち流通してゆくものであり、したがって米穀貨物交易も「融通」することが「天ノ道」であった。「融通」は、直方の価値と視点の根本であったといってもよい。中でも、経済の「融通」を左右しているものが「民間」であり、この「民間」と「融通」を視点に『三貨図彙』は日本の貨幣史を描いているのである。

それでは、直方がこのような書を編んだ動機はどこにあったのか。あえて直方の想いを想像するならば、第2節で紹介した「商家ハ商家ノ書アリ」という言葉に象徴されるように、武家の視点とは異なった歴史を描きたいという動機はあったろう。武家である荻生徂徠は、貨幣についての両替屋の考え方を「大きにおろかなる事」と軽蔑していた。この徂徠への強い反発が『三貨図彙』では再度にわたって述べられている。このことからも、「商家ノ書」を成したいという直方の想いがうかがえる。また、本書のような大貨幣史を二、三〇年という長い年月をかけてまとめ上げるには、この課題に対する強い情熱が不可欠だ。貨幣は流通や金融の場で生きる者にとって生業の鍵である。その貨幣の歴史を描きたいという動機とそれを支える情熱が両替商草間直方にあったとしても不思議ではない。

第二には、元文貨幣体制の意義を示したいという動機があった。そのことは、第2節で記したように、「凡例」で述べられており、その言葉のとおり、本編全編は元文貨幣体制へ至る流れとして描かれている。また、本編内の個別の文言でも、元文貨幣体制の意義を示すことが執筆動機であることを明言している。直方の時代は、すでに長く元文体制の「善政」の下で暮らしていた。そのため、前節の最後の引用のように、元文体制の有り難さは忘れられ、正徳享保の貨幣体制が如何に欠陥があったかについて、「武家方ハ勿論、市民トイヘドモ今其委シキコトヲ知ル者ハ希ナリ」という状態になっていた。それゆえに、「正徳・享保年ノ金銀交易ノ十分一ヲ記ス」ことが本編の重要な課題であった(166)。正徳・享保の貨幣体制の欠陥を記すことにより、それと対比して元文体制の意義を明らかにしようという動機がここには見えている。

しかし、何ゆえに、『三貨図彙』が執筆された寛政から文化に至る時期に、およそ八〇年前から続いている元文貨幣体制の意義を示さなければならなかったのだろうか。あえて推測をするならば、新たな貨幣改鋳に対する予感が直方にはあったように思われる。第2節で記したように、文化一二（一八一五）年の「主意書」では、「前々より」貨幣にかかわる「古き事」について当局から鴻池へ諮問があったと述べている。この「前々より」がいつのことかはわからないが、少なくとも直方が『三貨図彙』の執筆を始める少し前には、貨幣改鋳をめぐる話題が直方周辺にはあった。

当時の老中筆頭松平定信は、就任の翌年の天明八（一七八八）年に大坂を訪れ、その時に中井竹山を招いて詳しく時務を諮問した。その際に竹山との間で貨幣の問題についても遣り取りがあった可能性が高い。竹山が、この定信の引見に触発されて寛政元（一七八九）年から三年に執筆し上呈したのが政策提言書『草茅危言』である。[167]この書には、貨幣のことも論じられており、特に南鐐二朱銀の扱いに関しては定信政権の施策と方向を一にしている。定信政権は、この二朱銀に問題を感じ、天明八（一七八八）年に鋳造を停止したが、竹山はさらに一歩踏み込み、二朱銀の品位を二五％上げて金高銀安へ誘導する政策を提言している。[168]また、「追々新吹の金を仰付らるゝ時」などと述べ、改鋳を前提とした提言もしており、定信との間で、この種の話題があったことがうかがえる。すでに、第1節で述べたように、竹山は『三貨図彙』に序を寄せており直方との関係も深いとすれば、公辺に貨幣問題への関心があることは竹山を通して直方の耳にも入っていたはずである。

実際に幕府が次の改鋳に着手するのは、文政元（一八一八）年からであり、その三年前には、『三貨図彙』本編は完成していた。しかし、本編執筆中に、大坂の豪商に改鋳についての打診があった可能性は大きい。直方の属する鴻池善右衛門家は、文政改鋳に際して大坂の他の両替商とともに新旧金銀貨の引換所となっており、[169]そのような豪商達の耳に改鋳近しの風聞が伝わっていたと考えた方が自然だろう。

『三貨図彙』本編中に、今後の改鋳を念頭に置いた文言が見られるが、それらは上記のような状況証拠と併せて考えるべきだろう。例えば、大坂両替商への諮問が元文改鋳に影響を与えた可能性について述べている箇所では、「交易融通ノコト」について「後年右等ノコトニ密々諮問セラル、コト有ルベキナレドモ、心得有ル可キコトナラン」[170]と、今後に諮問があることを予想している。また、正徳享保改鋳の下で金銀貨が多品となり不便利を来したことを批判した箇所では「或老人」の言葉として、「後世自然金銀新鋳の事ありとも、金銀に品類多く相成ることは不ㇾ可ㇾ然と思ふ」と、今後の改鋳を予想した意見を紹介している。さらに、その箇所では、「或老人」をして、改鋳があったとしても「たとへ金銀位今より劣るともやはり、今の二幣の形製を以て吹増しあらん方善政ならん」といわしめている。(171) 今後の改鋳では、金銀の品位を落としたとしても、元文金銀貨と同じく、金銀それぞれ一品位の貨幣形態を守るべきだという提言である。いずれにしても、本編中でも、このように今後に改鋳があるとの予想が漏らされており、それは、寛政から文政に至る期間には、鴻池のような大坂両替商周辺では単なる予想ではなく諸情報から考えられる可能性であった。『三貨図彙』は、そのような可能性を考え、圧倒的な知識量に裏付けされた貨幣史を踏まえ、適正な貨幣制度を大坂商人として論じられるために編まれた書でもあった。

最後に、第2節で予告したように、想定されている読者について再考しておこう。第2節で、「主意書」では公開を考えない「子孫へ書残置もの」で秘すべき書としているが、「凡例」では公開を前提とした書き振りであり、その間に矛盾があると述べた。しかし、本編を通覧してみたところでは、「凡例」で述べるとおり公開が想定されているように読める。

「局官ノ秘」である金貨の品位に言及する際には「愚意ヲ以テ考ヘヌレドモ、相違ノミナラン、委シクハ其職ニヨリテ尋ヌベシ、予ハ知ラズ、其荒増ヲ記スノミ」(172) と自分の不確かな私見に過ぎないことを、くどいほどに断っている。また、幕政批判や政策提言ととられかねない箇所はしばしば「或老人」の言として伝聞形態をとっている。このような配慮は公開を念頭に置いているからこそのものだろう。

しかし、それでは広汎にわたる公開を考えていたかというと、それも違うようだ。本書は古い金銀貨の拓本をとった「真図」を掲載している。それが偽造の古貨幣を作成する情報となることを恐れ、「此書世ニ広クセントノ志願ナシ」(173) と断っており、出版などの広い公開は考えていない。それでは秘すべき書かといえば、それも当たらない。右に引用した文言の少し後で、「慶長年以来、今南鐐銀マデ通行、国恩ノ広大ナル事実ヲ幼童同業ノモノニ大略知ラシメン為ニ、此ノ図彙ヲ著ス」(174)と述べている。草間家の子孫のみではなく「幼童同業」の者が読者として想定されており、限られた範囲であれ公開を考えていたことがわかる。

さらに付け加えるならば、序と跋を備えた本書の体裁からも、何らかの公開が前提とされていたと思われる。家伝の秘すべき書に著名な中井竹山や皆川淇園の序や跋を依頼するだろうか。

それにもかかわらず、遺考以外が完成した文化一二年の「主意書」では、知人に見せることも含めて厳しく公開を禁じている。それは何故か。本編は、二つの動機から書かれている。一つは、商人として日本貨幣史を描きたいという動機である。もう一つは、貨幣に関する諮問に備え知識を集積しておくという動機である。前者は歴史家としての動機であり、後者は実務家としての動機といってもよい。歴史家としては、これだけの著作をまとめ上げれば、公開を望むのは不思議ではない。しかし、実務家としては、躊躇を感じる面があったのではないか。先に述べたように改鋳のことは、寛政期から公辺で話題になっていたが、『三貨図彙』の本編や物価之部が完成し、「主意書」が書かれた文化一二年の三年後には実際に文政改鋳が始まる。このため、「主意書」の時点では、本書の内容は、かなり生々しいものとなっていたはずである。本書には、改鋳が日程に上がっていたこの時点では、僭越な政策提言あるいは過去の貨幣政策に対する批判ととられ、幕府の忌避に触れる可能性のある内容が含まれている。直方は、公開を念頭に書き進めてきた著作であるにもかかわらず、このことを恐れ、「秘すべし〳〵」と記したのではないだろうか。

以上は、蛇足ともいうべき想像である。この想像の当否はさておき、『三貨図彙』本編は、資料を博捜し、明確な視点と歴史観をもって描かれた、日本で最初の本格的な経済史の著作であることは間違いない。

注

(1) 本章では、瀧本誠一校編『日本経済叢書』二七巻・二八巻(日本経済叢書刊行会、一九一六年)所収の草間直方『三貨図彙』を使用。

(2) 藤井定義「江戸時代における貨幣品位論――山片蟠桃と草間直方」(『大阪府立大学経済研究』二二巻二号、一九七七年)、宮本又次「博学の商人学者――草間直方」(『日本及日本人』一五四六号、一九七八年)、作道洋太郎「懐徳堂の経済思想――草間直方『三貨図彙』について」(『大阪の歴史』四号、一九八一年)など。

(3) 例えば、新保博『寛政のビジネス・エリート――大阪商人・草間直方にみる江戸時代人の経営感覚』(PHP研究所、一九八五年)。

(4) 例えば、作道洋太郎『近世封建社会の貨幣金融構造』(塙書房、一九七一年)、岩橋勝『近世日本物価史の研究』(大原新生社、一九八一年)、中川すがね『大坂両替商の金融と社会』(清文堂、二〇〇三年)。

(5) 『三貨図彙』(前掲『日本経済叢書』二七巻)一一一〇頁。

(6) 草間直方『籠耳集』文政五(一八二二)年(『浪速叢書　第一一巻　稿本随筆集』名著出版、一九七八年所収)。

(7) 懐徳堂に関する多くの著作で、草間直方は懐徳堂で学んだとされているが、管見の限りでは、そのことを直接に示す資料は見いだせない。しかし、例えば、宮本又次『大阪経済文化史談義』(文献出版、一九八〇年、一五六頁)では、「懐徳堂内事記」に一七六〇年代から借家問題について懐徳堂と直方の間に交渉があったことや、直方が没した二年後に行われて懐徳堂修復のための義金では草間伊助(直方の後継者)も名を連ねていることが紹介されており、草間家と懐徳堂の関係が深かったことがうかがえる。

(8) 「加藤かけのり」の署名で「三貨図彙跋」が掲載されている。この「加藤かけのり」は加藤景範(享保五-寛政八年、一七二〇-一七九六)であろう。『国学者伝記集成』第一巻などによれば、景範は大坂の薬種商小川屋喜太郎。懐徳堂に学ぶとともに、和学は富永芳春に就き、著作は和学関係が多い。

(9) 『三貨図彙』(前掲『日本経済叢書』二七巻)の解題で瀧本は、「蟠桃は儒学に志して、多少漢学臭味を帯び、直方は和学を嗜んで、国学者流の趣きあり」(七頁)と書いているが、この批評は当を得ている。

(10) 前掲新保、一九八五年、一〇二頁。

(11) 例えば山片蟠桃は『夢の代』で、「北畠准后親房公・一条禅閤兼家公ヲハジメ、度会延佳・山崎垂加・白井宗因・多田義俊・加茂真淵、当時ニヲヒテ本居宣長ソノ余ノ人々、妄説牽強到ラザル処ナシ」と国学の学統を厳しく批判している(水田紀久・有坂隆道校編『日本思想大系43　富永仲基　山片蟠桃』岩波書店、一九七三年、二七一頁)。

(12) 草間直方と塙保己一の関係については、斎藤幸一「『群書類従』版木の献納について――塙忠韶と鴻池（草間）伊助との往復書簡から」（『温古叢書』五八号、二〇〇四年）。また、直方は、『三貨図彙』に際して、上古における銀の使用状況を調べるために塙保己一に仲介を依頼し、尾張真福寺所蔵の『扶桑略記』の古巻を写す機会を得ている（前掲『日本経済叢書』二七巻、五一四頁）。

(13) 『むだごと草』については小室正紀「大坂両替商草間直方における「融通」」（川口浩編『日本の経済思想』日本経済評論社、二〇〇四年、所収）。

(14) 代表的な近代数寄者の一人である高橋箒庵は、『大正名器鑑』を編纂するに当たり草間家所蔵の『茶器名物図彙』を参考としている。

(15) 直方が文化一二（一八一五）年正月付けで子孫に宛てて『三貨図彙』執筆の主意を記した書き付け（以下、主意書と呼ぶ）によれば、本書につき幸栄（戒名清厳宗逸居士）に話したところ、「殊の外御満悦」で「右図彙之御序文御直筆にて御認被 遊候て被 下置 候」とある。この記事と序文の内容から嘯月が幸栄と推定できる。

(16) 凡例に「此書ハ寛政五六年ノ頃、筆ヲトリ初シニ」とある（前掲『日本経済叢書』二七巻、四頁）。

(17) 凡例の日付が文化一二（一八一五）年の「季冬」すなわち一二月。主意書の日付が文化一二年正月である。また凡例には「物価ノコトハ天正年ヨリ文化年ニ至リ、凡二百五十年ノ間ヲ記ス」と明記されており、文化一二年までの物価動向が述べられている物価之部の内容と合っている。また、主意書では「三貨図彙　四十巻」と書かれている。これに対して、現状も本編二〇巻、物価之部一〇巻、付録之部九巻あわせて三九巻に序・跋・凡例・目録の一巻を合わせて四〇巻であり、文化一二年時点で本編・物価之部・付録之部が現状に近い形で出来上がっていたと考えられる。

(18) 「主意書」（前掲『日本経済叢書』二七巻、解題）一一頁。

(19) 『三貨図彙』（同『日本経済叢書』二七巻）一三頁。

(20) 同、三－四頁。

(21) 前掲「主意書」一一－一二頁。

(22) 同、一三頁。

(23) 前掲『三貨図彙』一頁。

(24) 同、四－五頁。

(25) 同、二頁。

(26) 同、一頁。『国書人名辞典』によれば「中谷」は享保頃の大坂の古銭研究家中谷顧山、「宇野」は宇野宗明で、十八世紀中頃の大坂商家出身の古銭蒐集家、「芳川」は宇野宗明の門人で大坂の古銭鑑定家芳川維堅。「銭彙」は、芳川維堅著の『和漢銭彙』（天明元年　一七八一）。

(27) 前掲『三貨図彙』一－二頁。

(28) 同、「序」一三頁。

(29) 同、「凡例」一頁。

(30) 同、四頁。

(31) 同、二頁。

(32) 前掲「主意書」一二頁。

(33) 前掲『三貨図彙』五頁。

(34) 同。

(35) 例えば、同、三一頁では「和朝十二銭」、七三頁では「本朝ノ十二銭」。

(36) 同、三三頁。

(37) 同。

(38) 同、五一頁。

(39) 同、五二頁。

(40) 同、四三－四四頁。

(41) 同、七一－七二頁。

(42) 同、七二頁。

(43) 同。

(44) 同、五三頁。

(45) 同、五三、七二頁。

(46) 同、七三頁。

(47) 同。

(48) 同、五三頁。

(49) 同。

(50) 『三貨図彙』では、建武期（一三三四－一三三六）における乾坤通宝についての『建武年間記』の言及を紹介しているが、存在については確認できないとしている（同、七五頁）。また豊臣秀吉が発行させた天正通宝と文禄通宝については、現物は確認しているものの、正史の上で確認できないため「追テ考フベシ」としている（同、九二頁）。
(51) 同、八三頁。
(52) 同、八〇・九五頁。
(53) 同、八〇頁。
(54) 同、九三頁。
(55) 同、九四頁。
(56) 同、八四－八五頁。
(57) 同、八一頁。
(58) 同、九五頁。瀧本校訂本では「天文九戌の年」となっているが、「天文十九戌の年」の誤りであろう。
(59) 同、九九－一〇一頁。
(60) 同、一〇〇頁。
(61) 同、一〇一頁。
(62) 同。
(63) 同、一〇二頁。
(64) 同、一〇三頁。
(65) 同、一〇九頁。
(66) 直方は『常陸誌料』の編者を中山信名としているが（同、一三一頁）、同書の編者は宮本元球。『常陸志料』など中山信名によるものもあるのでそのことか。
(67) 貫高制の考察のために、土佐幡多郡不破村八幡宮の一条家文書（同、八七頁）や農家の年貢帳を使っている（同、八八頁）。
(68) 同、八四頁。
(69) 同、八八－八九頁。
(70) 天正・慶長期（一五七三－一六一五）には諸侯の中には小判を鋳造した者がいたが、それらの小判は流通のためではなく、「臨時・非常ノ備ヘ」として蓄蔵されたもので、その臨時・非常の際に「遣ヒ方便利ノ為メ」小判にしていただけだと直方は考証している（同、四〇一頁）。

(71) 同、一八一頁。

(72) 同、二一八頁。

(73) この小判（武蔵判）の発行年について、直方は、『柳営秘鑑』では天正一〇（一五八二）年であり、また『遺老物語』では文禄四（一五九五）年となっており、『武徳編年集』の天正一九年との間に時差があるが、いずれにしてもその頃と大まかに捉えている（同、二二八頁）。

(74) この「金銭」は、秤量の点から、一つの可能性は、豊臣秀吉が鋳造したと伝えられる金貨。これは永楽通宝の形をした金の銭であったという。あるいは、古代に発行された金の銭である開基勝宝の可能性もある。直方は、『武徳編年集』は、前者を念頭に置いているものと推測しつつも、永楽の金銭は武蔵小判と同時代のものなので「昔ヨリ在シ金銭」という文言と矛盾するとし、不明のままとしている。なお、永楽金銭については偽古銭の可能性も示唆している（同、二二六頁）。また開基勝宝はほとんど流通しなかったといわれている。

(75) 同、二一八頁。

(76) 同、一九八頁。

(77) 同、一九〇頁。

(78) 同、三三七頁。

(79) 同、二一七頁。

(80) 同、二三〇頁では、太閤の天正小判について、「多門院日記、大徳妙心寺等ノ銀銭納下帳、其余京地ノ古文書等」に、この小判のことが出てこないと、具体的な資料名を示している。

(81) 同、二二三頁。

(82) 同、二三〇頁。

(83) 偽造の古貨幣について、直方は、元禄頃に「古銭ヲ愛スルコト専ラ流行シ」、この時に偽銭が多く造られ、又正徳になると銀座の者が、いろいろと珍しい古貨幣の金銀判を造り、人を欺いたという説をとっている（同、三二〇－三二一頁）。

(84) 同、二二六頁。

(85) 同、二三六頁。

(86) 新井白石「白石建議　四　改貨議」（瀧本誠一編『日本経済大典』第四巻、明治文献、一九六六年）一二六－一三一頁。
(87) 小室正紀『草莽の経済思想──江戸時代における市場・「道」・権利』（御茶の水書房、一九九九年）三九－四〇頁。
(88) 例えば、田谷博吉『近世銀座の研究』（吉川弘文館、一九六三年）。
(89) 例えば、大石慎三郎『元禄時代』（岩波書店、一九七〇年）一五九－一六〇頁。
(90) 前掲『三貨図彙』二三九頁。
(91) 同、二四七頁。
(92) 同、二四一頁。
(93) 同、二四三－二四四頁。
(94) 同、二五七頁では、「慶長金ハ至ツテ良金ニテ、量目モ重ク、形チモ大イナル故、市民多ク隠シテ出サズ、元禄金ノミ多分通用ス」とも述べている。
(95) 同、五三四頁。
(96) 同、二四九頁では、「（人々が）新金ヲ賤ミ用ヒズシテ、銭ト銀ニテノ売買多ク有レ之故」に銭が不足したと考えている。
(97) 同、二四七頁。
(98) 同、二五〇頁。
(99) 岩橋勝「徳川時代の貨幣数量」（『日本の経済発展』日本経済新聞社、一九七六年）。
(100) 前掲『三貨図彙』二四九頁。
(101) 同、二三九頁。
(102) 同、二七六頁。
(103) 同、二三九頁。
(104) 前掲藤井、一九七七年。
(105) 新井白石「白石建議　一　愚案第一」（前掲瀧本、一九六六年）八一頁。
(106) 新井白石「白石建議　四　改貨議」（同、瀧本、一二六頁）。
(107) 同、一二七頁。
(108) 荻生徂徠『政談』（平井直昭校注『政談』東洋文庫八一一、平凡社、二〇一一年）一三六頁。なお、直方は、『政

談』のこの前後を『三貨図彙』一六三－一六四頁で引用し、徂徠の説を批判している。
(109) 徂徠の貨幣物価論については、すでに多くの研究者により紹介されているが、前掲小室、一九九九年、四一－四二頁、同「江戸時代の貨幣政策論争――元禄・享保期を例として」(『三色旗』七五三号、二〇一〇年)でも検討されている。
(110) 前掲『三貨図彙』一六四頁。
(111) 同、二二七頁。
(112) 同、二五四頁。
(113) 同、二五七頁、五七一頁。
(114) 同、五三五頁。
(115) 同、二五七頁。
(116) 同、二五八頁。
(117) 同、二四二－二四三頁。
(118) 同、二四四頁。
(119) 同、二四五頁。
(120) 同、二四七頁。
(121) 同、二五八頁。
(122) 同、二六二頁。
(123) 直方が示している元禄八年九月の御触書では、元禄金銀を「在来金銀と同事に相心得」るよう布令している(同、二四二頁)。
(124) 直方が示している宝永七年四月の御触書では、商売の代金として慶長小判と宝永小判(乾金)の間で、銀一〇目相当の差をつけて授受することを認めている。しかし、同じ御触書で、両替屋での換金に際しては「相対たるべき事」と、相互に相場を決めることも認めている(同、二五六頁)。
(125) 同、五四三－五四四頁。
(126) 前掲「白石建議　四　改貨議」一二六－一二七頁。
(127) この正徳二年の御触書「覚」では、元禄宝永改鋳で物価が上昇したのは、「金銀の品」が悪かったため「工商の類新に造出され候金銀を賤み」というところに求め品位説のような解釈をしているが(前掲『三貨図彙』二五九頁)、その一方で、通用の金銀の数量を「俄に其半を減じ」たらば「諸物の価は其半を減じ」ると数量説に則った説明もしている（同、二六〇頁）。
(128) 前掲『三貨図彙』二六一頁。
(129) 同、二六四－二六五頁。
(130) 同、二七七頁。
(131) 前掲岩橋、一九七六年によれば、正徳四（一七一四）年から元文元（一七三六）年の間に貨幣量は、金貨換算で三一七〇万両から二一〇〇万両へ、約三四％減少している。直方も、正徳享保改鋳が進む過程では、決して流通貨幣量が十分であったとは考えていない。そのことは、後に述べるように、正徳享保金銀の発行が不十分なために、それ以前の貨幣が使用され続けたと考察していることから明らかである。
(132) 例えば金貨に関しては、正徳金発行時の正徳四（一七一四）年の御触書では、慶長金と正徳金は等価交換、慶長・正徳金と元禄・宝永金では、五〇両対一〇〇両の引替え率であった（同、二六四頁）。
(133) 同、二六九頁。
(134) 同、二六九－二七〇頁。
(135) 『三貨図彙』巻二一は、全巻が、その過程を辿っている巻といえる。
(136) 前掲『三貨図彙』二六五頁。
(137) 同、五五八頁。
(138) 同。
(139) 同、五六三－五六四頁。
(140) 同、五七一頁。
(141) 同。
(142) 同、五七〇頁。
(143) 同、二七七頁。
(144) 同、二七七－二七九頁。
(145) 同、二七八頁。
(146) 同、二七九頁。なお、この言葉がどのような文脈で出て来るかについては、後述する。また、文金銀（元文改鋳により発行された金銀貨）について、「文金銀ヨリ外ニ有難キモノナシ、不レ可レ惑」（同、三二三頁）とも述べている。これは、弄銭家が流通しなかったような珍幣を玩賞することを批判し、それに対して貨幣としての機能が優れている文金銀こそが最も貴重な貨幣であることを指摘している箇所で述べられている文言だが、ここにも元文改鋳に対する高い評価の一端が顕れている。

(147) 直方は、元文改鋳は適正米価をもたらす水準に金銀の品位を調節したものとして評価しているが、その改鋳方針が、この答申で述べられていた主張と一致していると見て、「コレ（元文改鋳）前ニ云、両替ノ者ヨリ訴出シ米金、倶ニ位相応スルニヨル歟」（同、二七九頁）と述べ、両替商からの答申が元文改鋳に影響を与えた可能性に言及している。

(148) 同、二七八－二七九頁。

(149) 同、二七九頁。なお、瀧本誠一校訂の『三貨図彙』では、読点の位置が「元禄以来正徳迄ノ金銀位ノ宜シキ、全ク其中庸ヲ得タリ」とあるが、文意が通じないので、位置を変えた。

(150) 元文金銀の発行に際しての御触書では、その発行目的を「世上金銀不足に付、通用不自由之由相聞候に付き、今度金銀新吹被ニ仰付一候」と述べている。この条文は、貨幣数量の不足を解消することが目的であることを明らかにしており、これを米価問題と結びつけて考えるならば、当局は米価調節を貨幣数量説で考えていたことになる。この御触書は直方も引用しており（同、五七五－五七六頁）、当局がどのように改鋳目的を説明していたかは当然知っていたが、直方は、元文改鋳を貨幣数量説で評価することは全く行っていない。

(151) 同、二八〇頁。

(152) 同。

(153) 同、二八一頁。

(154) ただし、元文改鋳当初は、金貨と銀貨の間で金安銀高を招き、「吹替ノ時節民服セズ彼是喧シ」という状況を来したことを指摘している（同、二八三頁）。

(155) 同、五七二－五八三頁。

(156) ただし、乾金と元文金の使用は、乾金二両に元文金一両と布令され、直方は、そのことが述べられている御触書などの資料を示している（同、五七六頁、五八一頁）。

(157) 同、五七六頁。

(158) 同、五八二－五八三頁。

(159) 同、二八三頁。

(160) この間に貨幣制度に影響を与えたものとしては、安永元（一七七二）年から発行された南鐐二朱銀の発行がある。この貨幣の発行とその影響についても直方は取り上げているが（同、二八三－二八六頁）、直方は元文貨幣体制の根本を変えるものとは考えていないので、本章では検討を加えないこととする。
(161) 同、五七〇頁。
(162) 同、五五五頁。
(163) 同、一五〇頁。
(164) 同、一五一頁。
(165) 同、二八〇頁。
(166) 同、五七〇頁。
(167) 松平定信の来坂と『草茅危言』執筆の関係については、中井竹山『草茅危言』序（瀧本誠一編『日本経済大典』二三巻、啓明社、一九二九年）三一五頁。
(168) 同、四四五－四四六頁。南鐐二朱銀は二朱という金貨単位を持った銀貨で、八枚で金一両となる。したがって南鐐二朱銀の銀含有量（品位）が、金銀為替相場を決めるようになっており、二朱銀の銀含有量を増やせば金高となる。
(169) 前掲作道、一九七一年、二一七頁。
(170) 前掲『三貨図彙』二八〇頁。
(171) 同、五五五頁。
(172) 同、二八六頁。
(173) 同、三二三頁。
(174) 同。

第5章　海保青陵の富国策——経世済民から経営へ

青柳淳子

はじめに

かつて瀧本誠一は自らが編纂した『日本経済叢書』の「解題」において、海保青陵の利息に対する考え方を、ベーム＝バヴェルクらの資本金理論の根本思想に先鞭を付けるものとし、「歐米の經濟學説と全然吻合するもの」として高く評価した(1)。『日本経済叢書』は、全三六巻から成る、おもに江戸時代の経済書を集成したものである。そのうち巻一八は海保青陵の著作集となっており、善中談、天王談、萬屋談、養心談、前識談、諭民談、稽古談、升小談、洪範談、海保儀平書が収められている。その後巻二六に燮理談、談五行が追加収録された(2)。『日本経済叢書』が編纂されたことは、江戸時代の経済論が注目されるきっかけの一つになり、同時に海保青陵の経済論が広く世に知られることにも繋がった(3)。この瀧本の業績を称えつつ、瀧本の青陵評に批判的見解を加えたのは野村兼太郎である。野村は海保青陵を「徳川時代を通じて異色ある経済論者であること」を認めつつも、青陵の著作は「頗る敍述が亂雜」で「全然纏まつてゐないものも少なくない(4)」とし、「瀧本博士その外多くの人々が激賞するほど、強い賛辭を呈しない」と述べている。野村は海保青陵の「近世的合理主義」に注目するが、青陵の経済論は江戸時代のほかの経済論者と同様に「武士中心論であり、多分に封建的統治を理想とする傾向が窺われる」としている。[5]

こうした瀧本、野村の論を前提とし、海保青陵の経済論に関する先行研究はその後数多く提出されている。[6] たとえば逆井孝仁は、藩同士の対外貿易による海保青陵の富国策は領主財政の見地から捉える支配者的経世論であるとし、[7] 松浦玲は利潤・余剰の発生を生産過程ではなく流通過程に求めた海保青陵の利潤追求策を藩内で展開される貿易差額主義に基づく国内論者であると捉えている。[8] 海保青陵の経済論に関する先行研究は、総じて「理」をもって論じる青陵の具体的経済策を評価する一方で、最終的に身分制と結びついた封建的経済策、つまり為政者に有利な政策でしかなく、青陵が提唱する藩専売制「産物マワシ」も商業流通に利益を求めた藩と藩との日本内部の経済競争にすぎないのだという結論に終始するものが多い。しかし、海保青陵が「民富」にも注目していたこと、藩内の生産力増強策にも重点を置いていたことを見過ごして、青陵が提唱した「産物マワシ」を日本国内に限定された流通政策と理解し、海外交易を想定できなかったことが海保青陵の限界であると結論付けて終わらせることはやや単純に過ぎるだろう。

江戸時代における石高制を通して、米は最大の生産物であり、最大の消費物であり、また社会の基準となる重要な物資であった。そして農民が生産する米は、米納年貢（一部金納も見られたが）によって公儀や藩の主要財源となっていた。さらに、収納された年貢米は換金され、必要物資購入の資金となる。したがって、米の価格を把握することは公儀や藩の主要な政策課題であり続けた。海保青陵が過ごした一八世紀後半においても、大坂米市場の相場動向は公儀にとって、また各藩にとっても財政を左右する重要な鍵となっていた。[9] 海保青陵は文通で親交のあった両替商升屋の別家を継いだ山片蟠桃の藩経済立て直し策に注目し、[10] そのほか青陵の門人であった亀山藩の御用達商人らから大坂の金融情報を入手していた。[11] そして自ら直接得た金融情報をもとにして、海保青陵は加賀藩や長州藩、川越藩に向けて経済策のアドバイスを行っていたのである。[12] 大坂の金融に多大な関心を示し、藩内の生産力増強にも目を向け、積極的な「興利」論を打ち出した海保青陵を、単に商業流通論者であると結論付けることは正しい評価と言えるだろうか。これまで藩を単位とする「商業流通論者」と理解されてきた海保青陵の経済思想を再考し、一八世紀後半の経済社会、いわゆる「転換期」に海保青陵が打ち出した富国策の新たな意義を見出すことを本章の目的としたい。

1　海保青陵が捉えていた経済社会と「治国」の目的

海保青陵は経済社会の現状を以下のように認識していた。三代将軍徳川家光の頃から武士の生活が贅沢になり、それは次第に「風俗ス、ミテ上ル」ようになった。年々進む奢侈の傾向は、六代将軍徳川家宣の頃までは将軍家における家政の奢侈が問題であり、それゆえ八代将軍吉宗による財政の立て直しはある程度成功したのだという。それが一〇代将軍家治の時代になると「上御一人ノ御奢侈」だけではなく、「天下一統ノ奢侈」になり、特に農・工・商の贅沢が進んでいると青陵は分析した(13)。青陵は、「奢侈トハ出金ノ多キコト(14)」と述べているが、農・工・商の「出金」が増加するのは「入金」増加を伴っているので「ツヂツマモ合フ」話であるとする。一方、武士層の「出金」増加は、「入金」増加を伴わないので「ツヂツマ合ハヌ」ものになる。「奢侈ハ日々ニ甚シフナル様子(15)」で、「大坂ノ富、日々月々ニ倍スル(16)」ような、貨幣経済が拡大する世なのである。貨幣経済の拡大に伴って武士たちの「出金」増加が必然ならば、それに対応して「入金」を増やす努力をしなければならない。しかし実際は、「入金」は変わらないまま「出金」だけが増え、大名貸を営む町人から金を借りなければ財政が成り立たないというのが諸藩の現状であった。

諸侯方ノ御身上ハ、一躰地面ヲ御拝領ナサレテ、譬ヘドノヨフナル事アリテモ、此地面ノカワル事ナキモノナレバ、フリテモテリテモ年々ニ入アリテ、相カワラズ納ムル事ユヘニ、貧ニテ御家ノ滅ズル事ハナキ事ナリ。……然レドモ今年モ借リ入レテハ間ヲ合セ、来年モ借リ入レテハ間ヲ合セスレバ、後々ニハ利息ニオワレテ、御収納ダンダン少ナフナル理也。[17]（海保青陵『本富談』文化九－一〇（一八一二－一三）年）[18]

諸大名は将軍から土地を拝領し、そこから得る年貢は年々変わらず入ってくる。しかし、歳入以上に歳出が増え続ければ借財に頼らざるを得ない。「諸侯方ノ御身」とあるように、こうした状況はどの藩にもあてはまる状況であると青陵は見ていた。藩は金を返済できないので、「間ヲ合セ」るために「今年」も「来年」も借り入れ、利息は雪だるま式に増えていく。たとえば、仙台藩の蔵元になったのは著名な両替商の一つ、升屋であった。その財政再建に手腕を振るったのが升屋の別家を継いだ升屋小右衛門、すなわち前出の山片蟠桃であることはよく知られている。文化二（一八〇五）年頃の升屋は仙台藩のほかにも多くの藩に貸し付けを行っていた。尾張、水戸の御三家をはじめ、北は弘前、秋田、白河、関東では川越、館林、北陸では長岡、越前、金沢、松江、東海では小田原、浜松、近畿では宮津、尼崎、九州では大村、久留米など、ここで列挙した藩以外にも融資先は多数あり、その範囲は日本全国におよんでいる。寛政四（一七九二）年から文化二（一八〇五）年の十数年の間に、升屋の従業員数は約四倍に増えたというので、この頃の升屋は非常に繁盛していたのだろう。[19]升屋の事例を見ても、多くの藩が両替商からの資金調達に大きく依存しながら藩財政をやりくりしていたことが窺える。こうした現状について、青陵は気象現象に例えて以下のように記している。

水ハ気ニツラレテダンダン上ヘノボル。マヅ山ノ頂上マデ上リテ、夫カラ雲ニナリテ又上ル也。気ノツレテ行くマデハ上ノ方ヘ上リテ、気上リ極マレバ、水ハ形故ニ雨雪トナリテ下ヘサガル也。下ヘサガル事極マレバ又気ツレテ上ル。グルリグルリト上下スルガ、気候ノ順ナル天気也。……今一統ニ困窮スルトイフハ、此クルリクルリマハルベキモノガ廻ラヌ故ナリ。誰ガグルリグルリ廻ハスト云ニ気也。気ハ天ニアルモノナレバ、君上也。廻ハルベキモノ、廻ラヌハ米穀也。金銀也。諸シロモノ也。[20]（海保青陵『植蒲談』文化一〇－一一〔一八一三－一四〕年頃）[21]

地中の水が温まると水蒸気になって天に上り、それが雲になって雨が降る、という気象循環のように、本来は米穀、金銀、諸シロモノも「クルリクルリマハルベキ」ものである。しかし今は、両替商を営むような裕福な町人の懐に貨幣が滞ってしまっている。「下ガ奢侈ニナリタルトコロヲ見レバ、下ニ金銀サガリテ巻キ上ゲガキカヌ」[22]状態なのである。この富裕な町人に滞っている「金銀」は循環させなければならないが、それを行うのが「君上」の役割であると青陵は述べている。また『管子』の名言を引き、「国人ノ行儀ヲ正シフセントナラバ、先ヅ富マスニシクハナシ。「衣食足テ栄辱ヲ知ル」ト云ヘリ。悪人ノデキヌヨウニ、罪人ノナキヨフニセントナラバ、先ヅ富マスニシクハナシ。富ムガトント始リ也。[23]」と記している。「政ノ出所ハ此国益トイフ字ガ淵源[24]」であり、海保青陵は、国の治平を保つためにはまず国＝藩の富を増やすこと、藩の経済的な豊かさが重要であると考えていた。

ここで、海保青陵における「経済」の意味を確認しておきたい。「凡天下国家ヲ治ルヲ経済ト云。世ヲ経メ民ヲ済フト云義也。[25]」と太宰春台が説明したように、江戸時代の「経済」という語は、経世済民という政治の大要として捉えられることが通常であろう。しかし青陵の言う「経済」は政治の大要としての「経世済民」ではなかった。

鶴[26]モアチコチノ経済ヲ承ル儒業ノ事ナレバ、……鶴ハ経済事スキユヘニ、下坂シテモイロイロト心クバリテ気ヲ付ケテ見ル事也。油彦ノ番頭ト升平ノ番頭トハ、大坂一バンノ番頭也トテ、経済家ノ名ノアル男共也。大坂ノ経済家ノイフハ金銀ノ事ニクワシキノミニテ、礼楽刑政ニ及ビタルニハアラズ。儒者ノイフ経済トハ別也。[27]（海保青陵『本富談』文化一〇（一八一三）年）

青陵は自分を「アチコチノ経済ヲ承ル儒業」、「経済事スキ」と自覚し、それゆえ大坂に赴いた折には「心クバリテ気ヲ付ケテ」実態を観察していたという。また両替商の番頭「油彦」と「升平」は「経済家ノ名ノアル男」と捉えている。この引用から、青陵が言う「経済」は「儒者ノイフ経済トハ別」、つまり政治論としての「経世済民」ではなく、「金銀ノ事」＝「お金」に関わることであり、現在我々が使用する経済と近い意味で理解していることがわかる。大坂の経済家たちは「金銀ノ事ニクワシキノミ」で「礼楽刑政」といった政治制度全般に通じているのではない。ゆえに国を富ませて経済を循環させるのは為政者の役割ということになる。つまり青陵は藩に向けて、「経世済民」ではなく、大坂の経済家たちのように「金銀ノ事」に注目し、いわば経営者のように「お金」のことに目を向けなければならないのだというメッセージを発信しているのである。

貨幣経済が拡大する中、「出金」だけが増え、借財なくして財政が成り立たない藩の状況は打破しなければならない。米仲買や大名貸を営み、今や金融取引の中心的な役割を担う升屋などの大両替商のように、藩も積極的に「金銀ノ事」に関する知識を蓄え、藩の経済問題を解決しなければならないのである。まずは「国ヲ富マス」ということこそ為政者が第一に着手しなければならない「治国」の急務であり、そのためには経営者としての目が必要ということになる。

2　資金調達方法と「元手」の重要性

諸藩における参勤交代の費用や交際費の出費は大きく、また太平の世であっても最低限の軍備は整えなければならない。「大倹約」をしたくても不可能な状況であり、「身上ムズカシクナル」のは必然である[28]。「ドノ国」も悠長にしていることができないほど経済状態は良くない。すでに経済を立て直すべき時期は過ぎているが、一日でも早く経済策を講じることができれば「大貧」を免れる[29]。かつて宮津藩の勝手方家老を命じられた青陵の父、角田青渓が財政再建のためにまず行ったことは、古借の整理であった[30]。父の影響は青陵の経済策にも少なからず影響があるだろう。青陵も藩財政を好転させるためには、まず古い借財を整理しなければならないと考えていた。青陵は、利息の安い金を借りて古い借金を返済し、民を鼓舞してより多くのものを産出させ、国の富を増やすべきである、というように藩に対する富国への段取りを説明する[31]。借財整理のためには少しでも安い金利で金を調達できた方がよいであろうし、借り手が不利にならないような両替商への対応も必要になる。海保青陵が大坂に居住していた頃、彼の門人の中には両替商を営んでいる者もいた[32]。青陵は彼らからの情報を参考にしたいくつかの金策を紹介している。借財整理のためにより低い金利で金を借りる方法として青陵が提示したのは、「預ケ金」を保証にして低金利で借りる策、「実意借リ」、大津での資金調達などの策である。以下順に確認したい。

三朱の利息で預けて五朱の金利で借りる、あるいは五朱の利息で預けて六朱の金利で借りるという具合に、「預ケ金」に応じて借入金の金利が下がるという方法を示している[33]。「白河侯ナドハ、升平へ御預ケ金モアリ、御借用金モアリケル也。」とあり、青陵によれば松平定信の白河藩も「預ケ金」によって借入時の金利を下げる方法で金策を行っていたことが窺える[34]。山片蟠桃の記述が多い『升小談』（文化八〔一八一一〕年成立）の中で、青陵は升屋の貸出利息は「大テイ九朱」であり、「九朱トイヘバ一割ニ甚近キ金ナリ」と記している[35]。たとえば、一万両の「預ケ金」があれば二万両までは相場よりも低金利で金を借りることができるというのである。また青陵は『稽古談』の中で、今は昔と違って大坂の金利が非常に高騰し、新規借り入れの場合は一割二－三朱の金利がかかり、大藩が「大金ヲ借ル」場合、「年限十年カ十二年」で「利モ七、八朱也」と記している。しかも七－八朱というのは「数代借リツケタル家デナケレバ出サヌ」金利であったという。[36] また『升小談』の中で「大坂モ金利高フナリテ……[37]」とあり、大坂での資金調達は非常に割高であると青陵が認識していたことがわかる。この升屋の金利に関わる青陵の記述に対して有坂隆道は、「升屋の貸出利息は八朱が原則である」とする。[38]

宝永四（一七〇七）年から万延元（一八六〇）年までの鴻池の大名貸利子率の動向を確認すると、田沼期に大きく低下していることがわかる。[39] 寛保元（一七四一）年から宝暦一〇（一七六〇）年までの平均年利が一三・〇四％であったのに対して、次の二〇年間の平均年利は一一・三％、さらに次の二〇年間の平均年利は九・二八％となっており、文化年間の金利は九％くらいであったと考えられる。そして一八世紀後期に大幅に低下した金利水準は、そのまま持続され、幕末期二〇年間の平均年利は八・六八％とやや下がっている。[40] 鴻池のデータを見れば有坂の指摘する升屋の貸出金利が原則「八朱」であったことよりも青陵の言う「大テイ九朱」の利息の方が当時の実態に近い。海保青陵が捉えていた大坂の金利の割高感は、以下に述べる大坂での金策に関わる慣習と無関係ではないだろう。

藩が大坂で資金調達をする際には両替商たちを茶屋などで豪勢に接待する風習があった。藩が大坂で金を借りる場合、御頼談といって立入町人（蔵元・掛屋など）を間に立てて段取りをすることが常であった。藩側は国元から家老を呼び寄せるなどして、まず藩主の代理人が名代を含む立入町人一同を手厚く接待する。次に、立入町人たちのみの会合によって、貸金を割り当てる相談をする。名代は会合の内容をそれぞれの家（両替商）に持ち帰り「老分」に報告する。そして資金調達の算段が整うと藩の留守居に通知され、ようやく江戸への送金手続きに取り掛かる。このような具合に大坂で資金調達をするには非常に煩雑な手続きが必要であった(41)。海保青陵はそうした方法を批判し、大坂でも一部で行われていた「実意借リ」という資金調達方法を推奨している(42)。また御頼談の際、古借が滞っているようなケースでは、藩側が策略を練って町人側と駆け引きをし、話がこじれてスムーズに資金調達がなされない場合も多かったという。藩側の浅はかな「謀行」は「先祖代々ノ金カシ」に通用しないので、「茶屋振舞モ、船遊参《ママ》モ出会モ何モナシニ」初めから「実意」を明らかにして調達せよと青陵は提言する。また、大名から両替商へ「諸付届、諸合力」が渡っていたことについても言及している。「銀主」たちは顧客である大名家から季節ごとの付届けのほかに扶持米も与えられていた。鴻池当主の、顧客先の各大名家からの扶持米は、合計すると一万石にも及んでいたという(43)。こうした御頼談のしきたりを青陵は甚だ不経済であると考えていたのだろう。「実意借リハ借リ方モ借シ方モ勝手ヨロシキ事也(44)」と言っている。無駄な経費がかさむので、「大坂ヨリ借リ入ル、ハ、暫時ノ急ヲ救フ術(45)」にせよ、というのである。

もう一つ青陵が提案するのは大津での資金調達である。青陵の門人であった越中商人、武田尚勝（竹村屋茂兵衛）は藩から新田開発の請負を打診されており、海保青陵が武田尚勝に向けて書いた『新墾談』ではその新田開発にかかる資金調達法が述べられている。竹村屋は武田家の屋号であり、代々越中砺波郡で産出する八講布の商いを行っている家で、加賀藩の御銀裁許も命じられていた富商である。尚勝は商売のため、国元と京・大坂を頻繁に往復していたようである。青陵は文化元（一八〇四）年から文化三（一八〇六）年の九月にかけて、越後、金沢、越中を遊歴し加賀藩士や有力町人たちと交遊した。そのため青陵の著作には加賀藩に関する記述が多く見受けられる(46)。

前出の『升小談』と同じ年に書かれた『新墾談』の中で、新田開発のための資金繰りについて、大坂の金利は高いので「一向ニ引合ハヌ」、「大坂ノ金ヲカリルヨリハ、大津ノ金ヲカルルガ、ズツト安フ上ルコト也。大津ニハ御蔵モアレバ、ズイブン大津ニテ調達スベシ」[47]と述べている。大津は琵琶湖を利用した水運によって坂本とともに古くから栄えた土地で、近世以降、大津は京都や大坂への交通の利便性から米や諸物資が荷揚げされる場として繁栄し、米問屋も多く、米会所において米の取引も行われていた[48]。しかし大坂に比べるとその規模は小さく、そこに青陵が注目した利点があった。「近年ハ大キニ開キテ、大坂ノ小チイサイヨフナル所」であると青陵は述べている[49]。そして大津は「大坂トチガヒテハデナル事」がなく、資金調達の方法も「皆実意ガリ」であるという[50]。つまり大津での資金調達は大坂のように両替商への接待などの煩わしい慣習がなく、「大坂ヨリモ便利」なのである[51]。大津で借り入れる場合の具体的な金利を青陵は示していないが、大津は青陵が懇意にしている人が多数いた土地であり[52]、青陵も大津の金融情報にはある程度通じていたものと推測できる。

また低金利で資金を借り入れることのほかに、資金運用を通じて元金を増やし、それを古借の返済に充てる方法についても紹介している。経済的に「貧ナル屋敷」にとっては来年や再来年に収穫する米を保証にした米切手によって代金を先に受け取る「空米先納」、すなわち先物取引が有用であるという[53]。青陵によればこうした資金運用の方法は升屋が用いている手法であるという。

大坂ハワヅカ十万戸ナレ共、貯ヘ米イクラモ有也。貯ヘ米多フ有テ、ナゼ米直段下ラヌト云ニ、ムダ米ナキ故ナリ。ナゼムダ米ナキトイフニ切手アル故也。アソコノ蔵ニモ一パイ米有。コヽノ蔵ニモ米一パイアレドモ、皆主アル米ニテムダ米ニアラズ。主ハドコニアルトイヘバ、切手ヲ持テ居ル也。大坂中ノ米切手百万石アレバ、是百万石アリテモ皆主ノアル米ト云モノ也。……切手アレバ米ハヒモヲツケテヲク様ナ物也。故ニ蔵ゴトニ米アリテモ、浪人米ト云米一粒モナキ也。浪人米ナフテ皆主アル米故ニ、米ノ直段ノ下ルト云事ナキ事也。……升小ガ云通り、米ハナンボ有テモ、浪人米デサヘナケレバ、直段サガルト云事ニハナラヌ也。[54]

（海保青陵『養蘆談』文化一一〔一八一四〕年）

大坂は諸藩の年貢米の集散地であり、中之島には多数の米蔵が設置され、堂島の米会所では米切手の取引が盛んに行われていた。大坂の米蔵には国元から運ばれた米が大量に貯蔵されているにもかかわらず米の値段が下がらないのはすべて「主アル米」だからだと青陵は説明する。米切手を入手するのは現物の米との交換が目的ではない。米価の安いときに買い、高いときに売ってその利ざやを手に入れることが目的である。つまり米切手の購入目的は投機なので購入者はすぐには兌換しない。したがって、発行された米切手分の正米は蔵にある、「ヒモヲツケテヲク様ナ」、「主アル米」なので、山片蟠桃が言うように米価は下落しないのだというのである。また青陵によれば、山片蟠桃が仙台藩の財政再建に用いた方法は、正貨は大坂で運用して増やし、藩内では藩札を通用させるというものであったという(55)。それゆえ、諸藩においても山片蟠桃の用いた方策を採用すれば藩財政を好転させることはたやすいというのである。しかし実際に米切手売買をするためには、米切手の需給バランスを見極めるプロの目が必要であり、売買のタイミングは難しい。実需が伴わなければ「主アル米」の価格もいずれは下がる。藩の蔵屋敷で焦げ付き騒ぎでも起これば切手はただの紙切れにもなりかねない。正米取引であれ、帳合米取引であれ、リスクは付き物であって青陵が言うように簡単に利ざやを得られるわけではない(56)。また藩札の発行によって必ずしも財政が改善されるという保証もない。青陵が訪れた加賀藩では宝暦年間に藩札の発行失敗という苦い経験をし、それ以降財政悪化が深刻化した(57)。青陵の提案は楽観的であると言わざるを得ないが、「唯金ヲオクハ、金ヲ喰ヅブシノ金ニスルト云モノナリ(58)」というように、青陵が大坂の金融機能を活用して積極的に資産運用をするべきであると考えていたことは注目に値する。「元手」を増やさなければならない理由は以下の引用から明らかになる。

イカヾスレバ金ガフヘルト問ハヾ、元手ガアレバフエルト答フルニチガヒナキ事ナリ。今百両元手ヲ入レバ、十両ハモフカル也。千両ハ千百両ニナル。一万両ハ一万千両ニナル事ハ、一向ニ骨ヲラズニナル事ナリ。代モノ、ヤスキジブンニ、ウントカヒコンデオキテ高フナリテウル。ナンノゾウサモナキ事ナレ共、其カヒコム金ガナキユヘニ、少シヅヽノ利ヲトリテオル事也。如シ沢山金アラバ、沢山ニモフケル事眼前ナリトイフベシ。又、物ヲウル人ハ、金ガアレバ相場ノヤスイ時ニハウラネ共、元手ガ乏ヒユヘニ相場ノヤスイ時ニモ、ステウリヲスルナリ。是皆金ノフエルトヘルトハ、元手ノ厚薄ニヨル事ナリ。(59)（海保青陵『枢密談』文化九〔一八一二〕年）

商品を安いときに大量に買って、値が上がったときに売れば多くの利益を得ることができる。しかし安値のときに商品を仕入れるための元手がなければ大量に買い込むことはできない。潤沢な資金があれば値が下がった時点で急いで商品を売る必要はないが、余裕がなければ相場の安いときに損を覚悟で「ステウリ」しなければならない。つまり、「元手ガアレバ」、「金ガフヘル」、金が増えるか減るかは「元手ノ厚薄ニヨル」のである。富を増やすためには元手を増やさなければならないのであり、元手を増やすためには積極的な資産運用が必要ということになる。

金銀ノ事ニカケテハ、大坂ノ銀主ホドクワシキモノナシ。ソノ大坂ノ銀主ヲ疑ヒ、丸デアヅケタラバ、丸デ奪フカトイフヨフナルウタガヒヲ出ス事、甚愚ナル事也。諸侯ノ国ヲ町人ガ何シニ丸デ奪ンヤ。是ハ皆戦国ノ時ノ大名ドシノ事也。ナルホド戦国ノ時ハ、大名ドシニテ己レガ国ヲ丸デ隣国ヘアヅケタラバ、隣国デウバフテシマウマイモノニモノニアラズ。今ノ日ニテ町人ガ、大名ノ国ヲウバフワケトントナキ事也。且、礼楽刑政ヲ町人ニアヅケルニアラズ。金銀ノトリマワシカタヲ町人ニナロフテ、町人ノイフ通リニスル也。政ヲ町人ニワタスニアラズ。大坂ニテ慥カナル銀主を見定メテ、トツクリト内外ウチアケテ見セテ、金銀事ヲワタス也。……一躰国ヲ富マス事ハ大夫ノ職分ナレバ、町人ニオソワル事ハナキハヅナレ共、修覆ノ時ガオクレテ、借財ガ多フ出来テジミチヲフンデイテハ、此借財ガキエヌユヘニ、借財ヲケスマデノカリノシカタ也。是ヲ権トイフ也。当時ノカリノテダテ也。(60)（海保青陵『本富談』）

『本富談』は川越藩に向けて記されたものである。「国ヲ富マス」ためにまず着手するべきことは古借の整理である。「国ヲ富マス事」は本来武士の職分であるが、権＝「カリノシカタ」として、金融のプロである両替商に「借財ノカタヅケ方」をただ習うだけでよい。今の太平の世で、大坂の銀主たちが大名の国を奪おうなどという目論見などあるはずがないし、彼らに政権を渡すということでもない。利息だけが積み重なるような現状を打破するための一時的な手段として、町人の金融策を取り入れよ、というのである。

海保青陵の富国策の段取りにおいて、まず着手しなければならないことは、少しでも有利な方法で資金調達をし、まずは古借を整理することであった。そして古借の整理が済めば、次に重要なのは元手を増やすことである。青陵は「身上モスコシ工夫ヲメグラセバ、ヂキニナオルコト也。唯、大坂ノ法ヲヨクヨク見ルベキコト也。(61)」と述べている。「大坂ノ法」をよく観察し、大坂の金融市場の実態を把握して資産運用の「工夫」をすれば、藩財政は好転すると海保青陵は考えていた。富国策において青陵が注目していたのは元手が果たす役割の大きさであった。

3　「国ノ富」と「興利」策

海保青陵が考えた治国の目的は、「国ヲ富マス」ことであった。では、青陵の意味する富とは具体的に何を指すのであろうか。まず、青陵の富に対する捉え方を確認したい。

凡ソ農工商ハ富ノ字ノ淵源ユヘ、別シテ事多シ。富ノ字ノ湧キ出ル工夫沢山アル事ナリ。今ハ、富ノ字ハ金ノ事也ト思フテ、大坂ヨリ金ヲ借リ入ル、計策ヲ、富ノ字ト思フテオル人多シ。大キナル了見チガヒナリ。土地ガ富ノ字ノ根元ナリ。[62]（海保青陵『枢密談』）

「農工商ハ富ノ字ノ淵源」、「土地ガ富ノ字ノ根元」、というところから、海保青陵にとっての富は、農民が土地から産出する農産物や職人の作り出す製品、そして農民が生産した農産物や職人が作る手工芸品などを売買して商人が獲得する貨幣、つまり民の働きによって生じる物が富であると把握できる。したがって、富を産み出す農工商は「耳目手足アリテ働ラク故ニ国ノ宝」[63]であり、彼らが進んで積極的に生産活動に取り組めば、より富が増えることになる。そのためには政治的工夫が必要であると青陵は考えていた。

民ハ上ニ誉ラレテ利を沢山ニ得ル事ユヘニ、只ウチヤフ天ニ面白フナル也。ウチヤフ天ニ面白フ成ル故ニ、労ヲワスレテ働ク也。兎角民ヘ沢山ニ利ヲアタヘル事第一ノ智策也。……金ガ民ヘオツル故ニ民ウレシガリテ出精スル。一躰、富ハ民ノ手指ニアル事也。民出精シテハゲメバ、国富ム也。……故ニ民ヲ鼓舞シテ出精サスル事、富国ノ基也。[64]（海保青陵『待豪談』文化一〇〔一八一三〕年）

かつて自給と貢租のために「働かされていた」農民たちは、販売という生産目的が加わることによって、働けば働くほど「貨幣」を得ることができるのだという労働への積極的動機づけを得ることになった。上から強制されるのではなく、農工商が自ら進んで生産や商売に精を出すことができれば国の富が増える。民を鼓舞して生産への動機づけを促進すれば、民は意欲的により多くの財を産み出す。それはひいては藩の富が増大することになる。

農民を鼓舞する具体的方策として青陵が挙げているのは、大和国の芝村近辺で行われている「カセギマシ」の方法である。芝村近辺では和州縄が名産で、地域の大庄屋がリーダーとなって、農民一人に六文ずつ縄をなわせる内職をさせているという。一日、一〇人で銭六〇文、一〇〇人で六〇〇文、一〇〇〇人で六貫、五〇〇〇人で三〇貫になる。口数五〇〇〇人で一ヵ月に九〇〇〇貫、一年では一五〇〇両にもなる。農民たちは内職によって得る収入から掛銀を納める。そして集積した掛銀を原資として講を立てるという仕組みを構築しているという。たとえば春に肥料が必要なときには講から資金を借りることができる。また村内で資金を融通できれば、他国他領へ利息が出ていくことはなく、「上」も村内の講から資金調達が可能になり、両替商から資金調達するより経費も安くつくと青陵は言う(65)。また、鼓舞しなければならないのは農民だけではない。

今は太平の世であり、武士は床の間にかけておく破魔弓のような存在である。破魔弓は祈禱のために床の間にかけておくものであるが、盗人が入っても破魔弓は防犯の役に立たない。つまり「破魔弓武士ハ、真ノ用に立武士ニアラズ(66)」という状態であり、番方の武士は「手足心意ノトント閑暇ナルモノ」で、「当番日ニモタワヒモナキアソビヲシテ、日ヲクラス工夫ヲスルコト、諸藩一統也(67)」という状態である。こうした暇をもてあそんでいる広間面番や足軽小役人などにも「矢ヲハガセルカ、弓ヲウタセルカ、弦ヲ作ラスカ(68)」などして、武具や馬具を作らせて上に献上させて賞を与えよ、と青陵は提案する。そして献上された武器がある程度集まれば、武器蔵に収納されている古くなった馬具や槍を点検し、新しい武具と入れ替えをする。閑暇な武士も仕事を与えられてやる気が生じ、武器蔵の武具も入れ替えることができる。[69]同様に、家中の部屋住みの嫡子、次男や三男にも賞を与えて武具を作らせることを薦めている。[70]また「稽古談」では次のような記述もある。

「今ノ山形侯」秋元氏は甲斐、川越、山形と領地が替わるたび、その土地ごとに家中内職として袴地を織らせた。その結果、今は「三ヶ処トモニ、其土地ノ産物」となっており、「家中内職ノ冠タル」ものと評価している。家中に内職をさせることを恥じる家もあるが、それは愚かな考えであって、内職によって家中の人々も忙しくなり、暇をもてあそぶこともなくなって、風俗も良くなる。[71]農民の内職や武士の「家中内職」も特に新しい策ではないが、武士も農民も上から鼓舞することによってより生産力を高め、それを藩内の富の拡大に結び付けるというのが青陵の「枢密賞」なのである。[72]

しかし、こうして工夫をこらして民を鼓舞し、藩内の生産物が増加したとしても、民に課す米年貢や運上冥加を重くすると民の働く意欲はそがれてしまう。民が働く意欲を失えば、生産物は減少する。生産物が減少するということは、すなわち国の富が減少することを意味する。三民に重い租税を課して農工商が手にした利益を取り上げる方法を採用している藩は多いけれども、この方法は「真ノ下手経済」なのである。[73]

青陵の父の旧主である宮津藩の藩主は内紛をきっかけに郡上八幡へ国替えを命じられた。転封先の郡上八幡藩では、年貢徴収方法の変更をめぐって農民が蜂起し、足掛け五年にもおよぶ宝暦騒動が起こり藩主は改易となっていた。ちなみにこの騒動は公儀が介入することになり、裁定で手腕をふるったのが田沼意次である。[74]郡上八幡藩のように、年貢をめぐって民と藩が長期間争うことになれば農民たちの生産活動にも支障をきたすことになり、藩経済にとっても悪影響でしかない。青陵が目指したのは、民への重税ではなく、「上下トモニクルシムコトノナキ」[75]状態であり、民を「上手ニ鼓舞スレバ上下和睦シテ国富ム」[76]と青陵は考えていたのである。「農工商」は「富ノ字ノ淵源」であり、「国ノ宝」である。彼らを「鼓舞シテ出精サスル事」が「富国ノ基」となるのである。

利益を得る喜びを民が知れば、民は懸命に働く。彼らが懸命に働けば、それだけより多くの産物＝国の富を得ることになる。海保青陵は、人には誰でも自愛心があり、楽を好む性向を持っていると認識していた[77]。国の富をより多く得るためには、為政者は人々の人情に基づいて、民が「ウレシガリテ出精」するような策を講じなければならないのである。では具体的にどのようにすればよいのだろうか。

民ノトリカヲユルメヨフト思ヘバ、興利ヨリ外ナシ。……興利ヲ用ヒネバ大倹約ヲ用ヒタルコトナルベシ。今ノ世ヲ以テ見ルニ、上デ大倹約ヲ用レバ、下ハツマル也。……興利ハ法度ニテ、愛民ヲシヨフトカヽル。興利ハ町家デイフ金儲ケ也。……町家ノ金モフケハ法度ニシテ、オゴリジダラクヲシヨフト云フハ、無理ナルコト也[78]。（海保青陵『稽古談』）

農民が進んで生産活動に取り組むためには年貢（トリカ＝取箇）をゆるめ、農民たちの余剰を増やさなければならない。しかし藩財政にとって、年貢をゆるめるためには年貢以外からの十分な財源が必要になる。年貢以外からの財源を確保するためにはどうすればよいか。そのためには「興利」、つまり藩が「金儲ケ」をするしかないということになる。

今、諸国トモニ買ノ字ノコトヲバ、ヨフカレコレトサワギ廻レドモ、売ノ字ノコトヲバ、一向ニザツトシテオル也。……武士ハ物ヲ売ヌモノト云フコト、ヲカシキコト也。貧ニナル証拠也。物ヲ買フ金ハ、何カラ出タルモノナリヤ。一体、事ノ理ヲ責テ見ヌコト甚シキ也。武士ハ物ヲ買コトヲバ辱トセズ、物ヲ売コトヲ大恥辱トスルコト、カタカシギノコト也。……武士ハ米ヲ貰フユヘニ米ヲウル也。大名ハ浜ヲ売、田畠ヲウリ、米ヲウリ、国産ヲウル也。何モ物ヲ売ルコトガ恥辱ナルコトモナキ也。武士ハ物ヲ売ヌ物トスルユヘニ、国中ニシロモノフエヌ也。入金多フナラヌ也。大キナル了簡違イ也。(79)（海保青陵『稽古談』）

「買」というのは貨幣を払い、商品を手に入れることである。つまり、買うという行為は貨幣が出ていくことである。一方「売」というのは商品を差し出してその対価である貨幣を手に入れることである。つまり売るという行為は貨幣が入ってくることである。今、武士は貨幣が出ていくこと＝「買」ことに対しては抵抗がない。金が足りなければ町人に借りてでも支出する。一方貨幣を手に入れること＝「売」行為に対しては「大恥辱」という認識があり、積極的に取り組まない。しかし「今ノ世ハ大夫士皆米ヲウリテ、シロ物ヲ金デ買世(80)」である。武士は手にした俸禄米を売って貨幣に替えているのが実態である。米を貨幣に替える行為は、貨幣を手に入れること、つまり「売る」ことである。藩主は「田ヲ民ヘカシツケテ十分ノ一ノ年貢ヲ取ル(81)」のであり、浜や田畑を民に与え、民からは地代としての年貢を受け取っているのだと青陵は言う。青陵の理解では、民に課す租税は貨幣を手に入れる行為であり、結局は「売」行為と同義になる。したがって、実際には武士も「売」行為によって貨幣を手に入れているにもかかわらず、武士が物を売ることを恥じる風潮があるため「国中ニシロモノフエヌ」、「入金多フナラヌ」ことになるのである。「上下トモニクルシムコトノナキ」世を実現するには、武士も積極的に貨幣を手に入れる行為、「売」ことに取り組んで、藩の経営状態を改善しなければならない。そして次のようにも述べている。

兎角土地ヨリ沢山ニ物ノデルヲヨシトス。下デ徳ヲトロフトモ、上デ徳ヲ取フトモ、ソレニハカマワズニ、土地ヨリ物ノ沢山ニ出ル方、富国ノ計策也ト思フベシ。(82)（海保青陵『稽古談』）

利益は「下」で取っても「上」で取ってもどちらでもよい。とにかく土地から多くの生産物を産出すること、国の富を増大させることが「富国ノ計策」として重要なのである。では多くの生産物を得るためにはどうすればよいのか。青陵は以下のように考えていた。

民ヲス、メテ誉メソヤシテモ働カセテ、民ニ沢山ニ利ヲトラセテ上デ世話ヲヤキテ積出サセ、大荷物ニシテ大坂ヘマワサスベキコト也。民ハ上ニ誉ラレテ利ヲ沢山ニ得ル事ユヘニ、ウチヤウ天ニ面白フナル也。ウチヤウ天ニ成ル故ニ、労ヲワスレテ働ク也。兎角民ヘ沢山ニ利ヲアタヘル事第一ノ智策也。(83)（海保青陵『待豪談』）

民が「ウチヤウ天」になるように、まず彼らに「沢山ニ利ヲトラセ」ることが重要である。民に「沢山ニ利ヲトラセ」ることにより、彼らは積極的に生産活動に取り組むことになる。民が積極的に生産活動に取り組めば、「国ノ富」も増大する。したがって、民に「沢山ニ利ヲアタヘル事」が「第一ノ智策」ということになる。つまり、国の富増大のためには民に十分な余剰を与えること、民富の増大こそが肝要となる。

青陵は「城下ニ富家アルホド、国ノ益ニナルコトハナキ也。(84)」とも述べている。すでに確認したように、金が増えるか減るかは元手の有無に依るのだと青陵は認識していた。つまり豪農や豪商が保有する富は、藩が行う「興利」策の元手になるのであり、民富は藩の「興利」策の重要な財源となる。また青陵は『稽古談』の中で、「国ノ富ハ、土ノ出ノ多キガ其国ノ富也。(85)」、「田モ山モ海モ金モ、凡ソ天地ノ間ニアルモノハ皆シロモノ也。(86)」と把握している。「天地ノ間ニアルモノ」はすべて「皆シロモノ」＝商品であり、それらを「上デ世話ヲヤキテ」、「大荷物ニシテ大坂ヘマワサス」ことが富国策となる。「富国ノ術ハ国ヘ金ノ入ノ多キヨフニスル事(87)」である。民が産出する「シロモノ」を藩が「大荷物ニシテ」大坂で売って「金ノ入ノ多キヨフニスル事」、すなわち「金儲ケ」＝「興利」の具体的な策が次節で見る「産物マワシ」ということになる。

4 「諸藩」への提言、生産力の増強と「産物マワシ」

藩が行う「金儲ケ」＝「興利」のために海保青陵が提示した具体的な方策は「産物マワシ」であった。まず、自分が述べることは公儀に対するものではなく、あくまで「諸藩ノ政」についてのものだという姿勢を明確にしている。

> 鶴、江戸ノ大政ハシラズ、イワズ。諸藩ノ政ヲイヘバ、豊臣公ノ朝鮮セメノシカケ宜シキ法也。公、吾邦ノアリサマヲ見玉フニ、東西南北相攻メテ、戦闘止ム時ナシ。ソコデ外国ヲ攻ル事ヲ始メ玉ヘリトイ、ツタフ。日本ヲ一ト味方ニシテ、外域ヲ敵ト見ル法也。今、下ノ金ヲマキアゲントスルト、下ハ上ヲ敵ト見ル也。上下交々相敵トスルハ、コレ甚下手ナルコト也。豊公ノ故智ヲ以テ見レバ、一国一ト味方ニナリテ、他国ノ金ヲ吸ヒ取ルトイフ法、甚宜シカルベシト思フ也。……一国一ト味方ニナリテ、他国ノ金ヲ吸ヒ取ルトハ、産物マワシガ其機密也。(88)（海保青陵『稽古談』）

豊臣秀吉の朝鮮攻めは、国内での戦乱を治めて日本を一つに統一するための戦略であったという古伝を示し、豊臣公の知恵から考えれば、一国（藩）が団結して他国（藩）の金を吸い取ることは良い知恵だと述べている。「上下」ともに苦しまず、双方にとっての良い財政窮乏打開策は、「上下」が「一国一ト味方」になって「他国ノ金ヲ吸ヒ取ル」こと、つまり他藩との交易を通じて金銀を得る「産物マワシ」ということになる。

しかし実際には、現行の法令によって移出入が円滑に進められないという現状があった。武家諸法度には新規津留を禁止する一条項があるが、諸藩において津留がなくなったわけではなく、特に加賀藩は津留の品目が多い藩として知られている。加賀藩は加賀、越中、能登の三国に合わせて一〇〇万石の所領を有する大藩で、藩内での地域分業によって自給自足を目指す自己完結型の経済策を採用していた。加賀藩の津留品目としては、米、塩、大豆、菜種、油、漆、などがあり、藩内の農業生産力を維持する目的で干鰯の津留も実施されていたという[89]。

> 凡ソ国ノ物ヲ出サヌハ、国ヨリ生ズルモノヲ取ラヌ始マリ也。国ヨリ出ルモノヲ取ラヌトイフハ、大ノ貧政ナリ。承レバ塩ノ直《アタ》ヒアマリ下直ナルトキハ、塩竈へ封ヲシテ煮ルコトヲ禁ゼナル、由也。ナゼニ他国へ売捌キヲ免ゼラレヌコトゾヤ。他国へ出荷アラバ、塩ハナンボモ直段引タツベキ也。是国ノ利大ヒナルコトナルベケレドモ、コノコト行ハレヌハ、兎角三国ギリニテ、他国ハナキト見タル国初ノ大経済ノノコリテアル也。他国へ物ヲ出サヌ法バカリノコリテオリテ、他国ノ物ヲ入ル、コト禁制也トイフ法キヘテシマヒタルユヘニ、経済片ツリニナリテ、ドンチヤンスカタンニナリタル也。[90]（海保青陵『陰陽談』［文化一〇／一八一三年］）

この引用は前出のとおり越中の商人、武田尚勝に宛てたものであり、青陵は加賀藩における塩の津留策に対して苦言を呈している。加賀藩では移出を禁じる法だけが残り、一方で他国からの産物移入は行われている。したがって交易収支が合わず「経済片ツリ」になっていると青陵は指摘する。そして讃岐で実際に見た塩田経営を例に挙げて、能登の入り江にも大規模な塩田を開発すれば「上下トモニ利大ヒナルベシ。[91]」と述べている。産物をより多く産出し、それらを積極的に他藩に売り込むべきという青陵の考えに反し、加賀藩は戦国時代の法にこだわって「売」ことに消極的な経済策をとっているというのである。「国ヨリ出ルモノヲ取ラヌトイフハ、大ノ貧政」なのである。

青陵は加賀藩に向けた著作の中で、藩内の産物について次のように述べている。越中に隣接する飛騨の山々は天領なので、公儀と争うことを避ける意味で越中の人々は昔から山の奥に入ることをせず、木材を切り出すこともしなかった。しかし「山ノ利」は木材だけではない。薬草などにも注目すべきであるし、薬草の開発も藩が主導して行うべきである。また山に生息する熊を捕えて熊胆も産出できるはずである。実際に加賀と近い信州や飛騨から熊胆は多く産出されている。越中にも熊を捕る猟師はいるのだろうが、熊胆はすべて「内々」で、いわば抜け荷で売られている。抜け荷は罪になるので多くの人は手を出さない。つまり「内々」の取引は小規模でしかない。それを藩が大々的に扱って他藩と取引をすれば多くの金銀を得ることができるはずである。少額取引の抜け荷は藩にとって大きな損になってしまうというわけである。[92] そして熊胆をはじめ、薬種の販売に関する情報は大坂船場の道修町で収集するべきである。[93] 道修町は薬種問屋が集まっているところで、青陵はそうした現場の情報収集が重要であることも指摘する。また立山からは焰硝や硫黄、明礬なども採取できるであろう。[94] 加賀藩内には「ヨロシキ山」がたくさんあるので、硯材、磬石、金玉、瑪瑙石などもあるに違いない。[95] 金沢の東硫黄山は瑪瑙を産するが、今は御留山となっている。瑪瑙を産する山からは鉄も産出できるはずである。また越中愛本の水源には水晶も多いと思われる。山中温泉は硫黄泉、山代は明礬泉であるから、山中からは硫黄が、山代からは明礬が採取できよう。鉱物採取に取り組む際には、自分が大坂で明礬掘りの名手を調査し、金沢へ派遣することも可能である、[96] というように青陵は具体的な方策を論じている。

このように加賀藩の財政赤字削減のために青陵が提案した策は、まず藩内においてどのような産物を生産できるのか調査し、実際に生産を拡大し、その産物＝「シロモノ」を藩外へ売って積極的に「金銀」を獲得するというものであった。こうした青陵の考えに先立って、安永四（一七七五）年、交易によって藩内の経済を活性化すべきであるという主旨の上書が金沢町人、木屋孫太郎によって提出されている。以降加賀藩は村井長穹を産物調方主付に置き、商品生産を重視する政策が検討された。[97] この村井長穹の子が青陵と親交を持った村井長世であり、[98] 彼は父のあとを継いで産物方主付を務めることになる。したがって青陵の提案は加賀藩が模索していた方向性に沿うものであったとも考えられるが、産物方は廃止や再興が繰り返され、加賀藩内の産業振興策は迷走する。海保青陵の著作中、加賀藩に次いで長州藩に関する記述も多い[99]。青陵が長州藩に赴いた形跡はないが[100]、文化五（一八〇八）年から文化八年頃にかけて、青陵は長州藩の人たちと親交した。また長州藩天保改革の主導者、村田清風に与えた青陵の影響は先行研究で重視されてきた点である[101]。村田清風が周布政之助に宛てた私信において、青陵の『待豪談』を熟読するようにすすめていたという[102]。青陵が六〇歳になる文化一一（一八一四）年に書かれた『養蘆談』[103]には「イマダ見ヌ国ノ産物ハイワレヌ也」とあるが、これに反して、前年文化一〇年成立の『待豪談』[104]には長州藩の具体的な産物が述べられている。長州の産物として青陵が注目しているのは、紙や蠟のほかに「長州ノ画ノ具」[105]である。長州では「岩録《ママ》青上中下ノ品」などを多く産出し、「紺青グン青、凡結構ナル画ノ具」は「大カタハ長州ヨリ出ル」とある。というのも長州は石見銀山の地脈が続く土地なので、金・銀・銅・鉄・朱・録《ママ》青、紺青なども産するはずだと青陵は指摘する。さらに「長州ノ画ノ具」は決まった問屋がなく、すべて相対売りの取引のため「ステウリ」状態である。これを藩が高値でまとめて買い上げ、京・大坂に出荷して売ることを青陵はすすめている。また長州の焼物にも言及している。長州は「茶ノ湯茶碗計リ焼出シテ」いるが、これは「世ノ中ニウトキ事」である。「大荷物」にするためには需要の少ない「茶ノ湯茶碗」ではなく、「平生常々用ルモノヲ大荷物トスル」べきである。「湯豆腐ヲ煮ル土鍋」、皿やどんぶりなど「誰デモホシガル物ガ大荷物」になるのである。つまり大衆消費財を大量に産出し、大量に売らなければ大きな利益は上がらない。現に京や大坂では日用品である尾張の瀬戸物が席巻している[106]、というのである。

最後に、青陵の川越藩に対する言及にもふれておきたい。川越は青陵が逗留した地でもあり、門人も多かった[107]。著作のうち、『本富談』と『御衆談』はその内容から川越藩の藩士に向けて書かれたと考えられ、川越藩の産物について具体的に述べられている。前述のように青陵は川越の織物に注目していた。青陵と親交が深かった中島孝昌[108]は代々鍛冶町の名主の家に生まれた川越の商人で、絹屋与兵衛を名乗っている。[109]孝昌は絹織物に関わる商売をしていたと思われ、青陵は孝昌からも情報を得ていたと推測できる。たとえば、『御衆談』には藩営商売の具体的な方策が述べられている。川越には川越平、川越八丈、紬浮織などの織物がたくさん産出されているが、それをどこへ売るのか、どのように藩外へ売るのかというノウハウを藩側は理解していない。京都では関東絹の問屋は決まっているが、秩父、川越産の反物を扱う問屋は決まっていないので、商人に申し付けて内々に話を進めれば、藩の利益になる。呉服は種類も多く、多数の織元がそれぞれに出荷しているのが現状であるが、藩が主導して呉服問屋を設け、藩でまとめて買い上げて藩営で商売をすれば、織元にとっても藩にとっても利益を得ることができる。[110]そのほかには藍玉、紅花、薬種などが挙げられるが、これらは重量が軽く、それでいて大金になる商品なので注目すべきである。川越は江戸に近く、商品の輸送に船を使えばどのような荷であっても江戸に送ることが容易である。そして、こうした商品を江戸で売りさばくためには近江の信頼できる人間に段取りを任せるとよい。[111]商売の実務はプロに委託することを青陵は提案している。

以上ここで確認した各藩へのアドバイスにあるように、海保青陵は単に経済策の助言をするのではなく、自分のネットワークを利用して、藩と両替商や問屋などの間を取りもつ仲介の役割も担っていたことがわかる。鉱山開発や薬種の販売などに際しては、「明礬掘リ」や薬種問屋など、京や大坂の知人を紹介する、という記述も散見できる。たとえば前述の加賀藩で産物方政策を担った村井長世に宛てて書かれた『綱目駁談』では、加賀藩の取るべき金策について事細かに述べられているのであるが、本文に入る前に「コ、ニ心得ニナル事アルユヘニ、コノハナシヲ申シ述ルユヘニ、凡ソ密用トイフ御用ヲ応答スル事ナレバ、鶴モ誓詞ヲ仕ルベシ。[112]」と記している。その内容から極めて内密な書であったことがわかる。青陵は自ら取り付けた金策を尚勝にすすめるが、加賀藩内では青陵の妨げになるような動きがあることを示唆している。金策に絡む加賀藩内の複雑な事情を窺うことがで

きる。(113)

加賀藩、長州藩、川越藩への青陵の助言は総じて、まずは藩内の産物を調査する、さらに新たな産物も開発する、そしてそれらの産物生産の増大を目指す、というものである。藩内の、言うなれば「殖産興業」を活発にし、次に流通の整備もする。商人が個別販売で問屋に買いたたかれているような商品を、藩がより高い値で商人から買い上げてやる。「民ノ納屋物小荷物ユヘニ、問屋デモ蹴ルコト也。又、納屋物トナレバ、途中モテンデン入用、テンデン雑用ノコトナレバ、大キニ費用カ、リテ損耗也。(114)」というわけである。そしてさまざまな商品を藩が「大荷物」にして藩外へ販売する。その結果、上下ともに利益を得ることができる。これが「産物マワシ」の概略である。「産物マワシ」を成功させるためには元手のほかに情報やノウハウが必要であることも青陵は繰り返し述べている。すでに取引されている商品ではなく、まだ問屋が固定されていないような新規参入可能な商品、そして「誰デモホシガル物」＝大衆消費財に青陵が注目していたことも特筆できる。そうした商品を売るためには大坂、京都、大津だけが「ウリハラヒ場」ではない。大都市であればどこでも売り込み可能であると青陵は考えていた。また他国から安く仕入れた商品を他国へ転売するというような中継ぎ交易もありうると青陵は述べている。(115)

「奢侈ハ日々ニ甚シフナル様子」で、「大坂ノ富、日々月々ニ倍スル」、つまり貨幣経済の拡大に対応してより多くの貨幣を手に入れるためには、藩は新たな産物を開発し、藩内の生産力を増大させなければならない。新たな市場が創出されれば、そこに参入するための新たな流通ルートの開発や新商品を扱う問屋設置への投資も必要になる。また藩がまとめて買い上げた「大荷物」を藩外へ移出するためには港の整備もしなければならない。海保青陵は加賀の能登や長州の「下ノ関」の港を拡充し、「産物マワシ」の新たな基地にするべきであると述べている。青陵は、工夫次第で能登や「下ノ関」を「新大阪」のような大港にすることが可能であると考えていた。(116)

以上の考察から、海保青陵は商売のための資本や情報にも十分に目を配りながら、藩内の生産力増強策に重点を置いていたことが明らかになる。産物の生産拡大だけでは産物は「シロモノ」＝商品としての価値を持たない。産物は市場で換金されてはじめて価値を与えられて「シロモノ」になり、「ウリカイ」を通じて藩に貨幣がもたらされることになる。したがって、産物を「シロモノ」にするためには流通が必要ということになる。流通がなければ生産は無意味であり、生産がなければ流通は不可能である。つまり「産物マワシ」は、生産と流通を組み合わせなければ成功しない。藩内の生産が拡大すれば藩富は増大する。藩富が増大すれば「産物マワシ」を拡大することが可能になる。「産物マワシ」が拡大すれば藩の交易黒字が増える。藩の交易黒字が増えれば藩財政も好転する。藩財政が好転すれば藩はさらに「産物マワシ」への投資が可能になり、プラスの循環が拡大し続ければ、成長する貨幣経済社会の中で「上下」ともに利益を享受できるのである。海保青陵の「産物マワシ」の目的は、藩が流通に介入して民の利益の上前をはねることではない。京・大坂という中央市場に対抗するために、藩という大資本をもって行う「産物マワシ」は、「上下トモニクルシムコトノナキ」世を実現するための「機密」なのである。

おわりに

畿内の先進地域が独占していた手工業品の生産技術が地方へ伝播し、江戸開府時には後進地帯であった江戸近郊にも、文化年間頃には絞油業、繰綿生産、養蚕業、製紙業などが形成されるようになった。「江戸地廻り経済圏」が成立すると在郷商人の活躍が見られるようになる。大坂周辺にも新しい市場が形成され、大坂には従来の問屋とは異なる取引組織も生じて流通上の変化が現れた。諸藩においては、特産物生産を活発化し、国産物を藩が専売することが盛んに行われた。海保青陵も「今ハドナタ様モ皆、上ヨリ金ヲ出シテ、下々ト一ツニナリテクリ合ス事ハヤル(117)」と述べており、青陵が藩に向けて提言した「産物マワシ」はいわゆる「転換期」に見られた経済策の一つであると位置付けることができる。

海保青陵は、自分の論は公儀に対するものではなく、あくまで藩に対する提言であるという立場を意識的に明示しており、青陵の治国の目的も、藩＝国を富ませることであった。青陵の言う富とは農工によって産出される「シロモノ」であり、「シロモノ」を「ウリカイ」して商人が得る貨幣もまた富である。したがって青陵は、まず「シロモノ」を産み出す農工商に十分な利益を与えることが重要で、彼らが進んで生産活動を行うことが「国ノ富」の増大に直結すると考えていた。そして、農工商が作り出した諸「シロモノ」は藩が買上げ、藩の大資本によって「大荷物」にし、最終的に他藩から「金銀」を得る富国策が「産物マワシ」である。拡大する貨幣経済の中で、藩は他藩との交易を通じ、富を増大し続けることによって「上下トモニクルシムコトノナキ」世を実現することができる。こうした富国論はどの藩においても妥当する策であると青陵は考えていた。それゆえ青陵は、「諸侯方」、「諸大名」、「諸藩」、「ドノ国」、という語を使用し(118)、経済規模が異なるそれぞれの藩であっても財政が緊迫している状況は「天下中ノ国」が皆そのような状態であると把握していた。特定の藩に向けたものではなく、広く読まれることを想定して書かれたと考えられる『稽古談』においても、諸藩がとるべき経済策として挙げたのは、「外ハ大坂ノ金銀ノ対応ニテ、内ハ産物マワシ、此二品ハ只今ノ急務(119)」であった。つまり、それぞれの藩はそれぞれ藩の富を増やし、経済成長を目指せばよいのである。

海保青陵における治世の主眼は、「経世済民」ではなく「金銀ノ事」であり、青陵は為政者に「経営者」としての工夫を求めた。貨幣経済が拡大するならば、藩も大坂の金融情報を収集し、「大坂ノ法」を用いて積極的に「金銀ノ事」に取り組まなければならない。生産増大策と流通策が一体となった「産物マワシ」は「上下トモニクルシムコトノナキ」世の実現のために、「上下」が一体となって取り組む「興利」＝「金儲ケ」の具体策であった。

本来、君臣関係は御恩と奉公の関係で成立するものである。しかし、それぞれの藩が「シロモノ」を市場で「ウリカイ」して貨幣を獲得しなければ治世を保てない社会を直視していた海保青陵は、「古ヘヨリ君臣ハ市道ナリト云也」[120]と述べ、君臣関係も「ウリカイ」の法則のように明確な関係性で成り立つべきであると考えた。[121]「カワネバナラヌ世ノ勢ナラバ、売ラネバナラヌハヅ」[122]なのである。「国の盛衰興亡は、倹素を守ると守らざるとに有り」[123]と述べた青陵と同世代の「白河侯」、松平定信の見解とは対照的である。貨幣経済の拡大によって豪商や豪農と呼ばれる民が出現する一方で、各藩は財政難に陥るという状況である。石高制を採用する幕藩体制の理念と市場経済との間で齟齬をきたす不安定な経済社会であるがゆえに、海保青陵はすべてを「ウリカイ」という明確な関係性に求めた。成長する市場経済を目の当たりにし、その中で藩がいかにして治世を保つのかを模索した海保青陵が各藩に向けて発信したことは、儒者の言う「経済」＝経世済民の追求ではなく、「大坂ノ経済家」たちのように、「金銀ノ事」を熟知し、経営者としての知恵を持たなければならないということであった。藩の生産増強と流通を一体化した「産物マワシ」は、藩財政の好転と藩富の増大を総合的に実現するための富国策である。「上下トモニクルシムコトノナキ」世の実現を目指した海保青陵の積極的「興利」策、「産物マワシ」は、商業資本が拡大しつつあった一八世紀後半の経済思想史上やはり特筆されるべき富国策である。

注

（1）瀧本誠一編『日本経済叢書』（巻十八、「解題」、日本経済叢書刊行会、一九一五年）、一二頁。

（2）蔵並省自編『海保青陵全集』（八千代出版、一九七六年、以下『全集』と略す）においては『経済話』として収録されている。書名については、蔵並省自『海保青陵経済思想の研究』（雄山閣出版、一九九〇年）、二七－二八頁、徳盛誠『海保青陵――江戸の自由を生きた儒者』（朝日新聞出版、二〇一三年）、三三二頁を参照。

（3）河上肇によって学術的価値を見出された瀧本誠一の蔵書を中心として、一九一五年、東京大学において「日本経済書展覧会」が開催された。その際に瀧本が講演した「徳川時代の経済思想」がきっかけとなり、瀧本の編纂によって『日本経済叢書』（日本経済叢書刊行会、一九一四－一七年、全三六巻）が刊行された。『日本経済叢書』は、同じく滝本の編纂による『日本経済大典』（史誌出版社、一九二八－三〇年、全五四巻）とともに、わが国の経済史のみならず、日本史研究に現在も貢献し続ける文献史料集である。「慶應義塾経済学者人物データベース（BDKE）」参照（http://bdke.econ.keio.ac.jp/）。

（4）海保青陵の著作はそのほとんどが講話のような形で記され、漢学の素養がなくとも誰もが読めるような平易な文章でつづられている。そのため、野村兼太郎が指摘するように「全然纏まつてゐない」という印象を受ける。したがって、青陵の考えを把握するためには、誰に宛てて書かれたものなのか、あるいはどの藩に向けてのメッセージなのか、または個別の対象者を意識せず、さまざまな人々に読んでもらうことを意図したものであるのかを意識しなければならない。この点を解決するために、徳盛誠によって整理された青陵の著作分類（前掲徳盛、二〇一三年所収、「補説　海保青陵の著作について」）は有用である。

（5）野村兼太郎「海保青陵の経済論」（『三田学会雑誌』三四巻四号、一九四〇年）、六三頁。

（6）海保青陵の先行研究については、青柳淳子「海保青陵における「民」と「智」――青陵思想の愚民観をめぐって」（『日本経済思想史研究』第八号、二〇〇八年）、一七－一八頁を参照。

（7）逆井孝仁「第6章　明治以前の経済思想――近世経済思想史研究の問題点」（経済学史学会編『日本の経済学――日本人の経済的思惟の軌跡』東洋経済新報社、一九八四年所収）。

（8）松浦玲「江戸後期の経済思想」（家永三郎ほか編『岩波講座 日本歴史13 近世5』、一九六四年所収）。

（9）本章における江戸時代の経済社会については、中井信彦『転換期幕藩制の研究』（塙書房、一九七六［初版一九七一］年）、正田健一郎・作道洋太郎編『概説日本経済史　有斐閣選書』（有斐閣、一九九八［初版一九七八］年）、速水融『近世日本の経済社会』（麗沢大学出版会、二〇〇三年）などに依拠し、公儀の財政については飯島千秋『江戸幕府財政の研究』（吉川弘文館、二〇〇四年）を参照した。また大坂米市場の構造および米取引や流通については、宮本又郎『近世日本の市場経済』（有斐閣、一九八八年）を参照。大坂米市場をめぐる公儀や大名、鴻池屋や加島屋などの両替商ら各主体の行動と実態については、高槻泰郎『近世米市場の形成と展開』（名古屋大学出版会、二〇一二年）を参照。

(10) 仙台藩が升屋の助言で経済を立て直したことは海保青陵も言及している（「待豪談」『全集』、九六二頁、など）。有坂隆道によれば、升屋の助言で仙台藩の財政が好調であった時期は寛政・享和年間で、この時期は江戸の米価が高値であり、仙台藩は買米で大きな利潤を得、財政も好転していたらしいが、文化元年以降、江戸米価の下落に伴って仙台藩の財政は悪化し、借財は増えていったという。海保青陵が称賛するほど仙台藩の財政立て直しは成功していなかったと有坂は述べている（有坂隆道「山片蟠桃と『夢ノ代』」（水田紀久・有坂隆道校注『富永仲基　山片蟠桃』日本思想体系43、岩波書店、一九七九年所収）を参照のこと）。また海保青陵の記した「升小談」（『全集』所収）は、書名に見るとおり、升屋小右衛門（山片蟠桃）についての記述が多い。

(11) 升屋や加島屋など主な大坂の両替商と懇意であった富永宗助という亀山藩御用達商人から「金銀ノ事」について情報を得ていた。その情報から「数百度モ勝利ヲ得、名誉ヲ得た」と記している。宗助は青陵の門人であったことが青陵の記述からわかる（「本富談」『全集』、一二三頁）。海保青陵の門人には京都や大坂の町人も多い。八木清治「海保青陵の交遊――青陵像再構成への試み」（『福岡女子学院大学紀要』第一号、一九九一年）を参照のこと。また八木清治によれば、富永宗助は亀山藩御用達商人、富永伯華（一七三三－一八〇三）の子で大坂居住（前掲八木、一九九一年、七四－七五頁）。寛政四（一七九二）年の夏、大坂福島浄祐寺にて青陵が文法の講義を行ったとき、宗助の父、富永伯華が訪れていたことを青陵は「文法披雲」の自序に記している（「文法披雲」『全集』、六九〇頁）。

(12) 藩に向けてさまざまな経済策を提示した海保青陵は、藩の「経営コンサルタント」と評される場合もある。たとえば、川口浩「第10章　市道と国益」（川口浩、石井寿美世、ベティーナ・グラムリヒ＝オカ、劉群芸『日本経済思想史』勁草書房、二〇一五年所収）。

(13) 以上の青陵の見解は「稽古談」『全集』、五九－六〇頁による。

(14) 「稽古談」『全集』、六〇頁。

(15) 「稽古談」『全集』、九七頁。

(16) 「稽古談」『全集』、六九頁。

(17) 「本富談」『全集』、一一五頁。

(18) 海保青陵の著作成立年は、青柳淳子「研究ノート　海保青陵の伝記的考察」（『三田学会雑誌』一〇二巻二号、二〇〇九年）による。

(19) 前掲有坂、一九七九年のほか、源了圓「先駆的啓蒙思想家　蟠桃と青陵」(源了圓編『山片蟠桃　海保青陵』日本の名著23、中央公論社、一九九七年所収）を参照。
(20) 「植蒲談」『全集』、一四四頁。
(21) 文化一一（一八一四）年に書かれた「養蘆談」と対になる書で、「養蘆談」に「植蒲談」への言及があるので「養蘆談」より前に書かれたと考えられる。前掲蔵並、一九九〇年、前掲徳盛、二〇一三年参照。
(22) 「稽古談」『全集』、八六頁。
(23) 「稽古談」『全集』、六九頁。
(24) 「養蘆談」『全集』、二一五頁。
(25) 太宰春台『経済録』巻之一、一六頁（頼惟勤校注『徂徠学派』日本思想大系37、岩波書店、一九七二年所収)。
(26) 海保青陵の著作中の自称。「皐鶴」という号にちなむものと思われる。
(27) 「本富談」『全集』、一二三頁。
(28) 「稽古談」『全集』、二六頁。
(29) 「稽古談」『全集』、九四頁。
(30) 角田青渓の宮津藩財政再建については青陵が述べている。「稽古談」『全集』、一〇七頁。角田青渓については、青柳淳子「18世紀後半における尾張藩の思潮と海保青陵」(『三田学会雑誌』一〇五巻一号、二〇一二年）を参照のこと。
(31) 「稽古談」『全集』、九四頁。
(32) 「枢密談」『全集』、一六二頁、および前掲八木、一九九一年を参照。
(33) ここでは海保青陵の「稽古談」(『全集』、五三頁）の記述を参照。その他に依拠する場合はその都度注を付した。
(34) 「升小談」『全集』、四三八頁。
(35) 「升小談」『全集』、四三八頁。
(36) 「稽古談」『全集』、五一頁。
(37) 「升小談」『全集』、四三八頁。
(38) 前掲有坂、一九七九年。
(39) 前掲正田・作道編、一九九八年、一八八－一八九頁を参照。
(40) 鴻池の大名貸利率については、「表14　鴻池の大名貸利子率」(前掲正田・作道編、一九九八年、一八八頁）による。

(41) 大坂の金融事情については、幸田成友『江戸と大阪』冨山房百科文庫48(冨山房、一九九五年[同著『増補 江戸と大阪』(冨山房、一九三七年)の復刻版])、一六八－一七二頁を参照。
(42) 以下、ここでの「実意借リ」に関する海保青陵の言は、「升小談」(『全集』、四三七頁)を参照した。
(43) 前掲幸田、一九九五[一九三七年の復刻版]年、一六九頁。
(44) 「本富談」『全集』、一二〇頁。
(45) 「枢密談」『全集』、一六二頁。
(46) なお、青陵の著作である『陰陽談』もこの武田尚勝に宛てて記されたものと考えられている。海保青陵は文化三年の八月に金沢を発ち、九月に京都に到着し、以降亡くなるまで京都で暮らしたが(前掲青柳、二〇〇九年)、武田尚勝と青陵は青陵が京都移住後に親交を持ったようである。尚勝による『洪範談』序文(『全集』所収)によると、尚勝は文化八(一八一一)年に青陵の門人なったと記されている。『洪範談』は武田尚勝はじめ門人たちに向けて青陵が講義した内容を尚勝が筆録、刊行したものである。武田尚勝はじめ、加賀藩の藩士や商人と海保青陵の交渉については、長山直治「加賀藩における海保青陵と本多利明――加賀藩関係者との交遊とその影響について」(『石川県立金沢錦丘高等学校紀要』一五号、一九八七年)、および同『寺島蔵人と加賀藩政――化政天保期の百万石群像』(桂書房、二〇〇三年)に詳しい。
(47) 「新墾談」『全集』、二九六頁。
(48) 大津米市場については、前掲高槻、二〇一二年、四〇－四三頁を参照。
(49) 「稽古談」『全集』、九五頁。
(50) 「本富談」『全集』、一二一頁。
(51) 「稽古談」『全集』、九五頁。
(52) 「稽古談」『全集』、九五頁。
(53) 「新墾談」『全集』、二九九－三〇〇頁、「升小談」『全集』、四四〇頁。
(54) 「養蘆談」『全集』、一八一頁。
(55) 「稽古談」『全集』、三一頁。
(56) 大坂米市場の動向については、前掲宮本、一九八八年、および前掲高槻、二〇一二年を参照。
(57) 加賀藩は宝暦五(一七五五)年に兌換準備金を町人に依存して銀札を発行するも、兌換の停滞や市中米価高騰などによって翌年に銀札発行を停止する。結局、藩札発行の失敗から財政危機が高まるという事態に陥った。明和四

（一七六八）年時点の加賀藩の現金歳入は五二八〇貫余であるのに対して、歳出は江戸在府必要経費六〇〇〇貫とその他借用銀返済分が四〇一六貫、よって年間四七三六貫の赤字が計上される状態であった。前掲中井、一九七六［初版一九七二］年、二〇一―二〇六頁。
(58)「枢密談」『全集』、一六五頁。
(59)「枢密談」『全集』、一六四頁。
(60)「本富談」『全集』、一二三―一二四頁。
(61)「稽古談」『全集』、五三頁。
(62)「枢密談」『全集』、一六一頁。
(63)「養蘆談」『全集』、二一二頁。
(64)「待豪談」『全集』、九六九―九七〇頁。
(65)「カセギマシ」については、たとえば「稽古談」で述べている。「稽古談」『全集』、三二―三四頁。
(66)「稽古談」『全集』、六二頁。
(67)「稽古談」『全集』、六五頁。
(68)「稽古談」『全集』、六一頁。
(69)番方の武士に対する賞を与える策を青陵は「枢密賞」と呼称する。「稽古談」『全集』、六二―六三頁を参照。
(70)「枢密談」『全集』、一五九―一六〇頁。
(71)「稽古談」『全集』、七五―七六頁。
(72)枢密賞については、「稽古談」『全集』、六一―六六頁を参照。
(73)「枢密談」『全集』、一六五頁。
(74)宝暦騒動については、大賀妙子「郡上藩宝暦騒動の政治史的意義」（津田秀夫編『近世国家の展開』塙書房、一九八〇年所収）、『郡上八幡町史上巻』八幡町役場、一九六〇年を参照。
(75)「稽古談」『全集』、一〇頁。
(76)「待豪談」『全集』、九七一頁。
(77)青柳淳子「海保青陵における「己」と「智」――青陵思想の愚民観をめぐって」（『日本経済思想史研究』日本経済思想史研究会、二〇〇八年三月所収）を参照。
(78)「稽古談」『全集』、二五―二六頁。

(79)「稽古談」『全集』、二二頁。
(80)「待豪談」『全集』、九五九頁。
(81)「稽古談」『全集』、八頁。
(82)「稽古談」『全集』、一一頁。
(83)「待豪談」『全集』、九六九－九七〇頁。
(84)「稽古談」『全集』、二〇頁。
(85)「稽古談」『全集』、六九頁。
(86)「稽古談」『全集』、八頁。
(87)「本富談」『全集』、一二〇頁。
(88)「稽古談」『全集』、九二頁。
(89)加賀藩の津留については、前掲中井、一九七六年、一九九－二〇〇頁を参照。
(90)「陰陽談」『全集』、二六三頁。
(91)「陰陽談」『全集』、二六〇－二六二頁。
(92)「陰陽談」『全集』、二四五頁。
(93)「陰陽談」『全集』、二五〇頁。
(94)「陰陽談」『全集』、二五〇頁。
(95)「陰陽談」『全集』、二五五頁。
(96)「綱目駁談」『全集』、二三八－二三九頁。
(97)木屋孫太郎上書については前掲中井、一九七六［初版一九七一］年、二一三頁、および長山直治『加賀藩を考える――藩主・海運・金沢町』桂書房、二〇一三年、二二八頁を参照。
(98)海保青陵と村井長世については、前掲長山、一九八七年、および同、二〇〇三年に詳しい。
(99)内容から『植蒲談』、『養蘆談』、『枢密談』、『待豪談』が長州藩に向けて書かれたものと考えることができる（前掲徳盛、二〇一三年、三三三－三三五頁を参照）。また『陰陽談』と『待豪談』の一部内容が重複している点は蔵並省自によって指摘されている。蔵並は両書を加賀藩に向けたものと把握。それに対して徳盛誠は疑義を投げかけ、『待豪談』は長州藩に向けたものとする（前掲徳盛、二〇一三年、二一四頁を参照）。たしかに『待豪談』には加賀藩に関する記述も多いが、たとえば「加賀ナドニテハ国中ヨリハ何ガ出ルヤラ一向ニシラズニ居ル様子也。」といった加賀藩を第三者とするような言い回しなどから筆者は徳盛の見解を支持。
(100) 「予未ダ長州ヘユカヌ故ニ望ミ見タル事モナシ。」、『待豪談』「全集」、九七二頁。
(101) 海保青陵は文化五年から八年ごろにかけて、長州藩の人たちと交友を結んでいた。藩士の山県大華、長州藩の詩人、内藤静修、蔵元役人であった木原通遠、藩医の賀屋恭安らである。山県大華は荻生徂徠の高弟、山県周南の曾孫で、のちに藩校明倫館の学頭となる人物。木原通遠の子、木原源右衛門通貫は天保改革の主導者村田清風のもとで財政を担った人物であるという。長州藩天保の改革を主導した村田清風の旧蔵本に青陵の経済書が存在していたことは小川五郎の研究によって明らかになっていたが、蔵並省自によってこの論証となる史料が示された。それは清風が長州藩士周布政之助に宛てた私信である。清風は政之助に、「海保儀平か著述仕候待豪談可被成御熟覧候」と記している。小川五郎「海保青陵研究覚書」(『経済史研究』二一－五、一九三九年)、北川健「長州藩における海保青陵経済論の受容――文政期「萩湊」開発論の基調と背景」(『山口県文書館研究紀要』九号、一九八二年)、前掲蔵並、一九九〇年、一八〇－一九〇頁を参照のこと。
(102) 前掲蔵並、一九九〇年、一八七－一九〇頁。
(103) 「鶴当年五十九ナレバ……」『待豪談』『全集』、九六四頁。
(104) 「今年六十二ナレドモ……」『養蘆談』『全集』、一八七頁。
(105) ここでの引用はすべて「待豪談」『全集』、九七二頁。
(106) 「待豪談」『全集』、九七四頁。
(107) 「鶴又川越ニモ久シフ逗留シテ門人多シ。」(「稽古談」『全集』、三六頁)。
(108) 青陵は中島孝昌が著した川越の地誌、『三芳野名勝図絵』の序文を記し、また孝昌が老母のために諸名家の書画などを集成した『文孝冊』にも青陵は画賛を寄せている。前掲青柳、二〇〇九年、二二六・二二八頁を参照のこと。
(109) 前掲八木、一九九一年、七四頁。
(110) 「御衆談」『全集』、一三八－一三九頁。
(111) 「御衆談」『全集』、一三二頁。
(112) 「綱目駁談」『全集』、二二〇頁。
(113) 加賀藩の銀札発行の失敗についてすでに触れたが、その後加賀藩は大坂収納米を原資として大坂などの両替商からの借入金で財政危機を脱しようと模索していた。しかし宝暦九(一七五九)年に金沢で大火災が発生、公儀から五万両を借入、翌年には鴻池などと借財の交渉をするが、古借の回収が不十分で決裂していた。前掲中井、一九七六〔初版一九七二〕年、二〇五頁。
(114) 「稽古談」『全集』、九三頁。
(115) 「稽古談」『全集』、九三頁。
(116) 「陰陽談」『全集』、二七五頁、「待豪談」『全集』、九七三頁。
(117) 「本富談」『全集』、一二五頁。
(118) 「稽古談」『全集』、九八頁。
(119) 「稽古談」『全集』、九四頁。
(120) 「稽古談」『全集』、八頁。
(121) 青陵思想の根幹である「理」については、青柳淳子「海保青陵における「理」の成立について――蘭学と新たな知性」(『三田学会雑誌』一〇八巻一号、二〇一五年)を参照のこと。
(122) 「稽古談」『全集』、二二頁。
(123) 松平定信「白川政語」(奈良本辰也校注『近世政道論』日本思想大系28、岩波書店、一九七六年所収)、二五八頁。

第6章　社倉法に見る経済思想
——近世後期の広島藩における社倉法理念

落合　功

はじめに

社倉法とは、飢饉などに対する備蓄法のことで、各村々で米穀の備蓄を通じて危機に備えるものである。米の備蓄用の倉としては、社倉以外にも古代においても義倉や常平倉などがあった。しかしその後、杜絶し、近世において復活する。社倉は、倉そのものだけでなく社倉の実態・性格を意味することもあるが、本章では、内容を示す表記を社倉法とし、倉そのものを社倉とする。

近世において、初めて社倉が設置されたのは、明暦元（一六五五）年のことで保科正之（会津藩）によるものと言われる[1]。その後社倉は、一八世紀後半から全国に浸透するようになり、飢饉対策の救恤法として一九世紀前半には全国的に浸透した。

また社倉以外にも義倉、常平倉をはじめとして当置倉や陰徳倉など多様な名称があるが、本来の性格を明確に意識して倉の名称を付けているわけではない[2]。発生の要因は飢饉のときだけでなく、豊作時の価格調整を意図した場合や、資金融通の場合など多様である。しかも、藩が主導的に行うものや、村が中心となって行うものなどがあった。このように、社倉について検討するとき、飢饉対策としての備蓄や価格平準化などの一般的な理解を進化させることも重要だが、そのことだけで全国一律に理解することはあまり有益とは言えないだろう。個々の地域の特殊性と時代性を明らかにすることが重要なのである。

実際、研究史としても、社倉の役割について、米価調節から理解しようとした研究、[3] 備蓄そのものの問題として明らかにした研究、[4] 社倉（義倉）の組織と実態を明らかにした研究、[5] 救貧法（救恤法）の問題から理解しようとした研究、[6] 組織の公共性的側面から近世から近代の共同体との関連で明らかにした研究など多様である。[7]

本章で扱う広島藩で実施された社倉法は、享保の飢饉を契機に享保二〇（一七三五）年に設立の提案がなされ、延享四（一七四七）年に安芸郡矢野村で実施し、明和七（一七七〇）年に藩が奨励し、全藩的に広がったものである。

本章では、第一に社倉法の概要について紹介する。すなわち農村から提起された社倉法が広島藩でも受け入れられ、藩内一帯に展開した過程とその問題点について明らかにしたい。そのうえで、第二に、社倉法の思想的背景をまとめておきたい。すなわち、藩内で初めて社倉法実施を提言した加藤友益をはじめとした担い手たちの思想的背景を把握し、広島藩の社倉法と神道との関わりを紹介する。第三に、全藩的に社倉法が浸透した理念について、加藤友益が提言した『社倉攷意』から明らかにできればと考える。

1　広島藩の社倉法の実施と展開

まず最初に広島藩が社倉法の実施のきっかけとなった享保の飢饉を紹介するとともに、社倉法の内容について紹介しよう。[8]

広島藩で社倉法を実施するきっかけとなったのが、享保一七（一七三二）年の飢饉であった。いわゆる享保の

飢饉である。このときの様子について、『社倉穀根元之事』には、以下のように書かれてある。(9)

〈史料１〉

……享保十七年中国蝗草甚敷、稲作皆無旨申程之儀ニ而夏秋冬翌春難渋もの多く及飢餓ニ趣故、御仕向等被成遣候得共、一統穀類不自由故、金銀之御仕向ニ而ハ詮も無之趣ニ御儀論有之候得共、広大ニ茂存有国中之事ニ而明年も難為届、別而遠郡端々のもの共ハ申遣候間合も無之、餓死之もの多く相聞候間、段々御苦労ニ被為思召候ニ付、御役人中種々申談有之候得共、西国筋迄都而穀類払底之事故急ニ御仕向之仕法付不申内漸く遠国無難之方より廻り米等御仕向被成遣相凌候得共、甚以御苦労ニ被為思召……

〈史料１〉を参照しながらまとめると以下のようになるだろう。享保一七年の凶作は六月下旬から八月上旬にかけて西日本一帯に広がったウンカ（浮塵子）の大発生によるものであった。田の水の色が「醤油のごとく」と記されるほどのウンカが発生し、三大飢饉の一つに数えられる大災害となった。(10)このとき、広島藩領内にウンカが襲ったのは、七月中旬から下旬にかけてのことである。すぐに幕府も調査を行っているが、七月二六日における松平安芸守（浅野吉長）の回答によれば、「当夏麦作も出来、弥以取続田作之営も仕、平年之趣ニ植付も相仕込、草立も宜敷夏作物もだんだん出来寄候ニ付、別而農業之励も御座候故、只今ニ而者飢人も無御座候」と平静を装っている。(11)しかし、実際は領内の飢饉は厳しかった。享保一二年から一六年にかけて、五年間平均の広島藩徴収の年貢高は二三万石余りだったが、享保一七年の年貢徴収は例年の四割以下の八万七〇〇〇石余りで、一四万三〇〇〇石ほどの減収となっている。(12)結局〈史料１〉のとおり、米穀の購入を行おうとしたが入手できず、幕府による東日本諸藩の大坂廻米分を買い受けることができたことで、ようやく急場を乗り越えている。ただ、それでも、翌一八年二月の報告では、飢人が一〇万八〇〇〇人余りで、さらに九万八〇〇〇人余りが増えることを予想している。[13]同じ一八年三月の藩内の調査によれば、八六〇〇人余りの餓死者と三二万人もの飢餓人を出したことになっている。[14]幕府への報告では「餓死人者無之」と述べているが、実際は相当数いたのである。

享保一八年正月段階で、幕府に届けた過少の数字であって、万石以上の私領で九七万人近い飢人と七五〇〇人近い餓死者を出したとされるが、[15]これは、幕府に届けた過少の数字であって、広島藩領の事例でも明らかなとおり、実態はさらに増えると考えられる。[16]さらに、万石以下の私領や天領も含めるとさらに被害の数は増えることになる。そして、その原因は、単に虫害という自然発生的な要因だけでなく、各藩の初動の遅れ（藩が正確な報告をしないため、幕府は状況を把握できなかった）と、米の買米が困難だった市場のあり方にあったのである。

享保一七年の飢饉を踏まえ、藩主吉長は執政の岡本貞喬に対し、藩内救恤の善後策の検討を指示した。その結果、享保二〇年、安芸郡海田市の儒者であった加藤友益が子で儒者であった友徳を通じて『社倉攷意』を上申する。この間、執政岡本貞喬も享保一八（一七三三）年に『朱子社倉法和解』を著している。また、『社倉攷意』提出後は内容の吟味が行われ、勘定奉行南部藤右衛門と友益との間で問答が展開されるなど、社倉法の具体化に向けた積極的な動きが見られている。ただ、このときは実行することはなかった。

その後、延享四（一七四七）年正月、加藤友益の子で儒者であった友徳が、彼の門人で矢野村の尾崎神社（八幡社）神官であった香川将監と社倉法の取り組みが藩としてうまくいかなかった話をしていた折、一村だけでも実行しようという話になった。ちょうど、矢野村の庄屋であった五左衛門が子供の病気の平癒祈願のため尾崎神社に赤麦（裸麦）二石を献納した。この献納分を神麦として基礎に据え社倉法を始めたのである。[17]翌寛延元（一七四八）年、賛同者から麦を集めて一〇石にまで増やして、これを神穀（社倉麦）にした。

寛延四（一七五一）年一二月には矢野村では社倉麦の名目で窮民に対する貸借も行われている。矢野村に近い押込村庄屋孫六が理解を示し社倉法を始めた。そんな折、宝暦六（一七五六）年に再び藩内が飢饉に陥ったが、矢野村と押込村の両村では社倉麦を開放したことで飢餓を免れたという。

この実績を受けて、広島藩では災害・凶作に対する救恤策として社倉法の浸透を図ることになる。明和七（一七七〇）年一〇月、郡奉行を通じて、各地に『社倉法示談書』を配布し、社倉法を推進した。矢野村が属する安芸郡内に浸透したのも明和七年から八年にかけてである。

なお、文化一一（一八一四）年に作成された「国郡志御編集に付しらべ書」を参照すると、(18) この時期、坂村に保存されていた社倉麦は一三八石七斗六升三合で、そのうち、保存用としての救麦は九〇石七斗二升で、運用にも使われていた永貸取は四八石四升三合であった。これは単純に、のべ五万六七〇〇人／日分の備蓄がなされていたことになる（成人で、男女同数として計算した場合）。さらに永貸取分も含めれば、のべ八万六七二六人／日分の備蓄がなされていたわけである。

かくして、安永二（一七七三）年には、安芸郡、沼田郡を中心に、三谿郡・賀茂郡の四郡と広島新開の六九カ町村で社倉法が展開され、四五〇石余りの貯穀高があった。ちょうどこの年、春から夏にかけて疫病が流行したため、三三カ村で一一四石余りの麦を放出している。これにより海田市や船越村などで八〇〇人以上が助かったと言われる。そして、安永八年から九年にかけて藩内七一四カ町村で社倉が設立され、「安永九年十二月に至りては芸備十六郡中孰れの町村にも整然として成立せり」(19) と、藩内ほとんどの町村（広島・尾道両町方と、三原の家老給知のうち三六カ村を除くすべての芸備町村）に社倉が設置された。その後、天明五（一七八五）年六月に藩から尾崎神社に社倉麦（赤麦）三〇〇〇石を追加で下げ渡され、これを神穀として各郡村に分配している。そして、翌六年閏一〇月に尾道町に社倉を設置し、すべての藩内町村に社倉を設置したのである。かくして文政二（一八一九）年には、社倉総儲穀石数は約七万石（安芸国四万八三六四石、備後国二万一九三石）にも及ぶことになった。

表6－1　社倉法の仕組み

加藤友益による救済対象とその救麦高の計算基準

救済対象	人数（人）	救麦（1人1日）（合）	6カ月分救麦（石）
15～60歳の男子	200	2	72
15歳以下、60歳以上の男子	150	1	27
女子	350	1	63
計	700		162

注：『社倉攷意』による。なお、この基準は高1,000石、人口1,000人の村の場合で、救済期間は11月から翌年4月の180日分である。

加藤友益による社倉元麦の積立方　（石）

年度	御貸麦	高掛麦	貸付麦元高	利麦	元利計
1	5,000	15,000			20,000
2		15,000	20,000	4,000	39,000
3		15,000	39,000	7,800	61,800
4		15,000	61,800	12,360	89,160
5		15,000	89,160	17,832	121,992
6			121,992	24,398	146,390
7			146,390	29,278	175,668
8			175,668	35,133	210,801
9			210,801	42,160	252,961
10			252,961	50,592	303,553

出典：「災害と農民闘争」『広島県史近世2』1984年、927頁参照。
注：『社倉攷意』による。なお、合未満の端数は切り捨てた。

次に社倉法の仕組みについて、表6－1を参照しながら、簡単に紹介しておこう。まず最初に救穀（救麦）として社倉に備蓄すべき量を仮に石高一〇〇〇石、一〇〇〇人に対して算出することにする。高五石以上の土地を所持する家は救恤を必要としないということで対象外とし、それ以外の男子一五歳以上六〇歳以下は一人一日救麦二合、女子は一日救麦一合二勺としている。また、一五歳以下の子供、六〇歳以上の老人は救麦一合とした。さらに、飢饉時を一一月から翌年四月の六カ月（一八〇日）程度と想定し、救恤に必要な救麦（備蓄）の量を計算する。つまり、二〇〇（成人男子）×二

（合）×一八〇（日）＋一五〇（少年と老人男子）×一（合）×一八〇（日）＋三五〇（女性）×一（合）×一八〇（日）＝一六万二〇〇〇合、一六万二〇〇〇÷一〇〇〇＝一六二石。このように、一六二石が救穀（救麦）として必要という計算になる。

次に、備蓄量の目標達成に至るまでどのような方法をとるかである。社倉法を始めるときには、基礎となる元手が必要となる。これが元儲である。これは、地元の篤志家の拠出か、藩が村方に麦を貸し出すことで行われることが考えられていた。（ただ、実際は神穀として尾崎神社から分け与えられている）。表6－1の場合、石高は一〇〇〇石なので、五石は藩からの御貸麦として受け取り、一五石（一分五厘）は高掛麦として五年間納入する。この間、年利二割で貸し付け、利殖するようにする。これで一〇年で三〇三石余りとなっている。この段階で藩から借りていた御貸麦五石を返納し、二九八石余を元麦としたのである。

社倉法には、救穀（救麦）と永代穀と永利穀の三種類あった。救穀（救麦）は救済用として備えておくもので、先に紹介した救恤に必要な備蓄用である。これは貸付に使わない。次に永貸穀であるが、これは救穀の半分ほどを蓄えておき、残りの分を一定の利子で貸し付け取り立てた。この分は、凶年で救穀がすべて放出された場合、新たに備蓄する基礎とするものである。この永貸穀の量と救穀の量が等しくなった段階を永利法成就（本法成就）と言う。そして、この余剰分を永利穀と呼んだ。永利穀は永貸穀も増えた場合、別に貯えるものであり、村方の都合に応じて貸し付けた。こちらは相当の利息をかけるようにする。永利穀を積んで倍額になった段階を全備穀と言い、社倉法として完備したとする。[20]

このように救穀（救麦）は、倉庫に保管して、日常的な庫出しをしないようにし、永貸穀や永利穀は、新穀ができたのを確認したうえで、毎年秋（九月、種麦時期）、冬（一一月、年貢後の飯用）、春（正月、二月、作食用）の三回の時期で二割の利息で貸し出す。そして麦を取り収め、稲の植付けが終わる夏の六月ぐらいまでに取り立てるようにしている。そして、凶年や飢饉のときには救穀を利用するようにし、それによって不足した穀物は永貸穀を繰り上げて補充した。

また、町方や漁師、職人、浮過層などの多い地域は、銭貨を納入し穀物（麦）に換えて社倉に納めるようにする。貯穀は赤麦（裸麦、鬼あかど）を基本とするが、それが難しい場合は、粟、蕎麦、稗、大豆、小豆などでもよかった。ただ、米は年貢に差し支えることがあるので認めず、その代わり籾で納めることを認めている。

かくして、広島藩は全藩的に社倉法を実施することになる。しかし、その後、社倉法は必ずしもうまくいったとは限らない。いくつか課題も出ている。たとえば、頼春水は寛政九（一七九七）年に「何れ之村ニても元麦至て軽微、一ケ村ニて壱斗、弐斗之事ニて、其村々之者共より年々高割を以て出させ候て、又其出し候者ニ借し付け利息を出させ候故、高割と利息と彼是ニて八年々御年貢之外ニ出し候物相増し候道理ニ相成候、此事御上へハ一向ニ相しれ不申、只下方之難儀と成申候、是皆本法成就と申出候様にとあせり付候故それたけ下方之いたみニ成候」と、村民よりわずかな醵出で備蓄麦を蓄積していくのが社倉法の本来あるべき姿のはずが、本法成就を急ぐあまり、利息をつけて貸し付けるようになり、年貢だけでない過剰な負担になってきていることを指摘している(21)。さらに幕末には、「諸郡共兼而之御趣意ニ相応し候様ニと上向より厚御示談も有之……変年飢饉之貧民飢渇不及候、救方第一之御趣意ニ有之、法意通り被相行活用致候儀肝要之事ニ而、不〆り就而ハ有名無実ニ而者奉対尊慮ニ不相済義ニ付……」と、社倉法の趣意が理解されていないことを指摘し、さらに「救穀を貸付過穀へ当り村貯と唱、取計候様之類も有之」と、本来備蓄して飢饉に備えるべき救穀分まで貸付に充て「村貯」などと述べている様子も紹介している(22)。

かかる社倉法の問題点については、改めて検討するが、社倉法に対する取り組みは非日常的な事態への対応を目的としていたため、日常的に社倉法の取り決めを維持し続けることは難しかったのである。

2　広島藩社倉法実施の思想史的背景

次に広島藩の社倉法の特徴について、まず社倉法実施を推進し、『社倉攷意』を執筆した加藤友益と、その子の友徳について思想的系譜を明らかにし、そのうえで社倉法と神道との関わりについて明らかにしたい。

加藤友益の祖先は毛利輝元が広島城下町建設時に猫屋の屋号を有し、店を開き、猫屋橋や猫屋町を開設した家として知られる。その後、分家し海田市へ移り住む。加藤友益は延宝元（一六七三）年海田市村で生まれ、元禄四（一六九一）年のときに家業を引き継いで庄屋役になった。そして、「少してより学を好み植田玄節の門に出入し、神儒の教を受て尊信せり、晩年朱子社倉法を推演し其書あり」(23)と、植田玄節（艮背）を師事し神儒学を学ぶ。その一つとして宋の朱熹が創始した社倉法に基づき山崎闇斎が『資治通鑑』や『朱子文集』から記事を集めて編集した『朱子社倉法』について学び、『社倉推演』を編集した。

その後、享保一七年の享保の飢饉を経て、藩主浅野吉長から救恤の具体策を提示するよう命を受けた執政岡本貞喬が植田玄節を通じて社倉法について友益に諮問することになった。こうして加藤友益は享保二〇年『社倉攷意』を著したのである。

その子の友徳は、「幼より父の教にて学問に志厚く、宝永六年己丑十一歳にして植田玄節を頼ミ、その九月より正徳四年甲午極月ニ至る迄、隔日海田より広島へ往来し、玄節父子ニ従学し、同五年乙未二月朔日より師家に寄宿す、同五日郡御役所にて学問精勤の御褒賞白銀弐百目書物調料として被下之」と、一一歳のときから学問を始め、広島と海田市を往復していたが、一七歳のときから植田玄節のもとに寄宿して学問をみがいた。(24)かくして、植田玄節の第一の高弟となっている。なお友徳は、元文三（一七三八）年に藩に召し出されている。

その後、友徳は『朱子文集』から社倉法関係の内容を抜き出して編集した『朱子社倉事目』や、その解説書である『朱子社倉事目浅解』を著し、さらに寛延二（一七四九）年には父友益の『社倉攷意』を整理編集し、再度、藩に提出した。友徳の門弟であった矢野村の尾崎神社宮司である香川将監にも影響を与え、寛延二年安芸郡矢野村、押込村で社倉が設置された。

明和七（一七七〇）年に広島藩としても本格的に社倉法を推進し、社倉法実施の具体的方法を示した『社倉法意頭書』と社倉法の趣旨・効用を説き設立を勧めた『社倉示教書』を配布しているが、これらも友益や友徳の強い影響を受けている。

加藤友徳の口述筆記した『朱子社倉事目浅解』の冒頭を参照すると「社倉創立ノ由縁ハ垂加先生編メル所ノ社倉法本編ニ見ユ、事目トハ故事節目本文ノ十五条是也」[25]と記載されているように、広島藩の社倉は、山崎闇斎や植田玄節の思想を強く引き継いだものであった。

山崎闇斎といえば、神儒兼学による学問を基本としていた。つまり、「神儒はそれぞれ独立の道であり、その道を独自に純粋に精究していけば、同一の原理、同一の境地に到達するというのが闇斎の神儒両道の研究態度であった」と、朱子学（儒教思想）と神道思想の両思想を兼学したという立場である[26]。

山崎闇斎の思想については多くの成果がある[27]。本章に関連して指摘しておきたいのは、儒教については「述而不作、信而好古」と朱子学を信奉し、朱子の学説を忠実に祖述しているという点である。こうした山崎闇斎の学問的姿勢について、高島元洋は「『私了簡』を排除し、『聖賢の定規』で物を考えるならば、そこに客観的な『教学の法』が得られるはずであるのに、かえって逆説的に『謬』りの可能性が読み込まれている。この逆説のうちに表現されるものは、闇斎の朱子にたいする絶対的な傾倒である。つまり『述而不作』という立場には、闇斎の朱子へむけての信仰に近い思いが込められている」と、述べている[28]。

つまり、山崎闇斎が考えている朱子学は純粋に朱子に準拠し、精密に程朱（程顥《ていこう》・程頤《ていい》と朱熹《しゅき》）やその正統派の人々の著述に沈潜し、程朱の論説を程朱の文章を通じて明らかにすることであった。その意味で、朱子学の概説的な理解にとどまる林羅山らの林家朱子学や、従来の朱子学説の批判から派生した伊藤仁斎や山鹿素行、荻生徂徠らの古学派とは性格を異にする。

神道思想（垂加神道）に対してもまた、同じ学問的姿勢で臨んでいる。すなわち、神道の本質を神書、諸抄、秘伝を通じて私見を混同せずに明らかにしようとした(29)。この点が山崎闇斎の崎門派（崎門学派）と言われる高弟たちとの考えの食い違いを生むことになったのである。

植田玄節は山崎闇斎の高弟である。山崎闇斎は晩年になるに従い神道に傾き、敬義内外説において、内は心身、外を家国天下と解したのに対し、高弟で崎門三傑としても知られた浅見絅斎や佐藤直方は内を心、身以下を外とする従来の説をとった。この問題は、山崎闇斎との間で大きな亀裂を生むこととなり(30)、延宝八（一六八〇）年ごろに破門になっている。このとき植田玄節らは神道派として『叛門論』を書いて彼らを攻撃した。こうしたことから、植田玄節は山崎闇斎の「忠臣」とも「佞臣」とも言われている(31)。両者のいずれが正しいかは、本章の趣旨ではないので論じないが、このように植田玄節は、崎門派の学者たちと一線を画し、晩年に至るまで師匠の教えに忠実に従った人物として知られる。山崎闇斎が亡くなる天和二（一六八二）年、病床に臥すことが多かったが、植田玄節が広島に向かう挨拶に行ったときは、病床に臥せたままであったが機嫌よく『論語』の「一以貫之」の意味を語り示した。ただ「さらば」と言うときは、厳格・気丈で知られる闇斎も声は弱く、かつ涙ぐんだという。植田玄節が広島に出立するのは九月朔日のことである。ちなみに、山崎闇斎が亡くなるのは、その半月後の九月一六日のことであった(32)。

かくして植田玄節は広島で、儒学と神道を統一した闇斎学（神儒学）を教授した。その後、浅野綱長・吉長に召し抱えられ、広島藩領内での神儒学の浸透に貢献した。

もう一つは、社倉法と神道の関わりである。社倉法の性格には、いくつかの点で神道との関わりを見ることができる。

冒頭でも紹介したとおり、社倉の語源は、『朱子社倉法』から始まる。しかし、加藤友徳の『社倉解意抄』を参照すると、以下のように書かれてある。[33]

〈史料2〉

社倉と申名目之訳は、和解に出候通唐土よりふるく申来り、何方にても普く通し被用候、申さは今も所蔵郷倉などと称へ候ニ似寄り候、しかし社の字を用ひて号出し候はすへて救急之料ハ彼之地にても社檀を立る之在所（案するに唐土、社を建ることや、我か邦の神社不同、朱子文集社壇の説あり）毎里毎村に置を以て要と致し候、少しも其置き所を御かり隔り候て、最早郡元等にて請取申様之障取有之候ては暫時不被待之急難救ハれ不申、彼是ニ付而不宜候ニ付、賑倉ニ付て社之名を得申事一段の本義ニ而候……則今日法を承るの面々一社倉の名称に於けるも一つは神穀を受て此倉に儲へ一つは其倉を以て社地に置き穀地相得而倉義全く備はる、唯当さに執法之人各ミづから謹ミ守り祈禱正直の誠を失ハずんば則以て此社倉之名に適ふへしと云……

このように、広島藩の社倉法は神道との関わりを強く持たせていた。しかも、新たに社倉を創設する村は、必ず安芸郡矢野村の尾崎神社（八幡社、八幡宮）を詣でるようにしている。このため、尾崎神社のことは社倉の総鎮守とか社倉神などと言われた。

この経緯について、「殿様より御直書郡奉行衆へ参り、両度ニ相聞　於私共恐入候儀ニ奉存候、内々御代官者勿論手附のもの迄寄々社倉発起之事は心を附候へとも、安芸、沼田計、近来向江田孫四郎相企候へとも彼は御城下在住同然之事故将監方へ往来、殊に富有之者故元麦等之致方も自由に相成り候故相調へ候、其外者遠郡往来隔候故、出浮之費も有之、発起無之、就夫毎郡大社へ右社倉法書書写納置候はゞ近辺手寄之事故発起も仕相弘り可申候……」[34]と、神社での分祀の性格を取り入れると共に、社倉法書四巻『朱子社倉法』、『朱子社倉事目』、『朱子社倉事目浅解』、『社倉攷意』を尾崎神社で管理したのである。

この社倉法書四巻は、延享四年に加藤孫三が香川将監（尾崎神社）に奉納したものである。その際に「右永々納在神庫妄出無之様頼入候」と、保管を厳重にしている。[35]そして、各村々は社倉を設置するとき、まず尾崎神社の社倉法書である四巻を請求し、社倉に保存している神穀を神職香川将監から受領して帰村したのである。そして、各村々では帰村すると、神穀と元麦を混入して尾崎神社へ神納請願し、利倍を計算して、その石数を香川将監へ報告したのである。

また、神穀の意味について、「唐ノ社倉法ニテ候ヘトモ（ワサは唐にて候へとも）」と、社倉法の起源は中国としながらも、「意者神明ニ相叶候様に取り行ひ申候……神穀壱貫目者神穀として神納故もはや神様の物与相心得……」と、述べているように、[36]最初の基礎となる穀物（麦）は、神納したものとしている。この点について「将来世話掛り員にして、或は姦猾を為す者を予防するか為め、該麦を以て神穀と称す」[37]と、神に納めたということで、貸借の対象にせず、神穀は元麦として備蓄の基礎としたのである。

次に、社倉法を発起心願する村は、尾崎神社の神前で誓約することが必ず行われていた（神前誓約）。それをしないと、社倉法書四巻の閲覧が許されなかったのである。これは広島藩の特異な性格である。誓約の一例を紹介しよう。[38]

〈史料3〉

誓約

一　此度　御上ヨリ社倉法厚ク相立弥弘マリ候様ニ被　仰渡之御儀難有仕合ニ奉存候、村民御憐憫之御公恩決而忘却仕間敷事

一　御当社秘蔵之社倉法幷神穀之残麦共ニ相授リ候儀、冥加之至奉存候、然者神物同意ニ相守リ利欲之取斗ヒ不仕後来永々相立無違乱様ニ申送可仕事

右於相背者

御当社幷ニ私共産土神社之御罰可相蒙者也

元麦五斗

御調郡中野村

広川　豊之丞

安永八年亥十月五日

（後略）

「村民御憐憫之御公恩決而忘却仕間敷事」とか、「（神穀を）神物同意ニ相守リ利欲之取斗ヒ不仕」と、飢饉に対する貯穀の意味を誓約に込めることで、社倉法の持つ理念を徹底している。

このように社倉法を実施するときには、①厳粛味を添加する必要性（神前誓約）、②社倉法書の神納、③神穀頒布の三つの点において神道と深い関わりがあった。

ただ、ここで注意したいのは、こうした神道的な性格と山崎闇斎や植田玄節の学問的系譜の関わりを安易に結

び付けることは問題があるということである。確かに山崎闇斎は晩年神道に傾倒しており、造詣も深かった。ただ、広島藩における社倉法と神道との関係は実施過程での儀礼的な性格の問題であり、先に述べたような朱子学の中から社倉法の性格を学び取るものとは異なる。むしろ、闇斎学（植田玄節の学門）は神儒兼学の学問的性格から、香川将監をはじめとした神職の人々に受け入れられ、社倉法実施の担い手になったものと考えられる。そうした中、社倉法を具体化する過程で、神道的な性格が付与されたと考える方が妥当であろう。

ところが、文化四（一八〇七）年に書かれた『社倉穀根元之事』を参照すると、以下のような記述がある。(39)

〈史料4〉

社倉之儀、神道ニ懸り候事ニハ無之、全く御国政之事ニ而朱子之社倉を基として法書も出来候事ニ候処、社之字有之其上将監取斗候故、神道之様に存候方角も有之候哉と候得共、社之字組しと云心ニ而、畢竟凶年等ニ而食物等無之節下方より御役所ニ申出候間合無之、急之場合速に救い候手当ニ候得ハ郡中ニ而も一二か所貯置候而ハ間ニ合不申事有之、亦新古入替等之節持運候費茂有之故、村々貯置候物故、社倉と唱候事ニ候、且又神穀之儀五左衛門より八幡社へ一度寄附の麦を元立として取行候より自然ニ始り亦誓約之儀同人発起之時本文之通り神前ニおゐて少しも私欲不仕、此法執行可申と誓約仕候より始之事ニ而法書ハ無事ニ候得共、追々発起之度毎是を例として取斗候事……

〈史料4〉を参照すると、冒頭で「社倉之儀、神道ニ懸り候事ニハ無之」と、社倉と神道との関係を全否定している。そして、先に〈史料2〉で紹介した神道との意味を持たせる要素について全く逆に否定的な解説をしている。すなわち、社倉の「社」というのは、香川将監の取り計らいであることから、神道のようにとらわれていると弁明し、本来朱子の社倉からとったものであり、凶年のための食料備蓄が目的であるとし、郡に一つや二つ程度を設置するのでは間に合わないため村に一つ設置するのだと弁明している。神穀も矢野村の名主五左衛門が子供の病気平癒のために献納したものを基礎にした名称であると述べ、さらには誓約も名主五左衛門が社倉法を始めるときに私心なく行うことを誓うためになされたものと述べている。

このように、文化四年の『社倉穀根元之事』を参照すると、神道との関わりについて先ほど紹介した内容を否定していることがわかるだろう。実は一八世紀後半から一九世紀にかけては、安芸国一帯で真宗僧侶と神道との対立が激しくなる時期であった(40)。広島藩は浄土真宗(真宗)に熱心な安芸門徒の地域として知られる。文化四年の『社倉穀根元之事』は、こうした真宗僧侶や門徒による神道批判が激しくなる中、社倉法設立への影響を危惧して神道との関わりがないことを指摘し、叙述したものと思われる。つまり、神道との関係を表面的には否定することで、当時における藩内の社倉法への理解を図ったのである。

3 『社倉攷意』に見る近世後期の社倉法理念

『社倉攷意』は享保二〇年に加藤友益が社倉法実施の具体策として藩に提案したものである。その後、宝暦飢饉とそのときの矢野村と押込村での社倉法の成果がきっかけとなり、藩としても取り組むことになった。社倉法の理念を考えるとき、矢野村尾崎神社に保管された、社倉法書四巻(『朱子社倉法』『朱子社倉事目』『朱子社倉事目浅解』『社倉攷意』)や「朱子社倉法和解」(岡本貞喬)などをはじめとした多くの書物を検討する必要がある。ただ、本章では中でも、広島藩で社倉法実施の基礎となった『社倉攷意』から社倉法に対する理念を三つ紹介し、その意味について検討する(41)。

広島藩の藩政をまとめた書物には『芸藩志』や『芸藩志拾遺』があるが、その中に、広島藩で社倉法を推進した事績をまとめた項がある。それを参照すると、『社倉攷意』が全文掲載されてあることからも、近世後期の広島藩の社倉法の理論的基礎となっていたことは確かである。
まず最初の特徴としては、朱子学の社倉法理念を尊重しながらも広島藩内の実態に即して行われているということである。このことは、『芸藩志拾遺』で「宋の朱子社倉法を根拠と為し、而して之に本朝殊に当藩の国情に通して実行せられるへき方針を取りて、之か細目等を取捨折衷して施行せしむるに決し……」と記したとおり、朱子学の理念に基づきながらも広島藩の実情に沿って具体案を紹介したところにその特徴がある。〈史料5〉を紹介しよう。

〈史料5〉

朱子之古法は米と見へ候得共、今於当地は麦にて仕候方宜被存候、其故ハ第一米は取立候時節、御年貢に差集ひ候、麦にてハ其構ひ無之候、殊に民間作業之者日用之食物最有資之穀にて、おのつから遊手を抑へ候意も有之、しかも郡中何方にも毛付候而取立滞り不申、末々実恵を蒙り申儀に御座候、往古ハ今のいな麦と申を専らに作り、近代ハ鬼あかと申裸カ麦を多分作出候、是ハ米に継候麦にて舂候て耗り少く、飯にいたし候て飯多ク、粉にいたし候へハ壱升の麦は壱升四五合ほとに成り申、ねまりよく重宝成る麦にて候、夫故此麦壱石はいな麦弐石にかけ合ひ申候、諸城下近郡は皆此あかどを植候故、可成程ハ奥郡も赤ど麦を社倉に仕度候、近年は奥辺迄も水田之外は大方赤麦を植へ、所に寄てハ水田をも掻上候而随分麦毛付申趣に御座候、乍然郡村に寄りいな麦多く作来候処ハ格別之儀に候間、其所の宜に随ひいな麦之斂散にても可然候、若又いな麦も過分に少き所は、米或ハ其地相応の雑穀にても其情願に依て可被建置候

同史料で紹介したとおり、朱子による社倉では米を備蓄すると指摘しているが、広島藩では麦を備蓄用にする

ことを奨励している。米は年貢に影響するのに対し、麦は民間の食料であるとともに、郡内であればどこでも生育できることを指摘している。また、麦の品種は、これまでのいな麦よりも鬼あかど（赤麦）と言われる裸麦が良いとされた。この鬼あかどとは、広島はだかとか広島麦などとも呼ばれ[42]、麦を搗いたとしても磨耗が少なく、粉にすれば一升で一升四、五合になり、しかも粘りが良いとされる[43]。このため鬼あかど一石でいな麦二石に相当するという。広島城下町とその周辺ではあかど麦を植えている。一八世紀前半、各地であかど麦を植えるようになり、また水田の水を抜いた後にあかど麦を植える地域もあった。このように、朱子の教えを教条的に奨励するのではなく、広島藩が備蓄するうえで救荒作物として適当なあかど麦を奨励している。

前項でも紹介したとおり、広島藩で社倉法を広めることになった加藤友益、友徳親子をはじめ社倉法の関係者は、植田玄節の教えを学んだ人たちが多い。そして、植田玄節は、師匠である山崎闇斎の朱子学を忠実に理解しようとした。その意味で、『朱子社倉法』も、自分なりの解釈を排し、本文に忠実に理解していたと考えられる。ただ、こうした朱子の教えに対し、実行する際には忠実ではなかった。むしろ、教えは教えとして忠実に学び、そのうえで地域の現状や自然条件などの現状に即して施策を具体化したのである。

第二番目として社倉法の基本的な性格について紹介しよう。その点を示した〈史料6〉と〈史料7〉を参照しながら二つの点を指摘したい。

〈史料6〉

吾か郷里は親類縁者懇意にちなミ候、朋友又者従者出入之者朝夕見馴聞しるもの、居る所に候得ハ、彼等か難儀に及ひ候節は見捨かたく可存候、既に飢荒の節ニは施行をも能仕候、今我に余慶あるこそ幸なれは、日比にそれと目だゝずとも弘く里中にほとこし無窮に残し置候事は面々の可為本望儀ニ候

〈史料７〉

村中什ニ八九は貧民、残る一二ハ豪富物力有るもの共にて、もとより借を願ひ不申、田地も多く所持仕候へハ高懸り余計出し候付、眼前之損得のミを考へ貧者の難儀をかへり見すとやかく申事も可有候……顧候に此儀元来一粒も上之御勝手之為メに被遊儀にて無之、偏ニ下方困窮餓死無之様にとの御恤ミを以て創立之儀被仰付候へは、少も有力ものともは弥々共々に精勤を励ミ致成就候様に仕筈に御座候

まず、社倉法における受給の対象者についてである。〈史料６〉において明らかなとおり、村内構成員が貧富の差により飢饉時の難儀に及ぶことは本意でないとして、村民に対する相互扶助を基本としていた。施行のような飢饉時の応急的な対応だけでなく日常的に危機に備えるようにしたのである。そして〈史料７〉で示したとおり、社倉法を受ける者のうち一割から二割の富裕者は外し、八割から九割の小農、貧農層を対象としたことである。

第二に、権力との関係である。「此儀元来一粒も上之御勝手之為メに被遊儀にて無之」と、備蓄した麦については、領主であっても自由にできず民間が運用するものだと社倉法の性格を明確にしている。つまり、社倉に保管してある麦（食料）については、たとえ、公権力であったとしても、収奪の対象にはせず、運用などの面でも利用を認めない、権力とは無縁なものとして位置付けたのである。

また、貧農者は「高利をいとはす穀類を借り」ることでしばらくの間困窮から逃れることはできても、利息を支払うことができず「田宅を失」うことになると述べている。しかも、日常的に借りることができたとしても、凶年で物価が高騰すると「日頃借り来候者も貸し不申、甚迷惑に及候」と、貸してくれないことがあった。こうした状況に対し、社倉法を実施することで凶荒時にも貸し付けが可能になるばかりでなく、困窮者には返済義務

を果たさなくてもよいとしたのである。

また、幕府や諸藩が備荒貯蓄・米価調整のために貯えたのが囲米、囲籾、あるいは置米などである。寛政二（一七九〇）年に松平定信が江戸、京都、大坂に実施した囲米の制は町人や農民を対象にしたものであるが、ほかに幕府は諸藩に対し、こうした備荒用の囲米を奨励した。宝暦三（一七五三）年に幕府が高一万石に対し籾一〇〇〇俵（三斗五升）を蓄える囲籾の制を発したときには広島藩も応じ、籾一万五〇〇〇石近くを各郡の郷蔵などに詰め置いている。[44]それに対し、社倉法はこうした藩としての救恤政策とは別に村自身が村のために実施するものであることを明確にしているのである。

そして、最後に、広島藩の社倉法と貨幣の蓄財との違いについて〈史料8〉と〈史料9〉で紹介しよう。

〈史料8〉

社倉を金銀にての貯に仕事不宜候、縦ひ所々勝手を申立、如何様に願ひ出候とも、其筋は一切御取上ケ不被遊候而可然候、社倉は餓人を御憐ミと申所一ツの目当にて御座候得ハ、少宛の金銀にても穀に仕替置候こそ本意にて御座候、或は暫く金銀を以取立漸々利廻しいたし、以後穀に移し可申抔申様之利便之才覚有之候共、先ツ社倉の意趣に相背き候儀にて剰害出来申事可有之候、此所能勘弁可有儀ニ御座候

〈史料9〉

元来金銀にての社倉と申事はなき事ニ候得とも、其訳不詳候得ハ惑ひ申儀有之候故申置候、金銀と申もの諸式調ひ候勝手には好候へとも、本ト民間より作出す物にて無之候故、利付取立之節に至り有徳之者之外は多ク指支致迷惑候、然ハとて勝手宜利廻し仕ルもの迄へ借し預ケ候時は、其もののためにハ成り可申候得共、片寄候而貧者へ恵の筋に成り不申、其上賑済入用之節急に取立可申とても、貸し散し候金銀容易に取集申事

難成候、又取立候而も其節は穀価高直平生之一二増倍にも当り甚致払底候時は、金銀持なから及饑候事近年之蝗災にても見へ候、偖又金銀有合候へは無益之費出多きものにて、折角分易に借り受候も、却而高利に当る意ニ成候、是故下方への借しに金銀を用ひ候事実恵に成り不申候、況や聚斂刻薄に移候へハ甚賊害いたし候

二つの史料のいずれにおいても、社倉法において重要なのは、飢饉に対する食料の提供であるとし、「貯金」ではなく「貯穀」であるということを強調している。つまり、金銀ではなく穀物（赤麦）を蓄えることを強く主張している点が注目できよう。そして、金銀の方が利回りが良く、また貨幣としての使いようも便利であるとしても、「社倉は餓人を御憐ミと申所一ッの目当にて御座候」と、社倉法の第一義的な意味は飢餓に対する憐憫であり、利殖でないと明示している。また借金などの行為は一時的には相手のためにはなるものの、「貧者へ恵の筋に成り不申」と述べているとおりである。そして、なにより、「金銀持なから及饑候事近年之蝗災にても見へ候」と、享保の飢饉に見られるように、たとえ金銀があったとしても、飢餓に見舞われることを紹介している。

ただ、ここで興味深いのは「金銀と申もの諸式調ひ候勝手には好候へとも、本ト民間より作出す物にて無之候」と、貨幣は民間で作られるものではない（作ることができない）としながらも、貨幣の一般的交換手段機能としての効能を評価している点である。つまり、社倉の設置による穀物の保管は、決して貨幣経済を否定したものではなく、むしろそれを認めながら、逆に貨幣経済の浸透によってもたらされるリスクに対するセーフティネットとしての役割を社倉法に期待していたのである。

おわりに

以上、広島藩で実施した社倉法について明らかにしてきた。これまでの内容をまとめておきたい。

社倉法とは飢饉対策を目的に米穀を蓄えておくための施設および制度のことを言う。広島藩の社倉法は享保の飢饉をきっかけに検討された。延享四（一七四七）年に安芸郡矢野村で初めて実施され、宝暦六（一七五六）年の飢饉のときにその効果が確認されると、明和七（一七七〇）年に広島藩は全藩的に取り組みがなされることになる。

ところで、村々に米穀を蓄えておくことについては、社倉以外にもさまざまな呼称があった。とりわけ、常平倉と義倉は社倉と共に三倉と言われる。その場合、本来の意味は、社倉とは平年相互に米穀を拠出貯蔵し、凶年飢饉に備えるためのものであり、義倉は平年、主として富裕者米穀を拠出し、他日天下窮民の救済賑恤に資するものであった。そして、常平倉は穀価が低いときに糴《かいよね》（買い入れ）し、高いときに糶《うりよね》（払い下げ）する、穀価の平準化を図るためのものであった(45)。その意味ではそれぞれの名称で性格も異なるものの、実際のところ近世においてその位置づけはあまり区別されていたわけではなかった。

広島藩の社倉法の背景は山崎闇斎の『朱子社倉法』に求められるが、この理論を広島藩に学問としてもたらしたのは植田玄節である。植田玄節は、山崎闇斎の高弟として知られ、晩年に至るまで師匠（山崎闇斎）のもとで学んだ。

一般に山崎闇斎と言えば、神儒共学、垂加神道などの儒教と神道の両方の学問について、いずれも史料に対して忠実であることが知られる。多くの学者を輩出し、とりわけ浅見絅斎や佐藤直方は高弟として知られ、崎門派と言われた。しかし、こうした崎門派の学者たちは山崎闇斎の晩年になると破門されたり遠ざけられている。このため、崎門派の学者は、闇斎学派として紹介されるものの、実はその一方で闇斎のもとで最後まで学んだのは神道派であった植田玄節たちであったのである。

山崎闇斎が崎門派の弟子たちを破門にした理由はさまざまだろうが、一つの要因は闇斎の学問的方法は朱子学においても、晩年において傾倒する神道においても、いずれも史料に対して忠実であることにある。『山崎先生語録』に「先生常ニ発明ダテスル者ニ遭テハ、其面白イトイヤルハ何ノ書ニ出タ事ゾト問ハレタゾ。其人コレハ私カニ発明シテソフ存ズルトイヘバ、其様ニ発明ダテシヤルナ。其方ガオモシロイト思フ程ノ事ヲ、聖賢ノ書ニ残シテハオカレヌト答ヘラレシ」と、門人の中に独創的な説を唱えることを誇りとするような態度をとるものがいたときには、これを戒めている(46)。

その意味で、植田玄節は学問的方法を含めて闇斎の教えを忠実に理解しようとした人物と言えるだろう。植田玄節は広島において武士に限らず庶民に対しても積極的に学問を教え、そこで輩出したのが加藤友益・友徳親子であったのである。

享保飢饉は三大飢饉の一つに数えられる。ウンカによる被害により西日本一帯が不作となった。この飢饉は、単に自然災害による飢饉というわけではなく、幕府・藩の対応にも問題があった。幕府の問い合わせに対しても、藩は正確な回答をせず、事態の把握を遅らせることになった。また、広島藩としても、藩外からの買い米を行おうとするが、米の入手が困難で事態を悪化させたのである。結果、広島藩では三二万人の飢餓者と、八六〇〇人もの餓死人を出すことになった。この事態の反省のもと、飢饉に備え穀物を保存することを意図して提案されたのが社倉法の実施であった。

『社倉攷意』は享保二〇年に享保飢饉後の社倉法実施を意図して、加藤友益が作成したものである。内容は社倉の設置・運営の方法を叙述したものであるが、これに改編を加えて社倉法を具体化したものである。社倉法は、近世後期、広島藩領内全村で実施されるに至るが、この理念的の支柱が『社倉攷意』であった。

社倉法の具体的な内容は本章において述べてあるので、ここでは記さないが、広島藩の社倉法を考えるうえでの特徴として三つの点を挙げておこう。

一つ目は『社倉攷意』を作成した加藤友益は植田玄節の弟子であるように、山崎闇斎の学んだ朱子学に基づいていながらも、それを教条的に実行に移すのではなく、広島藩領内の実態に即して実施しようとした点である。先に指摘したとおり、植田玄節は山崎闇斎の学問を忠実に学んだ人物として知られるが、実際の社倉法では広島藩の実情に沿った適応がなされている。特に『朱子社倉法』では貯穀の対象は米と記されているのにもかかわらず、実際は赤麦（裸麦）にしている点が強調されている。

また、領主が介することのない村民に対する小農、貧農層を対象としている点も注意が必要である。社倉法は一定量の穀物の運用もなされるが、それが第一義的な目的なのではなく、基本は飢饉対策であることを明らかにしている。この点と共に社倉に備えられる救穀（救麦）は、飢饉対策のため運用に充てないことを紹介している。特に社倉法を開始するときに充てられるのは神穀と言われる。そして、社倉法を始めるにあたり、「神物同意ニ相守リ利欲之取斗ヒ不仕」と、神穀を神物と同意として利欲を起こさないことを誓約している。これらの行為を通じて神道の関わりを指摘しているが、この点は単に儀礼的な手続きレベルでない意味で重要であった。すなわち、社倉法の基本となる元麦＝神穀というのは、運用などに充てることなく飢饉に備えて管理・保管するためのものであった。飢饉というい つ起こるかわからない不確実な事態に備えるために、保管していたわけである。もし、飢饉がなく運用に充てていれば、二割程度増石する可能性もある。ただ、実際のところ、こうした社倉法の理念に反し「村貯」というように、救穀分まで運用に回している場合もあった。

その意味で、単に穀物を管理するのではなく、神穀という名目にし「神に奉納したもの」とすることで、運用しない理由を正当化したとも言えるだろう。

そして、最後に広島藩で行われた社倉法のあり方を展望するとき、永代穀と永利穀は運用に充てるものの、基本的に蓄財ではなく貯穀であることにも注目したい。つまり、近世において貨幣経済が浸透することで、貨幣の効能の幅が広がっていながらも、あくまでも社倉法は飢饉対策としての穀物を蓄えるためのものであったということである。

このように広島藩の社倉法は当時の貨幣経済の浸透と、逆にそれに対する飢饉への具体的な防御策として市場経済の中に食料を入れることをせず、食料保存を基調とした点に特徴がある。この点は、安永九（一七八〇）年に発布した『社倉問答書』にも「金銀にて利倍は如何哉」という問いかけに対し、「金銀等にて利倍は執行安き事には候得共、一統凶年之節米穀不自由の時は金銀沢山にても買求め候業に差問候間、急難之間に合ひ不申法意に叶不申候」と、飢饉になると貨幣があったとしても物が買えない様子を記している。[47] つまり、貨幣経済と市場経済の浸透により、貨幣を媒介とした取引が行われ、貨幣を持っていればすべてのものが市場で交換できるようになった。しかし、それが飢饉などの非常事態に陥ると、全く機能しないこともあったのである。この点、この時期の経済思想として見た場合、こうした飢饉という非日常的な事態によって貨幣経済や市場経済を否定するというわけではなかった。ただ、かかる非日常的な事態に対応するセーフティネットの構築が必要だったのである。それは、より平易に言い換えれば、実際に食用とする米穀を市場経済の土俵に上げず貯穀するということであり、具体的には社倉法によって対応することだったのである。

注

（1）中村彰彦『保科正之』（中公新書、一九九五年）。ただ、同書の「社倉の創設」を参照すると、藩が米を買い上げ、代官が預け置いておき、凶年に際し、利率を安く貸し与えることができるものである。その意味で、囲い米の類と考えられよう。
（2）農商務省農務局「社倉制度ニ関スル調査」（一九一五年）。
（3）本庄栄治郎『米価調節史の研究』（『本庄栄治郎著作集六』一九七二年）。
（4）柴田一「岡山藩社倉法の研究」（『兵庫教育大学研究紀要』三）、小林平左衛門『日本農業史の研究』（日本農業研究所、一九七一年）、栗原健一「近世備荒貯蓄の形成と村落社会」（『関東近世史研究』第六三号、二〇〇七年）。
（5）内池英樹「近世義倉組織の一考察（上・下）」（『岡山地方史研究』八〇・八一、一九九六年）、平下義記「明治期における福山義倉の組織変革」（『史学研究』二八二、二〇一三年）、同「明治の中の『旧藩』――明治二四～二六年旧福山藩領「義倉事件」の分析」（『史学研究』二八七、二〇一五年）。
（6）笛木俊一「明治初期救貧立法の構造（一・二）」（『早稲田法学会誌』二三・二四、一九七三年）。
（7）山崎善弘『近世後期の領主支配と地域社会』（清文堂、二〇〇七年）、松沢裕作「維新期直轄県における救恤と備考貯蓄」（『明治地方自治体制の起源』東京大学出版会、二〇〇九年に再録）。
（8）社倉法実施の内容については、特に注記がない場合、広島県編『広島県史近世1』（一九八一年）、同『広島県史近世2』（一九八四年）、海田町編『海田町史』（一九八六年）、坂町編『坂町史　通史（考古～近代）編』（二〇一三年）を参照している。
（9）文化四年「社倉穀根元之事」（香川家文書）。
（10）〈史料1〉には蝗草との記載があるが、実際はウンカ被害が甚大だった。菊地勇夫『近世の飢饉』（吉川弘文館、一九九七年）。
（11）「私領虫附ニ付拝借書付」（国立公文書館内閣文庫『虫附損毛留書　内閣文庫影印叢刊』下巻、一九八〇年）。
（12）「領分飢人幷餓死人相止候届」（国立公文書館内閣文庫『虫附損毛留書　内閣文庫影印叢刊』上巻、一九七九年）。
（13）「京・大坂其外所々より来状留」（国立公文書館内閣文庫『虫附損毛留書　内閣文庫影印叢刊』上巻、一九七九年）。
（14）「広島藩領稲毛虫付一件」（広島県『広島県史　近世資料編Ⅱ』一九七六年）。
（15）大石慎三郎「享保の飢饉」『国史大辞典　第四巻』吉川弘文館、一九八四年）。
（16）藩から幕府への届け出の数は過少であったと考えられる。たとえば、この数字について菊池勇夫『飢饉から読む近世社会』（校倉書房、二〇〇三年）を参照すると、「餓死者、疫死者数はそれを上回るべきとみとくべき」と指摘されている。
(17) 元文三年「社録　天」（香川家文書）。
(18) 「国郡志御編集に付しらべ書」（坂町編『坂町史　通史（考古～近代）編』二〇一三年）。
(19) 『芸藩志拾遺』（『広島県史　近世資料編Ⅰ』一九七三年）参照。
(20) 「香川正直事蹟」（香川家文書）。
(21) 寛政九年「社倉法の事につき意見書」「春水遺響　献言応問篇　三」（『広島県史　近世資料編Ⅵ』一九七六年）。
(22) 文久二年「社倉法の運用につき趣意口演頭書」（広島県編『広島県史　近世資料編Ⅳ』一九七五年）。
(23) 「加藤三平友諒系図伝記」（海田町『海田町史　資料編』一九八一年）。
(24) 「加藤三平友諒系図伝記」（海田町『海田町史　資料編』一九八一年）。
(25) 「朱子社倉事目浅解」（香川家文書）。
(26) 平重道「垂加神道」（『日本思想史講座４』雄山閣、一九七六年）。
(27) 山崎闇斎に関して、本章において参考にしたものは以下のとおりである。澤井啓一『山崎闇斎』（ミネルヴァ書房、二〇一四年）、なお同書の巻末の参考文献・引用文献は簡潔にまとまっており、便利である。田尻祐一郎『山崎闇斎の世界』（ぺりかん社、二〇〇六年）、高島元洋『山崎闇斎』（ぺりかん社、一九九二年）、谷省吾『垂加神道の成立と展開』（国書刊行会、二〇〇一年）、岡田武彦『山崎闇斎と李退渓』（明徳出版社、二〇一一年）、近藤啓吾『山崎闇斎の研究』（神道史学会、一九八六年）、同『続山崎闇斎の研究』（臨川書店、一九九一年）、同『続々山崎闇斎の研究』（臨川書店、一九九五年）、田尻祐一郎「儒学の日本化――闇斎学派の論争から」（頼祺一編『儒学・国学・洋学　日本の近世13巻』中央公論社、一九九三年）、尾藤正英「山崎闇斎の思想と朱子学」（『日本封建思想史研究』青木書店、一九六一年）、『山崎闇斎学派　日本思想大系31』（岩波書店、一九八〇年）、『近世神道論　前期国学』（岩波書店、一九七二年）、平重道「垂加神道」『日本思想史講座４』（雄山閣、一九七六年）。
(28) 高島元洋『山崎闇斎』（ぺりかん社、一九九二年）。
(29) 平重道「近世の神道思想」『近世神道論　前期国学　日本思想大系39』（岩波書店、一九七二年）。
(30) 尾藤正英「山崎闇斎の思想と朱子学」（『日本封建思想史研究』青木書店、一九六一年）。
(31) 丸山真男「闇斎学と闇斎学派」・阿部隆一「崎門学派諸家の略伝と学風」（『山崎闇斎学派　日本思想大系31』岩波書店、一九八〇年）。

(32) 谷省吾「山崎闇斎と垂加神道の成立」(『垂加神道の成立と展開』国書刊行会、二〇〇一年)。
(33) 明和八年「社倉解意抄」(香川家文書)。
(34) 「社倉日記　安永三年七月二四日」(香川家文書)。
(35) 「香川家旧記」(香川家文書)。
(36) 「社倉日記　安永二年一二月二五日」(香川家文書)。
(37) 『芸藩志拾遺』(『広島県史　近世資料編I』、一九七三年)参照。
(38) 安永八年「芸備諸郡中郷役誓約之巻」(香川家文書)。
(39) 文化四年「社倉穀根元之事」(香川家文書)。
(40) 「文化と教育活動」(『広島県史　近世2』、一九八四年)。
(41) 第3節で紹介している〈史料〉(史料5から9)は、すべて『社倉攷意』(『芸藩志拾遺　第十巻　社倉　其二』『広島県史　近世資料編I』、一九七三年)参照。
(42) 皮麦のことで大麦の一種。実と穎の離れにくいもの(「田家すきはひ袋」『日本農書全集』37、農山漁村文化協会、一九九八年)。
(43) 宮崎安貞「農業全書」(『日本農書全集』12、農山漁村文化協会、一九七八年)、「田家すきはひ袋」(『日本農書全集』37、農山漁村文化協会、一九九八年)。
(44) 広島県『広島県史　近世2』(一九八四年)。
(45) 農商務省農務局「社倉制度ニ関スル調査」(一九一五年)。
(46) 岡田武彦「朱子学継承の態度」(『山崎闇斎　叢書　日本の思想家⑥』明徳出版社、一九八五年)。
(47) 安永九年「社倉問答書」。

第7章　本多利明の蝦夷地開発政策論
――天明～寛政期を中心として

宮田　純

はじめに

徳川幕藩体制下における天明～寛政期は、天明飢饉を要因とする国内疲弊の深刻化や、ロシアの南進による対外危機の発生など、従来からすれば未知なる時代環境を当時の人々に意識させた時代であった。この理解は、田沼意次、松平定信、寛政の遺老といった各政権サイドから、あるいは、民間など諸階層の知識人から発信された政策論の多彩さにより裏づけられるものであり、幕府による商品流通経済への主体的関与を求めた全国的な経済政策の立案や、国際社会の中における日本国家の針路を模索した議論の展開など、国家全体の存立構造に関わる見解が発露された点に特徴がある。これらの要素により構成されるこの時代の意義について、現在からの後講釈としての理解を寄せるならば、日本の近代化に資する礎のいくつか、たとえば、国家的プロジェクトとしての殖産興業の可能性や、国際的な枠組みを意識した支配領域の確保の必要性などが、画期的な価値を内包しながら想起された時節といった評価が適宜である。

こうした大概としての把握を前提としながらも、民間サイドからの発信についての分析が不十分なように、検討を加えるべき課題はまだまだ残されている。この点に鑑みた場合に、筆者が注目するのは、市井の、換言すれば民間サイドの算学者、あるいは経済学者として知られる本多利明（一七四三―一八二一）[1]その人である。利明については、代表作と理解されている『西域物語』、『経世秘策』、『経済放言』などの検討に力点が置かれた先行研究[2]により、「鎖国」下の日本においては稀有な対外交易論を提唱した人物としての位置づけが一般化されている。筆者はこうした通説を参考としながらも、利明の政治経済論の本質はあくまでも生産力の上昇や流通経路の円滑化をベースとする国内開発や興業に主眼を置いていたところにあり、これに基づいた発展的な立案として諸外国との貿易、すなわち対外交易論がある、といった点を明らかにし、本多利明の政治経済論についての妥当な位置づけを立証することに成功した[3]。

しかしながら、かような成果により利明研究が完了されたわけではなく、未着手の課題も残されている。それは、政治経済論が展開された前述の代表作とは別に、蝦夷地を含む北方についての関心に基づいた、いわゆる、蝦夷地を主題に据えた著述の網羅的な分析である[4]。この看過されてきた課題そのものが有意義である理由は、民間サイドの一個人である本多利明の蝦夷地関連著述の発信が天明～寛政期に集中しており、北方情勢の動向とそれに対する国政側の反応の変遷過程に呼応している形跡が見られるところにある。この点に着目すれば、時系列としてのこれら著述の各々の記載内容を分析し、特徴的内容の変化の過程を明らかにする作業は、蝦夷地との関わりにおける利明の思想の明瞭化に繋がることとなる。また、それだけでなく、利明に焦点を当てた検討は、天明～寛政期といった時代の史的意義の指摘へと結びつく可能性があり、極言すれば、通史としての観点から、日本の近代化に資する礎が胎動し始めた画期的な時代相を照射することになるのかもしれない。このような仮説を立証するための基礎に位置する研究として、利明の蝦夷地開発政策論と北方事情との相関関係を鮮明化する試みを本章の設定課題とする。

1　蝦夷地を主題とした事績の編年的整理と分析方法

「はじめに」において触れたように、天明〜寛政期は、天明飢饉を要因とする国内疲弊もさることながら、ロシアの南下と蝦夷地への関心の高まりが見られた時代である。このような時勢としての特徴は、国際社会の中の日本国家のあり方を模索する思考を萌芽させ、その観点からの議論を基礎の一つとしながら近代国家の確立が促された経緯からすれば、パラダイムの変化をもたらした可能性を示唆しているといえる。こうした理解を前提としながらも、本章の設定課題との関連として、事前に整理しておくべきことは、利明により発信された蝦夷地を主題に据えた著述の成立史と、それを醸成させたであろう北方情勢の動向ならびに、それに関する国政レベルの対応についてである。その場合に、まずは、利明による蝦夷地を主題とした事績を網羅的に列挙しておく必要がある。それは以下のような時系列として配置される。

①『大日本国の属嶋北蝦夷の風土艸稿』（天明六〔一七八六〕年一月－同八〔八八〕年一月）
②『別本赤蝦夷風説考』（天明八〔一七八八〕年一月）最上徳内著・利明序文
③『赤蝦夷風説考』（成立年未記載：②を補足したものと推定）最上徳内著・利明校訂
④『蝦夷拾遺』（寛政元〔一七八九〕年一一月）
⑤『蝦夷国風俗人情之沙汰』の「序文」（寛政二〔一七九〇〕年六月以降翌年一月以前）最上徳内著・利明序文
⑥『蝦夷土地開発愚存の大概』（寛政三〔一七九一〕年一月）
⑦『利明上書』（寛政三〔一七九一〕年一〇月）
⑧『蝦夷乃道知辺』（寛政一三〔一八〇一〕年一月）

以上の①〜⑧[5]は、蝦夷地の風俗や地誌の記録に力点を置いたものや、単純に校訂作業を行ったもの、または、他者の観察記録に自説を補足したもの、あるいは、蝦夷地やロシア情報を意識したうえでの対処策を提起したものなど、内容表現において多様な形態が採られている。個々の内容については、次節以降において詳述するが、これらすべてに共通しているのは、いずれも田沼意次・松平定信・寛政の遺老政権により政治運営が図られた天明〜寛政期において成立している点であり、国政側が蝦夷地に対する関心を抱きつづけた時代背景に呼応したものであるといえる[6]。

この理解を前提としながら、さらに、各事績の成立時に着目してみると、きわめて特徴的な点を指摘しうる。それは、①〜③の業績が、天明年間末期に該当する天明六〜八年の間に、また、④〜⑦については寛政年間初期に該当する寛政元〜三年の間に集中的に成立しており、最後の⑧はそこから約一〇年の時間を隔てた寛政一三年、換言すれば、寛政年間末期に成立している、といった個性的な成立段階を示しているところにある。こうした概観的な把握に鑑みた場合に、なぜ、このような段階性が見られるのか、という成立事情に関する問題や、仮になんらかの要因に基づいているのだとしたら、その反映として、各時期の成果における記載上の特徴についての問題、さらには、その特徴を整理した場合に、内容面の変化、換言すれば、利明の蝦夷地政策に関する見解の変化についての位置づけの問題、などなど、いくつかの検討課題が想起されることとなる。

以上の具体的な課題に対する回答にできるだけ接近するために、先の特徴的な成立史を参考としながら、①〜③をⅠ期（天明年間末期）の業績、④〜⑦をⅡ期（寛政年間初期）の業績、⑧をⅢ期（寛政年間末期）の業績と、それぞれを三つに区分し、各時期に展開された論説の成立を促した時代背景の通史的理解に努めながら、個々の論説の特徴的内容を把握し、それに基づきながらⅠ〜Ⅲ期の業績それぞれの特質を指摘してゆきたい。これらの作業は、利明の蝦夷地開発政策論と北方事情との相関関係の鮮明化に到達するための基礎固めに位置する重要な分析である。

なお、これらの成果を創出させた時代背景についての概観としては、肥料・俵物・食料・嗜好品などの確保が期待される蝦夷地の統治方法に着目した内政的観点と、同地へのロシアの接触を問題視した外政的観点の双方を複合化した問題が国政課題として出現し、それに対する各政権の対処が模索され続けた、という経緯が通説であるが[7]、その前史として、蝦夷地は徳川時代初期以来、蝦夷地不介入を基調とする幕府の方針により、実質的には松前藩の統治下にあり、アイヌ交易への主体的関与は場所請負商人を通じて同藩が独占し、その結果として、ロシアとの外圧問題が生ずる一八世紀中後期ごろまでには、松前藩の場所請負制はほぼ北海道島を覆い尽くすまでとなり、そのかぎりでは本来アイヌ民族の領土であった蝦夷地の実質的な松前藩領域化が展開されていた[8]、という理解を明示しておきたい。なぜならば、Ⅰ～Ⅲ期それぞれの業績が成立する天明～寛政期においては、時勢的変化として捉えるべき新たな局面が到来するからである。

2　Ⅰ期の事績について――①『大日本国の属嶋北蝦夷の風土艸稿』、②『別本赤蝦夷風説考』、③『赤蝦夷風説考』

本節では、前節において提示したところの分析視角に基づきながら、まずは、天明六～八（一七八六－八八）年にかけての成立が認められるⅠ期の事績について検討を加えてゆきたい。その対象となる資料は、前節で挙げたとおり、①『大日本国の属嶋北蝦夷の風土艸稿』、②『別本赤蝦夷風説考』、③『赤蝦夷風説考』と列挙されるが、まずは、これらの成立を誘発したであろう時代背景から触れてゆきたい。

そもそも蝦夷地に対する幕府サイドの関心は、明和八（一七七一）年にロシアの捕虜であったベニョフスキー

(Benyovsky, Moric〔一七四六―八六〕ハンガリー)が流刑地カムチャッカから脱出した後、長崎のオランダ商館などに日本の北方に対するロシアの侵食を警告した書簡を送り、それが為政者側へと通達された出来事に起因する。補足すれば、この事件は、後に林子平(一七三八―九三)による『海国兵談』(天明六〔一七八六〕年成立)などに取り上げられるところとなった。(9)

この警告以降である田沼政権下の安永七・八(一七七八・七九)年に、ヤクーツクの商人レベジョフ・ラストチンが派遣したシャバーリン一行が、ウルップ島を中継地として二度にわたり北海道のネムロ、アッケシに到来し、松前藩に交易関係の樹立を申し出て拒絶される事件が発生しており、(10)その影響下に対ロシア政策を趣旨とした仙台藩医工藤平助(一七三四―一八〇一)による『赤蝦夷風説考』(11)が成立する。(12)天明四(一七八四)年に同書を内覧した老中田沼意次(一七一九―八八)は、勘定奉行松本秀持(一七三〇―九七)に蝦夷地取調べを命じ、天明五(一七八五)年には金銀鉱山やロシア交易の可能性に着目した調査を、翌六年にはロシア交易に代わる新田開発計画のための調査を目的として普請役を蝦夷地に派遣し、実地見分が行われることとなった。(13)

これら田沼期における蝦夷地の調査内容とそれによる具体的展開を詳述すれば、幕吏は東蝦夷地方面ではウルップ島まで、西蝦夷地方面ではカラフト西海岸ナヨロまで達し、エトロフ島では、帯同した最上徳内(一七五五―一八三六)(14)がロシア人イジュヨらと出会っている。また、天明六(一七八六)年には飛彈屋久兵衛(一七六六―一八二七)の請負であった東蝦夷地アッケシ、キイタップ、クナシリの三場所を一年間休ませ、廻船御用達苫屋久兵衛による「御試交易」が実施されている。(15)それ以外にも、蝦夷地開発のプランが松本秀持のところで立案され、蝦夷地における新規の交易に関する取り組みは、長崎貿易に支障をきたし金銀銅の流出に繋がるとして見送られたものの、アイヌの農耕民化ないし諸国からの長吏・非人の蝦夷地移住によって、一一六万六四〇〇町歩にも及ぶ新田畑の開発を進めるとし、これを田沼も了承していた。(16)しかし、政局の展開により、この趨勢は一変する。それは、天明六（一七八六）年九月における第一〇代将軍徳川家治の逝去との関連性が指摘されるところの、同年八月二七日における田沼意次の老中退任、同年閏一〇月の松本秀持の罷免に基づいており、翌七年六月一九日に老中に就任した松平定信（一七五九－一八二九）の意向により、この計画は頓挫することとなった[17]。

こうした時勢下に成立した①〜③の内容構成についての概略は次のようにまとめられる。①は蝦夷地の地理など、蝦夷地の観察記録である松宮観山著『蝦夷談筆記』（宝永七〔一七一〇〕年成立）を複写した記録ノートであり、利明の独自の記載である「独言」が末尾に付されるのみのものである。また、②は利明の門弟である最上徳内による天明五〜七（一七八五－八七）年の蝦夷地渡航時の観察記録に利明が訂正を加え、序文ならびに末尾の添え書きを寄せたものである。なお、工藤平助著『赤蝦夷風説考』[18]下巻に所収されたロシア皇帝の系譜の部分などを最上徳内が複写し、利明が訂正を施したと見られる記録ノート③については、成立年は未記載であるものの、②の内容を補完する付録として作成されたものとして推定される。

これら一連の事績は、すべて、田沼期以前の他者の成果や、あるいは、田沼期における天明年間の蝦夷地調査といった動向に基づきながら著されたものであり、伝聞に頼りながら蝦夷地に関する情報や見解を記したものとして概括されるが、これらの内容面についても順次に触れてゆきたい。

まずは、利明が蝦夷地に関して言及した事績としての嚆矢に該当するであろう①『大日本国の属嶋北蝦夷の風土艸稿』[19]についての検討から進めてゆく。同書が松宮観山著『蝦夷談筆記』の記録ノートであることは、先述したとおりであり、利明の作業としては、観山の手による「蝦夷地の地理」「蝦夷地の産物」「蝦夷地の言葉」「シャクシャインの蜂起事件」などの部分についての筆写が天明六（一七八六）年の正月の時点において認められ、それらに「松前氏の系図」や利明自身の見解である「独言」が末尾に添えられて脱稿されたのが同八年正月である。この「独言」は、従来看過されてきた部分であり、蝦夷地との関わりにおける利明の嚆矢としての記載に該

当する可能性が高いところから、その全文を以下に紹介しておきたい。(20)

独言　　利明

北極の出地三拾九度余より凡五拾度に距る国にして甚広太なり先つ松前続蝦夷一箇嶋西の方唐太一箇嶋此弐ヶ嶋は北極出地凡三拾九度位より四拾五六度なり因て緯度直径弐百八九拾里三十六町積経度は六百里より八百里に距るべし又気候は南部北浦辺より少し寒也五穀豊饒の良地なるは此出地に因りて慥なり又クナシリエトロフウルフよりカムサスカまて大嶋計り凡拾五嶋あり此嶋土人衆満近来ヲホツカより令を下し土人を懐る事なり嶋名も不残改名せしといへり雖然今に日本の地なると土人皆思ふといへり此説慥なる証拠あり北極出地凡四拾度より五拾度に及び我□本邦江都の方位にては寅卯の間にカムサスカ当る辺クナシリよりカムサスカまては其遠き計りかたく候得共天度を以測るに凡六七百里程もあり凡寒国には候得共ホルトガルフランスゼルマニア等の気候なり阿蘭陀よりは暖国なり耕地開発後漸々米穀も出来可申歟ヲホツカより東浜辺通りカムサスカまて粟麦あり土人の食用是に達すとなり又漢字並国字ありカムサスガの通辞ビヨドロは日本云も知りいろはにて日本の事を書たる書もあるといへり天明三癸卯五月中松前の西海江大舶壱艘係りたる事あり舶長五拾間計り横幅四拾間計りなり舟の仕立紅毛舟に似寄たり凡三十日計り係り風便を窺順風を得て北に向て出帆せしといへり此事段々評議もある事也ソウヤ唐太の間を乗りヲホツカの大湊へ帰帆せしものならん歟

天明八戊申年正月　　本多利明識(21)

ここに示した内容は、緯度や経度を参考としながら蝦夷地や唐太島の所在を指摘し、さらに、北方の諸島全体について概説したものである。特徴として、あくまでも地理や風土についての認識を示すのみであり、政策を論じたものではないことは明白であるが、注目すべきは、蝦夷地を含む北方の領域について、本来的に「日本の地」であり、ヨーロッパ諸国と同様の気候条件からすれば「五穀豊饒の良地」であり、さらには、当時日本と公の交流を行っていたオランダに比すれば、「耕地開発後漸々米穀も出来可申歟」と記している点である。この記述は、北方の領域に関する日本国家による支配の可能性、あるいは、開発に基づく生産力の確保の可能性を指摘したものとして理解しうる。ただし、それと呼応すべき為政者サイドの具体的な関与である政策や制度についての言及が見当たらないところから、①成立時における利明の見解は、北方情勢についての漠然とした理解に拠りながら、将来的な可能性を想起するのみにとどまっており、政策論の段階にまでは未到達であったという位置づけとなる。

つづいて、この①とほぼ同時期である天明八（一七八八）年正月に成立した②『別本赤蝦夷風説考』[22]についてであるが、同書は、利明の門弟である最上徳内が作成したと見られる蝦夷地渡航時（天明五－七年）の観察記録に、利明がいくつかの見解を補記したものであり、クナシリ島、エトロフ島、ウルップ島へのロシアの接触についての記載や、イジュヨら三人のロシア人から得たロシアの国勢情報、さらには彼らとの交流記など、内容の大半は最上徳内自身の手によるものと見てよい。ただし、利明の作業として認められる訂正[23]が施され、さらには序文ならびに末尾の添え書き三点が記されているところから、利明ならびに徳内の共同作業として成立したものとして理解しうる。そのような同書における利明の見解は、次に列挙する序文ならびに一つ書きの体裁をとる添え書きの部分に顕著である。

序
俊廟《ママ》の御時天明六丙午年春

本朝の属嶌蝦夷国界御見届の御用被仰出たり依之彼地え人数被為差遣に極れりしかるに東都よりは遥に数百里を相隔たる嶋なれは土地風気の異るは必然たり因て百果百穀の出産に豊饒せると豊饒せさるとは皆は北極の出度に因て検査する事にして則天文算数の預るところなり是におゐて余竊に思案何卒御国恩の難有さを思ひ密に謂を設其筋のものに便り是を請漸々成て余末弟最上徳内といふ無禄人を彼地の瀬踏に遣したり所謂蝦夷地先陣なりいまた此者天文算数に未熟たりといへとも彼土地風気異なるを検査の一助にもなれかしと思ふの微意なれは彼地の諸嶋へ渡海して北極出地を測量し以て農業耕耘の時を知りて彼地の土人に示さん事を所希なり(24)

一　天明六丙午年夏松前より西南の海え大船長五拾間余幅四十間余も可有之帆柱数多立黒塗り候舟磯えふり二三里程沖の方に急居り候風説有之二三十日余も掛居り候へとも陸地え人一切上り不申候由此海の西は朝鮮国北は女真国東は日本南は日本の北方に候紅毛の船に似寄り候若ヲロシヤ船にて候はゞヲホツカより出帆大洋直乗りに唐太嶌と奥蝦夷の内西北浜ソウヤの間凡拾里斗りの細海急流を乗り切り日本の地方様子を見探りに参り候船にも可有之歟と沙汰申事に候此急流を乗り切日本の内海に入り候事甚た難き儀に御座候(25)

序文に該当する前者では、田沼期の蝦夷地調査に門弟の最上徳内を参加させた経緯や(26)、利明自身が専門性を有する天文・算数・測量といった知識に基づきながらの北方調査の必要性、さらには、「測量し以て農業耕耘の時を知りて彼地の土人に示さん」というように、調査を通じたうえでの適所な農業活動の可能性が指摘され、添え書きに該当する後者では、「日本の地方様子を見探り」という表現に特徴的なように、南下についてロシア側の思惑、具体的には北方への調査が進展している状況への警戒感が示されている。これらの記載は、本質的には最上徳内の体験談に基づきながらの感想として語られており、松宮観山、最上徳内と情報源の違いはあるものの、伝聞に依拠しながらの情報受容が認められる一方、具体的な対処策、すなわち国政レベルでの政策論を示していない点は①と同様である。

最後に、②に付録として作成されたと推定される③『赤蝦夷風説考』[27]について触れてゆきたい。同書は「最上徳内元吉著　本田三郎右衛門利明訂」[28]という編者の名のみが書誌データとして列記されているところから、成立年の特定化が難解な資料であるが、利明と同時代人である大田南畝（一七四九－一八二三）の編纂による『沿海異聞　全』[29]において、②と③が「赤蝦夷風説考」という統一タイトルのもとで合綴されているところから、両書の関係性が密接であることがわかる。この南畝による整理と、③の内容が、文言の異同がいくつか散見されるにせよ、工藤平助著『赤蝦夷風説考』下巻を部分複写した記録ノートであり、特には、

ヘーテルヘルケヘーテルとは亡君を云則ムスクハの国主にして尊崇の言葉也ヘケルとは名の事遺詔遺訓甚だ多し（中略）此女帝ヘーテルにもおとらぬ英才なりければ則号令を出して天下万民に示していわく民の父は登天したまふけれと民の母は世にあるなれは心神をいたましむる事なかれといふ詔を命し給ふとなり天下万民是を聞へて大に悦伏すといへり此帝の名をカタリナといふ属国属嶌近隣諸国までも甚敬ひて貢物をいたすとなり（中略）一、一千七百六十二年宝暦十二年エリサヘツト崩して女帝カタハリチチウユ嗣一千七百四十四年延享二年七月九日生る系未詳一千七百八十一年天明元年三十七即当今女にて女主なり英明賢良なるよし姓アシキシユサアシキセイシユカ[30]

といった、ピョートルⅠ世からエカチェリーナⅡ世までのロシアの皇位の系譜[31]や、

一千七百三十年享保十五年女帝アンナの時にカムサスカ背きしに程なく従伏す是より以後女帝の命令によ

りて唐土と日本とへ通商をなして両国の強弱虚実をも視交易をなしたきよしの評義なりし事を見へたり[32]といった、一五一四年以降におけるロシアの支配領域拡張の史的展開についての記事[33]が日本への接触の可能性を内包させながら抜粋されている点に鑑みながら、同書についての位置づけを行うとするならば、②に含有されるところのロシアによる調査を危惧した見解についての理解を深めるうえで作成された、いわば、参考資料としての役割を求められた資料であると考えられる。そのような特徴を有するこの資料においては、利明の関与は訂正を施す役割を主としており、たとえば、「クルトハ渡り商人を云夷言なり本文信用」[34]などの頭注部分が散見されることから、工藤平助著『赤蝦夷風説考』の本文自体を最上徳内が模写し、内容面における正誤確認を利明が担当していたと考えられる。このような形跡が認められる③は、あくまでも②の内容、特にはロシアについての情報を補足するための事実提示の段階にとどまっており、利明の見解であるいくつかの頭注部分から、具体的な対処策としての見解を看取することができず、それは①と同様の特徴であるといえる。

以上に拠れば、①〜③の成果により組成されるⅠ期の事績は、ロシアの南下情勢を起因としながら蝦夷地を含む北方への関心が喚起され、現実策として天明五・六年の田沼政権期の蝦夷地調査の起案や実施、それに付随する実態把握の進展、さらには田沼の失脚による政策的関与の途絶、といった過程を経ながらも、北方についての問題関心や情報収集を要望する気運自体が基本として継続化された時期に成立したものであり、いわば、国政レベルにおける蝦夷地政策が模索されはじめた胎動期の事績として理解しうる。したがって、未だ不明瞭な地域としての認識下に成立したⅠ期の事績である①『大日本国の属嶋北蝦夷の風土艸稿』・②『別本赤蝦夷風説考』・③『赤蝦夷風説考』は、確実に、利明が北方事情について言及した嚆矢としての位置にあるものの、松宮観山著『蝦夷談筆記』・工藤平助著『赤蝦夷風説考』の記事内容や、最上徳内からもたらされた蝦夷地情報の受容に努めながら、その正誤についてのわずかながらの見解や感想に近い仮説を提示するのみの段階にとどまらざるを得ず、蝦夷地を含む北方に焦点を当てた政策論の提起にまでは未到達の成果と位置づけられる(35)。

3　Ⅱ期の事績について――④『蝦夷拾遺』、⑤『蝦夷国風俗人情之沙汰』の「序文」、⑥『蝦夷土地開発愚存の大概』、⑦『利明上書』

前節において検討を加えたⅠ期の業績①〜③の成立から、次なる業績が発信されるまで、およそ二年の歳月が経過するが、その間にも北方情勢はさらなる展開を見せ、それに対する国政側の対応も田沼期とは変化する。それは首脳であった老中松平定信の意向が大きいといえる。もともと、定信は蝦夷地非開発の立場をとっており、むしろ蝦夷地を不毛の地にしておくことの方が対ロ関係上安泰であると考えていた(36)。

この方針は寛政元（一七八九）年五月に飛彈屋久兵衛請負のクナシリ場所およびキイタップ場所メナシ地方のアイヌたちが、運上屋・番屋の飛彈屋雇人を襲い、支配人・通詞・番人・船頭・水夫合わせて七〇人、および松前藩上乗役足軽一人を殺害したいわゆる寛政の「蝦夷騒動」（クナシリ・メナシのアイヌの戦い）の発生により、あらためて討議されることとなる(37)。この事件について、幕府側は、飛彈屋の不正ならびに松前藩の管理不行き届きについて糾弾するのみならず、ロシア側がアイヌへ荷担したものという判断も下している。この点から、蝦夷地を保全するためのアイヌ帰伏化政策や、ロシアの蝦夷地への南下を阻止するための異国境警備といった政策が考慮されることとなった。

このように現実的な対処が図られながらも、幕府首脳においては、松前藩委任ならびに蝦夷地非開発といった松平定信の方針や、老中格の本多忠籌（一七三九－一八一二）による松前藩転封および幕府役人の蝦夷地派遣、あるいは直轄化による農業開発という構想など、多様な意見が提起されていたことには留意しておくべきであり、特に、忠籌の見解との親和性が認められる蝦夷地調査は継続化され、寛政二（一七九〇）年一二月に幕府の普請役として同地に派遣された最上徳内らがウルップ島などを見分し、寛政三・四（一七九一・九二）年には「御救交易」がアツケシ・ソウヤなどで行われている。こうした経緯から、幕府の蝦夷地への対応は、幕府の管轄下における蝦夷地開発政策を構想した田沼時代の完全否定ではなく、統治や開発についての関心は保持され続けていたことを物語っている(38)。

このような時勢下に成立したⅡ期の業績は、第1節で挙げたとおり、④『蝦夷拾遺』、⑤『蝦夷国風俗人情之沙汰』の「序文」、⑥『蝦夷土地開発愚存の大概』、⑦『利明上書』といった四点である。

④はⅠ期の業績である②に所収された天明年間における最上徳内の蝦夷地観察記録を敷衍したものであるが、蝦夷地の開発を明確に論じた論説「蝦夷土地開発成就して良国と可成事」の掲載や、ロシア情報への批評に力点が置かれているところに特徴がある。続いて、⑤は寛政二（一七九〇）年六月に成立した最上徳内の手による地誌『蝦夷国風俗人情之沙汰』の冒頭に利明が寄せた「序文」であり、④を簡略化した短文である。これと同時期に成立した⑥は④の内容を整序し、綱領として示したものであり、最後の⑦は④の内容を整理しながら幕府サイドへの上申として作成されたと見られるものである。

以上の④〜⑦について、特徴的な要素を前提として示すならば、④を基礎としながら⑤〜⑦へと展開されている点、さらには、最も重要な指摘として、具体的な蝦夷地開発政策論が提起されている点が挙げられるが(39)、一つだけ、内容面について強調しておくべき特徴がある。それは、④〜⑦は、寛政元（一七八九）年の寛政の「蝦夷騒動」、ならびに、それとの関連下に実施された最上徳内を普請役とする翌二年以降の蝦夷地調査を時代背景としているにもかかわらず、意外なことに天明年間における門弟最上徳内からもたらされた蝦夷地情報に基づいているといった点である。その理由については、④〜⑦が為政者サイドへの提言といった体裁により構成されているることに鑑みれば、寛政の「蝦夷騒動」に関連する情報の掲載が筆禍に繋がると判断された可能性が高く、また、利明にとって重要な情報源である徳内の江戸帰府が寛政三（一七九一）年一二月であることから、寛政年間初期の調査に基づく情報を④〜⑦に反映することは不可能であったというタイムラグを考慮した理解が適切であろう。

こうした概観を前提としながら、まずは、Ⅱ期の事績全体の基礎に位置される④『蝦夷拾遺』(40)について詳述していきたい。寛政元（一七八九）年一一月に成立した同書は、

浚廟の御時天明五乙巳翌丙午両年の内、本朝の属島蝦夷国界御見届御用被仰出たり。依之彼地え有司可被差遣に極れり、於是利明窺に懐ふに、幸甚成る哉此時に逢ふ事、何卒して彼地へ我党を仮令匹夫に成り共為し遣し度、因之謂を設け、其筋の有司に便り、是を請ふ。漸く成て余か末弟最上徳内といふ無禄人あり、此者を彼地へ先陣に契諾決整したり。小計策に当りて蝦夷土地に遣しけり。東都よりは遥かに数百里を隔たる島成れは、土地風気の異るは必然たり、百菓百穀の出産の豊歉、皆是北極の出度に因りて検査する事にして、則天文算数の預る所なり。依て彼地処々に於て日月星辰の高低を測量し、北極出度を測歛し、山海の諸産を探索し、金銀銅鉄山を穿鑿せしに、甚の最良国なる事、余生涯の案に差ふる事なし、時到らは此事を何卒して上に奏し奉んと常に希ふ所なり、是太平の御代に生遇、御国恩のありかたさを常に忘れかたきの微意なればなり(41)

という序文に象徴的であるように、表現の相違こそあれ、先に紹介した②の序文とほぼ同内容であり、④作成の段階におけるソースが天明年間の調査に基づいていることが証される。この記載において興味深いのは、感想に近い②に比すれば、この④の序文では、「時到らは此事を何卒して上に奏し奉ん」と明確に為政者サイドに対す

る提言としての含意が認められる点である(42)。この序文に強調された姿勢は具体的な開発政策論の提示へと展開されることとなり、その一つは、

江川の流水を招き、山岳の渓水を導、或は井を堀、溝を穿ち用水の流行等の便利を量りて田畑を墾耕して、百穀を蒔植、農業を為さしめば終には良田畑となる事髄なり(43)

と記すように、地理風土の分析やインフラ整備に基づいた農業開発論である。なお、この主張とともに、先に見た序文に立ち返れば、現地における鉱山開発も推奨されていることを失念すべきでない。この開発政策との関連として、現地在住民のみに依拠した労働力の確保が要望されているわけではなく、

初は仁政より始む御領私領寺社領に毎年死刑を行ふべき罪人を委しく助命せしめ、左遷の士をも倶に蝦夷土地に送り遣し、これに監副の明吏を加へて守護なさしめ、能く〳〵蝦夷の土地を教育せしめ(44)

と補足しているように、日本国からの移民政策が有効であると判断されている。この場合に、移民の対象を「罪人」や「左遷の士」に限定しているのは、国内における労働力を低下させることなく、新規開拓地の労働力を上昇させる効果を期待したものであると考えられる。この主張において、注目すべきは、「監副の明吏」なる役職の配置を求めている点であり、幕府の直轄方針に基づいた蝦夷地開発を利明が支持していたことを証している。それをさらに裏づけるように、

土民撫育教導の制度は、其土地に是迄用ひ来りたる礼儀あり、此内の宜敷を撰採りて日本の法令を以て保助せしめ、蝦夷土地に都て長者といふて長夷あり、是を直に郷村の名主或は庄屋と役名を給はりて其郷村に

賞し、法令をこれに布伝へ、土人に天監使を給はり、民間暦を制作し博く国中に頒行あらば、後々は人道に染り、良民となり良国となるべきなり[45]

という現地支配の方法についての具体案も示されており、「日本の法令」の導入や幕府からの任命となる「天監使」の抜擢、「名主」や「庄屋」などの役名の付与や、日本国家の支配下にあることの証明でもある「民間暦」の頒布など、日本流の社会秩序の形成による蝦夷地の良国化が理想とされている。では、なぜ、利明は幕府の直轄統治を支持したのだろうか。それは、

如此の良地をすて置は、官の過失なりと異国の沙汰も猶恐れあり。庶くは今の内日本国の猛威をもつて武威を布くに於ては、忽ちに島々の土人伏従して日本の法令を守るべきなれば、魯西亜口の十五島の内と、山丹口の唐太島西北の海辺に関所を建、異国と日本の境界ありて、要害堅固にあり度処也。いつれ急務の甚しきにして、人君たるもの麁忽あるましきは此事なり[46]

という引用に顕著であり、蝦夷地を含む北方の諸島に対する松前藩の委任統治よりも、「日本の法令」の浸透による幕府直轄化こそが、支配領域の広域化に基づいた新たな国内領域の確立と、国境の画定へと連動し、ひいては、ロシアなど諸外国の進出に対する抑止力となりうると判断されたからであると推定される。この理解は、それと真逆の状況についての「官の過失」という強烈な表現からも導き出すことができるといえよう。

以上の④における内容は蝦夷地を含む北方開発に対する幕府の直轄化ならびに、それに基づく開発を骨子として成り立つ政策提言であり、利明の蝦夷地政策論としての嚆矢として把握すべき重要資料である。その論調は、④成立以前に老中に就任した松平定信の主張するところの、蝦夷地の松前藩委任ならびに同地非開発方針とは相

反するものの、具体的には日本の制度の導入により新たな社会秩序を形成しながら、移民による助力も考慮された農業開発・鉱山開発政策として理解される。その場合に、単純に新規の生産力の確保のみを目的としているわけではなく、開発の進展に伴う支配領域の確立や、その先にある国境の画定化も視野に入れられているところが特徴的であるといえる。

このように位置づけられる、純然たる政策論④以外のⅡ期の事績⑤〜⑦についても検討を加えてゆくことが必要であるが、その場合に、内容のみならず、残りの三点の資料が成立した時期に注目すべきである。これらはすべて④成立以後に成立しており、先述のとおり、④の内容を簡素化したもの、整序したもの、あるいは、体裁を整えたものである。こうした特徴に基づけば、④に記した主張を基調としながら、伝達対象を強く意識したうえでの適切な形式に配慮した成果が⑤〜⑦である、と把握される。したがって、⑤〜⑦については特に形式に留意しながらの簡潔な指摘を行いたい。

まずは、三点のうちの一つに該当する寛政二（一七九〇）年六月に成立した⑤『蝦夷国風俗人情之沙汰』に付された「序文」[47]についてであるが、同書の著者は正確には利明の門弟の最上徳内である。その内容は、北方に関する記事や、事典の体裁をとりながらの蝦夷地の地理・風俗・言葉の整理により構成されており、徳内の取材記事に基づいた蝦夷地案内書といった理解が適切である。同書と利明との関わりについて触れれば、本文内容の冒頭に、利明による「序文」が寄せられているところから、徳内自身の作業が完了した直後である寛政二（一七九〇）年六月から翌三年一月の間に利明の「序文」が寄せられ、最終的な完成形態へと至ったという経緯が認められる。

この「序文」は、文中に「蝦夷土地開発成就して良国となるべき仕方」[48]が述べられているように④の蝦夷地開発政策論を簡潔にまとめたものであるが、ここで考慮しなければならないのは、なぜ、徳内の著作物にわざわざ

④と同内容の短文を「序文」として寄せたのか、という問題についてである。それに対する回答は、

中央に所在する蝦夷諸嶋が寒国にて人民住居なりかたく五穀稔らす抔いふは、余りに不穿鑿の沙汰なり。今既に開国の時到りたるか。ヲロシヤ国より東蝦夷諸嶋を開業をなせば、此時に当りて日本にも異国との境界を建て、関所を居へ要害ありて武威を布くに於ては、異国へも輝き又蝦夷土人も尊信せんは疑ひなし。誠に国家安全の祈祷と成て目出度かるへし(49)

という引用から引き出したい。この主張は、④における「官の過失」という認識と呼応する部分であり、ロシアの南下情勢を問題視しながら、それへの適切な対処策に相当する政策として幕府の直轄化による蝦夷地開発政策の効果を強調した部分である。ただし、実際に蝦夷地を訪問したことのない利明が、自説の妥当性を証するためには、何らかの根拠が必要となるのであり、それを解消するための役割を徳内の詳述が正確な真実として担っているのである。したがって、⑤における利明の成果である「序文」は、徳内の著作を効果的に活用しながら、④に展開した蝦夷地開発政策論の正当性を裏づける目的下に成立したものであると位置づけられる。

つづいて、⑤とほぼ同時期である寛政三（一七九一）年正月に成立した(50)⑥『蝦夷土地開発愚存の大概』(51)であるが、同書も④の内容を敷衍したものであり、

蝦夷土地を打捨置かば、国家の大事に係るべきなれば全く開発に企べし。さすれば第一には異国と日本国との境界も自然と立て、北敵の御要害となりて、ヲロシヤ人日本境内へ来て猥に徘徊する事ならざれば、邪宗門の徒も入る事かなはず。第二には日本国中の罪科の死刑人も救命を蒙り、追放人、遠流人もともに国家の用に立て国益になり御仁政なり。第三には金銀銅鉄を掘て日本へ容れ国力を厚くし、第四には開発の功に

依て百穀百菓及海川の土産物逐年に多くできて、日本の米穀の補助となり、飢饉年の手当ともなり、又日本国中の租税の次第有て取るもゆるくならば、潰子の癖も止て農民もふへ、その上に作り取りの徳政の三五年も給りたらば、唯今までの手余の蕪地も冥加として起し返したらば、土地人民とも古へに復すべし。第五には大樹の良材多き土地なれば、運送の長器船舶を新造するの材木を得て、三つ継ぎ帆柱三本立の大船を製作し、颶に遇ふといえども永久に破覆なく、漂流せず別書なり安堵を得て海洋を渉渡し、運送意の如く達すべし。国家安全の基本となつて目出度かるべし[52]

という記載に顕著である。この引用に述べられた、移民制度の実施に基づきながらの農業開発や鉱山開発を推奨した蝦夷地開発政策や、同政策の実行が国境の画定化に連動するとみなされているところはほぼ同一であるといってよい。ただし、④の内容をそのまま書写したわけではなく、「第一には……」、「第二には……」など綱領として示しているところに工夫が見られ、さらには、「第五には……」として木造船舶の製作ならびにそれの輸送への活用を推奨する新案が補われているところや、最上徳内経由によるロシア情報[53]についての言及が内容量としてかなり多いなど、自説の発展や情報の補完も認められる。

　ここで、なぜ綱領の形式による文章作成を行ったのかという問題が浮上するが、その理由については、何らかの読者対象の理解を求めるに際して、容易な内容のものを作成する必要に迫られていたのではないか、という仮説を提示しうる。そうした推定も含めたうえで、⑥については、④の内容に基づきながら綱領として整序し、何らかの対象への提供を意図した蝦夷地開発政策論として位置づけることが適切であろう[54]。

　最後の、寛政三（一七九一）年一〇月に成立した⑦『利明上書』[55]についてであるが、同書も⑤や⑥と同様に、④の内容を敷衍したものである。ただし、

乍恐以書付奉申上候

一　蝦夷土地之義は

大日本国之内に御座候得共異国之様に相心得罷在候故歟往古ゟ今以空国に有之候儀は甚以惜敷儀に奉存候(56)

という書き出しの記載に見られる公文書然とした文体に明らかなように、幕府サイドへ利明が寄せたと見られる上申書としての理解が適切であり、

一　前書之通り蝦夷土地に此方人物勝手次第住居可仕旨被為□仰出候ハヾ諸国ゟ逐年に多く渡海仕候ハヾ此方之流浪者ハ産業に有附蝦夷土地ハ土民増殖仕自然と繁栄に罷成無程良国と罷成租税も上納仕候様ニ罷成又金銀銅山之掘方相整出方も能く御宝山と罷成又大舶新製も出来永久ニ抜荷破船覆船無之運送無滞相違候ハヾ開発も独り出来仕金銀銅も多く御国内え入容仕候様ニ罷成候ハヾ御国力も猶以厚く相成国家堅固之基本と可罷成と奉存候間不奉顧恐愚存之趣謹而奉申上候以上(57)

という記載から、④の内容を基礎とする蝦夷地開発政策論を幕府側へ伝達しようとしていた形跡が認められる。ただし、④～⑥に比すれば、蝦夷地への移民対象者を「流浪人」に求めている点など異なる部分も見受けられ、あるいは、⑤・⑥に比すれば、労働力の確保に関する見解が再考されている点や、⑥に補足された輸送手段としての船舶の重要性が継続的に考慮されている点は④からの発展として指摘すべきであろう。

このような特徴を持つ⑦は、⑤や⑥同様に④を敷衍した蝦夷地開発政策論であり、さらには、幕府側への上申書としての体裁を整えた正式な提言といった理解が適切である。なお、利明の生涯において、幕政への関与を公文書の伝達を通じて正式に打診した嚆矢に該当する資料としての可能性があることを補記しておきたい。

最後に、Ⅱ期における利明の事績全体の位置づけを示して本節を終わりとしたい。Ⅱ期における利明の事績は④〜⑦の資料であるが、これらは、すべて、新たな生産力の確保やロシア南下情勢への対処を目的とした蝦夷地開発政策論として理解すべきであり、④『蝦夷拾遺』に展開された、日本の制度の導入による新たな社会秩序の形成や、移民による労働力の補充も考慮した農業開発・鉱山開発政策の推奨を主旨とした内容を基調としているところに特徴がある。ただし、単純に④を複製化したというわけでなく、より簡略化された⑤『蝦夷国風俗人情之沙汰』の「序文」、より系統だてた整序を行った⑥『蝦夷土地開発愚存の大概』、幕府に対する公式の上申書の体裁をとる⑦『利明上書』、というように、それぞれが異なる形態のもとで著されている点は看過すべきでない。

なお、これらの事績が成立した寛政初期の時代背景は、松平定信政権下に蝦夷地非開発の方針が採択された時期であるが、寛政の「蝦夷騒動」など、蝦夷地や北方に対するきわめて現実的な関心を以前よりも高める事件の発生により、蝦夷地への対処についての議論自体は、むしろ活発化した時期でもあった。その影響下に幕府による蝦夷地に関する情報収集はむしろ積極的に行われていることは、寛政年間以降の蝦夷地調査の進展を想起すれば明白であろう。それにもかかわらず、Ⅱ期の事績のソースがⅠ期の業績と同様に天明年間の情報であった点は、実に興味深い。つまるところ、利明は直近の情報に依拠することなしにⅡ期の業績を成立させていたことになる。その理由は、寛政初期の情報についてはタイムラグにより未入手のものがほとんどであり、仮に、入手しえた話題があったとしても、筆禍を避けるためにあえて触れなかった、といった理解が自然であろう。

このような特殊な事情も考慮したうえで、Ⅱ期の事蹟を、寛政初期における蝦夷地についての議論の活性化という風潮への呼応を図りつつ、天明期の情報に依拠しながらまとめられた蝦夷地開発政策論が展開されたもの、あるいは、正誤確認や感想を述べるにとどまったⅠ期の事績の段階からの内容面における発展的な変化が認められるもの、と位置づけるべきである。

4　Ⅲ期の事績について――⑧『蝦夷乃道知辺』

Ⅱ期の業績成立以後、日本国家にとっての国際的な事件が連続して発生し、蝦夷地を含む北方情勢は新たな展開を見せることとなる。とりわけ、特筆とされるのは、寛政四（一七九二）年九月三日における、ロシア使節アダム・ラクスマン（Laksman, Adam Erikovich〔一七六六－？〕）のネムロ来航であり、国交の要求を目的としたこの事件と、寛政の「蝦夷騒動」が、蝦夷地と関連するものとして、内政上・外政上の政策課題として松平定信政権の前に立ち現れることとなった。その対応策として起案されたのが、同年一二月一四日に建議として起草された「蝦夷御取〆建議」である(58)。その内容は、蝦夷地の松前委任を原則に、三年ないし五年に一度の「御救交易」の実施、クナシリ・ラッコ島（ウルップ島）辺の不時見分といった対策も含んでいるが、北国郡代（ないし奉行）の設置を最大の目標としていた。この北国郡代構想は、盛岡・弘前両藩から三〇〇〇石ないし四〇〇〇石ずつを収公し、青森もしくは三馬屋に郡代を置き、この郡代に松前へ乗り来る船の改め、および長崎向け俵物の集荷・回漕を担当させるというものであった(59)。この計画は寛政五（一七九三）年七月二三日の松平定信の老中退任により途絶し、外交上の問題への現実的対応は老中松平信明（一七六〇－一八一七）や蝦夷地直轄化論者であった老中格本多忠籌により構成される、いわゆる寛政の遺老政権により模索されることとなる。

この政権下である寛政八（一七九六）年には、ブロートン（Broughton, William〔一七六二－一八二一〕）指揮によるイギリス船がアブタおよびエトモへ来航し、松前御用掛の設置や見分役人の派遣が行われ、さらに、同一〇年には、一八〇名余にのぼる調査隊の派遣により蝦夷地経営の基礎調査が実施されることとなった。近藤重蔵（一七七一－一八二九）や最上徳内らがエトロフ島に渡り、北西岸のタンネモイに「大日本恵登呂府」の標柱を建てたのはこのときのことである(60)。

これらの経緯に基づきながら、寛政一一（一七九九）年に蝦夷地の東側エトロフ島まで東蝦夷地を七年間直轄することとなり[61]、アイヌの和人化を図った仮上知が命じられ、松前藩による委任統治体制とは相反する状況、すなわち、幕府による蝦夷地の直轄支配が開始されることとなった。こうした従来とは明らかに異なる支配構造が出現した後の著述が⑧『蝦夷乃道知辺』[62]である。それ以前の事績から時を隔てた後に成立したこの成果をⅢ期の事績としながら検討を進めていきたい。

寛政一三（一八〇一）年一月に成立した同書は、Ⅰ期の業績である①～③の記載、ならびにⅡ期の業績である④～⑦において展開された蝦夷地開発政策論を敷衍した論説であり、国際社会の中の日本の国益確保に資する要地として、あるいは、ラクスマン来航の情報を掲載するなど、ロシアを特筆とする諸外国への要衝としての観点から、蝦夷地についての政策を論じたものである。その具体的な内容は、

蝦夷の土地は、土地不相応に土人の員数少し。日本の属島なれは、日本の撫育を得て以人道整ひ土人増殖すべきを、数年の間を打捨有故、女帝エイカテリナの徳行に中りたり。因て是非とも開業に丹誠を加へざれはならぬ時勢なり[63]

という主張に見られるように、蝦夷地を日本固有の支配領域とみなしたうえで、「丹誠を加へざれはならぬ時勢」に対する即時策として同地開発政策の必要性を述べたものであり、その根拠の一つとして、幕府直轄化政策が現実策として推進されたとはいえ、同地への国政レベルでの関与が、ロシアの南下政策に対して後塵を拝している点を挙げている。

この見解は外政面に着目したものであるが、他方、内政面における問題関心を起点とした根拠についても触れている。それは、

治平に当りては是非ともに開業を以て国君の天職とせん事は、万民に父母たる所以なり。因て懈怠ならさる国務とすへし。左なければは追々増殖する人民産業に不足出来、自然と食料匱しくなりて、終に間引子するの悪癖発起し、甚しきに至れは人民不足となり、良田畑も廃し手余地と名け、則亡所なり。追々亡所を増殖して国産減少し、諸色高価となり、産業勝劣出来、終に人民を損亡するに至るなり。既に天明癸卯以来凶歳不熟打続き、丙午に距り奥羽大いに飢饉し、両国にて凡二百万人余の餓死に及び、亡所夥く凡半国にも及びたりと云り。（中略）此道理あるを以、開業を治平の国務とする也。左すれは人民の産業に不足せず、食糧に乏き事もなく、追々増殖して日本周廻の島々迄へも満ち亙り、産業に丹誠する故、島々よりも金銀銅鉄及百穀百菓珍産迄も出産し、悉皆日本へ持込む様になり行き、国家に豊饒を副る也(64)

という記載に集約されている。この論理的な指摘を簡潔にまとめれば、天明飢饉を遠因とする人口減少傾向の社会が寛政年間末期の国内状況であり、今後、労働力人口の減少に伴う国内生産力の低下がさらなる人口減少化を促進し、食糧不足・労働力不足・荒地拡大などを肥大化させる、といった悪循環が予測されるため、好循環へと転換させる国家プロジェクトとしての刺激策が不可欠であり、具体策として「国家に豊饒を副る」ことが見込める蝦夷地を含む北方領域の開発こそが「国務」である、という主張として理解される。この提言において特徴的なのは、Ⅰ・Ⅱ期の事績に比すれば、言論抑圧を恐れることのない正論とした意識のもとで為政者サイドに提起がなされている点である。これは、寛政一一（一七九九）年以降に、開発策の導入にまでは至らないものの、幕府の蝦夷地直轄化が現実路線となり、従来から、蝦夷地開発・幕府直轄論者であった利明の考えと合致しやすい状況が発生したことに基づいていると考えられる。

こうした即時策としての意味合いを持つ主張が⑧における主旨内容であるが、さらに興味深いのは、固より際限ある島々なれは、終には又産業不足し、食糧匱しかるべき道理ある故、又此を遠く慮り、海国に備ふべき渡海の法を備置は、人民の増殖に随ひ遠海へも渉渡し、遠国の国産までも持込様になりゆけは、永久食糧の乏き事も無、増殖の殖勢も折く事も無、豊饒の末を遂るなり(65)

というように、悪循環が好循環へと転換するだろうとした後の将来に関する起案も付帯させているところにある。利明の見通しによれば、人口減少傾向の社会、ならびにそれから波及するだろう諸問題は蝦夷地開発政策論の適用により解決が図られることとなるが、それは、一転、人口増加傾向の社会を創出させることとなり、食糧需要が過多となる状況の発生が新たな問題となる。その場合に、蝦夷地を含む北方の領域は「固より際限ある島々」であることから、それ以外の領域からも物資補塡が必要となり、そのためには、遠洋航海による物資移入策が効果的であり、必要条件としてそれを可能とする航海技術の飛躍的な発達が求められる、と主張されている。

また、このように「遠く慮」ったうえでの、さらなる構想として、

カラフト島は中にも大切の要害の土地なり。土地広大にして後々には日本の大益を得る要害の土地なり。因て今ある所の運上屋を台とし、追々に建副、山丹の国境迄へ建続べし。固より属島なれは、隣国へ忌憚るべき様なし。土人撫育の交易せんに、大利を得て土人の尊服を得べし。追々人も増殖し、日本より自然と込入て、前にも云金銀山も開け、大人参抔も自然と独耕作し潤沢に出産し、日本の国用に盈て、異国交易にまて出す様にならは、日本の光輝を副て豊饒を扶る様にも成べし(66)

とも述べているように、遠洋航海による物資移入策の応用として、将来的な対外交易、利明の表現でいうところの「異国交易」が視野に入れられており、それを可能とするには、蝦夷地を含む北方開発による新規生産力の増

加、すなわち輸出品生産力の育成が必須の条件である、と考えられている。このように、将来的な予見に基づくセーフティネットとしての起案とはいえ、対外交易を組み込んだ新たな経済圏における日本国家のあり方に資する方策として蝦夷地開発政策論が意識されている点は、Ⅰ期やⅡ期の成果からは看取しえない主張であり、従来からの論調をさらに発展させた考えとして理解される。

このような内容を持つ寛政一三（一八〇一）年成立の⑧『蝦夷乃道知辺』に特徴的なⅢ期の事績について位置づけるとするならば、寛政四（一七九二）年のラクスマン来航に象徴的な諸外国の北方への接触事情、ならびに、人口減少の趨勢や食糧不足問題などの国内事情、そして、なによりも、局地的にではあるにせよ蝦夷地の幕府直轄化が現実となった時勢を背景としながら、それへの関心に基づいた打開策に相当する蝦夷地開発政策論として理解することができる。その場合に、日本国家全体の豊饒化に資する目的、または、ロシアの南下を抑止し、国境の画定化を図る目的のために同論が語られている点は寛政年間初期におけるⅡ期の成果④～⑦と同様であるが、将来的に人口増加傾向の社会へと転換した場合の物資補給地としての役割や、あるいは、将来的な構想として、国際社会の中の日本といった観点から新たな経済圏における対外交易の可能性に資する役割を蝦夷地を含む北方の領域に求めている点は、従来の事績からの発展として看過すべきでないだろう[67]。

なお、本節の末尾として、第Ⅲ期の事績が成立した後の北方事情の動向についても補足しておく。それは、幕府による蝦夷地の直轄支配が開始されたのち、享和二（一八〇二）年に開発策を否定しながらもアイヌの服従化を図った東蝦夷地の永上知、文化四（一八〇七）年に西蝦夷地からカラフトまでを含む蝦夷地一円上知という経過をたどり、その後、奇遇にも利明没時とほぼ同時期である文政四（一八二一）年に全蝦夷地の松前藩還付へと回帰し[68]、多岐にわたる諸外国の蝦夷地来航の余波を受けながら、幕末期へと至ることとなった、という変遷史としてまとめられるだろう。

おわりに

最後に、これまでの検討を顧みながら、利明の蝦夷地開発政策論と北方事情との相関関係の鮮明化についてのささやかな位置づけを提示したい。

算学者にして経済学者でもある本多利明による蝦夷地を主題とした著述は天明～寛政期に継続的に散見されるが、それは、成立時期からすれば、天明年間末期におけるⅠ期の事績（①『大日本国の属嶋北蝦夷の風土艸稿』・②『別本赤蝦夷風説考』・③『赤蝦夷風説考』）、寛政年間初期におけるⅡ期の業績（④『蝦夷拾遺』・⑤『蝦夷国風俗人情之沙汰』の「序文」・⑥『蝦夷土地開発愚存の大概』・⑦『利明上書』）、寛政年間末期におけるⅢ期の業績（⑧『蝦夷乃道知辺』）といった三期に区分することが可能である。このⅠ～Ⅲ期それぞれの時期に成立した成果の特徴的内容に基づきながら、時代背景との関連下に各時期の意義をまとめると次のようになる。

まず、Ⅰ期の成果は蝦夷地を含む北方事情への言及が認められた嚆矢として理解すべき事績であり、ロシアの南下情報を起因とする田沼意次政権時の天明五・六年の蝦夷地調査を特筆とするように、国政レベルでの同地や北方への関心が喚起され、政局により調査は中止となるものの、問題関心や情報収集を要望する気運は継続化された時勢を背景としながら成立したものである。ただし、利明の記載は、門弟の最上徳内など、第三者から提供された天明期の情報や、松宮観山著『蝦夷談筆記』などそれに先行する既存の書物に依拠しながらのものであり、北方事情に関する正誤についてのわずかながらの見解や感想に近い仮説を提示するのみにとどまっている。

つづいて、Ⅱ期の成果は、蝦夷地を含む北方についての開発政策を論じた嚆矢としての事績であり、松平定信政権下に蝦夷地非開発の方針が採択されながらも、寛政元年の寛政の「蝦夷騒動」など、蝦夷地や北方に対する現実的な関心が以前よりも高まる事件が発生し、開発・非開発・幕府直轄・松前委任など、蝦夷地を含む北方についての議論が活発化した風潮のもとで成立したものである。その内容は、新たな生産力の確保やロシアの南下情勢への対処を目的としながら、蝦夷地を含む北方開発の必要性を主張したものであるが、直近である寛政年間初期ではなく、Ⅰ期の事績と同様に天明年間に得た情報に依拠しているといった不条理な側面がある。

さらなるⅢ期の成果は、現況把握に基づきながら、Ⅱ期の事績をさらに発展させた蝦夷地開発政策論であり、寛政四年のラクスマン来航に象徴的な諸外国の北方への接触事情の頻発や、人口減少の趨勢や労働力減少による食糧不足問題などの国内疲弊の顕在化、そして、寛政一一年以降の蝦夷地幕府直轄化が現実となった時勢を背景としながら成立したものである。その内容はⅡ期における主張を継続的に敷衍した蝦夷地開発政策論であるが、同論が人口減少傾向の現況に適応した即時策としてのみ語られているわけではなく、さらには、人口増加傾向へと転化するだろう将来における安全網として、ひいては、展望として国際社会の中の日本が確保すべき拠点開発に資する方策としても紹介されているところに、その発展性が看取される。

このような理解が適切な、利明の蝦夷地を含む北方事情に関する見解は、関心を寄せながらも開発政策論にまでは至らぬ段階（Ⅰ期）、明確に開発政策論を主張しはじめた段階（Ⅱ期）、それを発展させた段階（Ⅲ期）というように、段階的な変化の過程として捉えることができる。この理解を天明～寛政期の時代背景のもとであらためて刮目してみると、天明年間末期の蝦夷地調査や寛政年間初期の同地をめぐる議論の活性化、さらには寛政年間末期の幕府による同地直轄化といった国政レベルでの関与が具体化されてゆく過程に呼応しながら、国際社会の中の日本といった観念を意識した政策論が醸成され、情報受容のタイムラグの影響や筆禍からの逃避を意図した形跡が見受けられはするものの、それが、民間レベルからの発信として出現し始めた局面が確認される。この動向は、もともと、漠然としていた蝦夷地を含む北方事情についての情報が、天明～寛政期において瞭然としたものへと転じ始め、さらにはそれが質として高く、量として多いものとして徐々に蓄積されていったという経緯や、この種の情報の伝達範囲の広範化に基づいているが、[69]この状況がさらに進展した先に国際社会の一員として確立された近代日本の姿があるのだとすれば、利明の事績に象徴される天明～寛政期の時勢は近代国家の胎動期、換言すれば、近世から近代への転換期として理解することが可能である。[70]

注

（1）本多利明の没年月日は文政三年一二月二一日である。これを西暦換算すれば、一八二一年一月二五日となる。

（2）代表的な本多利明研究を以下に列挙する。本庄栄治郎「本多利明集解題」『近世社会経済学説大系　本多利明集』（誠文堂新光社、一九三五年）、Keene, Donald (1952) *The Japanese Discovery of Europe*, London: Routledge and Kegan Paul. 阿部真琴「本田利明の伝記的研究（一）－（六）」『ヒストリア』一一－一三、一五－一七号（大阪歴史学会、一九五五－五七年）、塚谷晃弘「解説　本多利明」『日本思想大系四四　本多利明　海保青陵』（岩波書店、一九七〇年）。

（3）筆者による主だった本多利明の経済思想研究を以下に列挙する。参考とされたい。「本多利明の経済思想――享和元年成立『交易論』を中心として」（『中央史学』二七号、二〇〇四年）、「本多利明の経世済民思想――『経済放言』を中心として」（川口浩共著『日本の経済思想世界――「十九世紀」の企業者・政策者・知識人』日本経済評論社、二〇〇四年）、「本多利明の藩「国益」思想――寛政七年成立『西薇事情』を中心として」（森安彦共著『地域社会の展開と幕藩制支配』名著出版、二〇〇五年）、「本多利明の水利政策論――寛政一二年成立『河道』を中心として」（『中央史学』二八号、二〇〇五年）、「本多利明の経済思想――享和元年成立『長器論』を中心として」（『日本経済思想史研究』九号、二〇〇九年）、「本多利明の経済思想――寛政七年成立『自然治道之弁』の総合的研究」（『Asia Japan Journal』五号、二〇一〇年）、"An Outline of the Political Economic Thought of Honda Toshiaki (1743－1820)" (Nishioka Mikio, Minamimori Shigeta, Nishi Atsushi, "'Political Economic Thought' and the Development of Political Economy as a Discipline in Japan: Civilization, Enlightenment, and Modernization"（『経済学論叢』六一巻四号、二〇一〇年）、「本多利明の経済政策思想――『自然治道之弁』による日本国「豊饒」化構想とその後の展開」（博士学位（経済学）論文、同志社大学、二〇一一年、甲第四七三号）、「本多利明の対外交易論――『西域物語』を中心として」(『経済学論纂』五二巻三号、二〇一二年)、「本多利明の対外交易論――一七九八年成立『経世秘策』を中心として」(『Asia Japan Journal』七号、二〇一二年)。

(4) 本多利明の蝦夷地政策論研究について、筆者はいくつかの個別論説を以下のように公表している。これらについても参照されたい。「本多利明の北方開発経済思想――寛政三年成立『赤夷動静』を中心として」(『日本経済思想史研究』四号、二〇〇四年)、「徳川時代の北方開発政策論――本多利明著『大日本国の属嶋北蝦夷の風土艸稿』を中心として」(『中央大学経済研究所年報』四四号、二〇一三年)、「本多利明の北方開発政策論――『蝦夷拾遺』を中心として」(笠谷和比古共著『徳川社会と日本の近代化』思文閣、二〇一五年)。なお、『赤夷動静』は本章で触れるところの『蝦夷土地開発愚存の大概』の別称である。

(5) 以下、本文中にて示される①~⑧の丸数字は、それに該当する『表題名』の意である。

(6) なお、国内における経済政策論を展開した著述にも断片的に蝦夷地関連の情報や、諸政策との連動を意図した蝦夷地開発論などが記されており、『自然治道之弁』(寛政七〔一七九五〕年一月)・『西域物語』(寛政一〇〔一七九八〕年七月)・『経世秘策』(同年一〇月)・『交易論』(享和元〔一八〇一〕年七月)・『長器論』(同年八月)・『経済放言』(同年八月以降)がそれに該当する。

(7) 近世後期の幕政・蝦夷地・アイヌ・ロシアそれぞれの相関関係を通史的にまとめた労作として、川上淳『近世後期の奥蝦夷地史と日露関係』北海道出版企画センター、二〇一一年)を紹介しておきたい。

(8) 菊池勇夫『幕藩体制と蝦夷地』雄山閣、一九八四年)、九六頁。

(9) 水口志計夫「ベニョフスキーについて」(水口志計夫・沼田次郎編訳『東洋文庫一六〇　ベニョフスキー航海記』平凡社、一九七〇年)、三頁。

(10) 秋月俊幸「千島列島の領有と経営」(大江志乃夫等編『岩波講座　近代日本と植民地　一　植民地帝国日本』岩波書店、一九九二年)、一二二頁。

(11) 工藤平助による『赤蝦夷風説考』は現在、岩﨑奈緒子「加模西葛杜加国風説考」(『北海道東北史研究』三号、二〇〇六年)一―一三頁などにより、『加模西葛杜加国風説考』を正式名称とする理解が定着化しつつあることを強調しておく必要があるだろう。ただし、本章では、利明が同じ書名の成果③『赤蝦夷風説考』に関与していることから、あえて、従来からの呼称を記すこととする。

(12) 工藤平助以降の北方関連著述についての位置づけは、大友喜作「解説」(『北門叢書　第一・三冊』北光書房、一九四三・四四年)が参考となる。ただし、現在の研究水準からすれば、適宜な修正が必要であろう。

(13) 前掲菊池、一九八四年、一七頁。
(14) 最上徳内の事績を詳述した成果として島谷良吉『最上徳内』(吉川弘文館、一九七七年)を紹介しておきたい。
(15) 菊池勇夫「海防と北方問題」(朝尾直弘等編『岩波講座　日本通史　第一四巻　近世四』岩波書店、一九九五年)、二二六頁。
(16) 前掲菊池、一九九五年、二二六―二二七頁。
(17) 山田忠雄氏は田沼意次の老中職罷免について、「内実は十代将軍徳川家治の死と深く関係していたことはいうまでもない」としている(山田忠雄「田沼意次の失脚と天明末年の政治状況」『史学』第四三巻一・二号、一九七〇年、二四一頁)。また、同氏は天明六・七年の情勢について、「田沼意次が失脚してから、松平定信が老中に就任し、寛政の改革への第一歩を踏み出すまでの政治的空白期」(同、二五六頁)と位置づけている。
(18) 天明五～六(一七八五―八六)年の幕府による公の蝦夷地調査に帯同した最上徳内は天明六(一七八六)年一二月に江戸に帰府した後、翌七年四月に私人として「単身」で松前に向かい、松前藩により入国拒否の憂き目にあっている。
(19) 資料①の引用については、函館市中央図書館蔵『北蝦夷の風土艸稿』(『大日本国の属嶋北蝦夷の風土艸稿』の別称、請求番号：種別　郷土／背ラベル　貴重書庫Ｋ０８ホ６００３／資料番号：１８１０６４９７５４)を使用する。なお、同書は国立公文書館蔵『沿海異聞　全』(請求番号：１７８―０２７８)所収の写本、ならびに早稲田大学図書館蔵の写本『大日本国の属嶋北蝦夷之風土艸稿』(請求記号：ル０４　０４５３５)が現存している。
(20) 『大日本国の属嶋北蝦夷の風土艸稿』の内容分析を主題とした宮田純「徳川時代の北方開発政策論――本多利明著『大日本国の属嶋北蝦夷の風土艸稿』を中心として」(『中央大学経済研究所年報』四四号、二〇一三年)において、同書の内容が断片的に翻刻化されている。その中に「独言」の部分も含まれている。
(21) 函館市中央図書館蔵『北蝦夷の風土艸稿』。
(22) 資料②の引用については、国立公文書館蔵『別本赤蝦夷風説考』(請求番号：１８５―０２８９)を使用する。同書の写本として、前出の『沿海異聞　全』に所収されたものもある。なお、山下恒夫氏により同書は翻刻化されている(山下恒夫編『大黒屋光太夫史料集　第一巻』日本評論社、二〇〇三年)。[筆者注――引用資料と翻刻版の文言においては異同が認められる]
(23) 「天明六丙午五月六日」(国立公文書館蔵『別本赤蝦夷風説考』)などのいくつかの朱書きの訂正のほかに、徳内が記したと見られる「利明曰是はヲロシヤ当時頒行の暦の制作の年ゟ天明六丙年までの積年の日なるへし」(同)という利明のコメントも所収されている。
(24) 国立公文書館蔵『別本赤蝦夷風説考』。
(25) 国立公文書館蔵『別本赤蝦夷風説考』。
(26) 天明期における幕吏青島俊蔵—本多利明—最上徳内のラインによる徳内の蝦夷地派遣があったことが藤田覚氏により指摘されている（藤田覚『近世後期政治史と対外関係』東京大学出版会、二〇〇五年、一九二頁）。
(27) 資料③の引用については、国立公文書館蔵『赤蝦夷風説考』（請求番号：185-0288）を使用する。同書の写本として、前出の『沿海異聞　全』に所収されたものもある。なお、山下恒夫氏により同書は翻刻化されている（山下恒夫編『大黒屋光太夫史料集　第一巻』日本評論社、二〇〇三年）。〔筆者注——引用資料と翻刻版の文言においては異同が認められる〕
(28) 国立公文書館蔵『赤蝦夷風説考』。
(29) 国立公文書館蔵『沿海異聞　全』（請求番号：178-0278）。
(30) 国立公文書館蔵『赤蝦夷風説考』。
(31) 工藤平助著『赤蝦夷風説考』下巻に収められるところの「年代の事」の部分に相当する。
(32) 国立公文書館蔵『赤蝦夷風説考』。
(33) 国立公文書館蔵『赤蝦夷風説考』においては「ヲロシヤ開業の次第国をしたかへる也」と副題が添えられており、これは、工藤平助著『赤蝦夷風説考』下巻に収められるところの「ヲロシヤ開業の次第」の部分に相当する。
(34) 国立公文書館蔵『赤蝦夷風説考』。
(35) なお、現地調査に赴いた最上徳内は、「於是最上徳内取存は申演たり其文に赤夷人は従来寒国の出生のものにて寒冷を凌候事中々以て日本人の及ふ所にあらす遠国通船交易の事を業とせし者ともなれは如此の義は常に致す者共なり其上獵虎を取り候事国主の命によりて取といへり又ウルツフ嶋よりカムサスカまては遥に遠し拾余嶋を隔てウルツフ嶌へ獵虎を取りに渡るなり夫に引かわり松前の官舟は漸々一嶋のクナシリの内斗も手を届き兼候様なる事にては中々以惣嶋中の取括りは及ひかたき義なるへし元来はカムサスカまては御国内に有之候所宝暦年間にヲロシカ国より城郭を築き候よし又ウルツフ嶋よりカムサスカまての十余嶋は赤夷人奪ひ取り嶋名までを改易せし義を松前家にては少も不知抔言語絶たる事に候」（国立公文書館蔵『別本赤蝦夷風説考』）という見解を述べており、利明に比すれば、遥かに強い懸念を抱いていたことがうかがわれる。
(36) 前掲菊池、一九八四年、一八頁。

(37)前掲菊池、一九九五年、二二八頁。

(38)寛政改革期における蝦夷地と幕政の関係については浅倉有子『北方史と近世社会』(清文堂、一九九九年)が極めて参考となる。

(39)なお、④～⑦において寛政の「蝦夷騒動」に関する利明の言及が皆無であるといった点は奇妙な特徴として補足しておく。

(40)資料④の引用については、国立公文書館蔵『蝦夷拾遺』(請求番号:178-0339)を使用する。なお、本庄栄治郎氏により同書は翻刻化されている(本庄栄治郎編『本多利明集』誠文堂新光社、一九三五年)。また、同書の写本として、東北大学附属図書館狩野文庫蔵『蝦夷私考』(請求記号:狩野文庫和装3-7706-1)、国立国会図書館蔵『本多利明異国話』(請求記号:和装191-341)、早稲田大学図書館蔵『蝦夷拾遺』(請求記号:ル08 02994 0018)、同大学図書館蔵『蝦夷地実記』(請求記号:文庫08 C0201)を紹介しておく。[筆者注――引用資料を含めた残存資料と翻刻版それぞれの文言に異同が認められる]

(41)国立公文書館蔵『蝦夷拾遺』。

(42)筆者は④『蝦夷拾遺』のみに焦点を当てた検討を宮田純「本多利明の北方開発政策論――『蝦夷拾遺』を中心として」(笠谷和比古共著『徳川社会と日本の近代化』思文閣、二〇一五年)として行っており、同書の成立後に、水戸藩を仲介役として松平定信への提供が試みられている可能性を指摘した。

(43)国立公文書館蔵『蝦夷拾遺』。

(44)国立公文書館蔵『蝦夷拾遺』。

(45)国立公文書館蔵『蝦夷拾遺』。

(46)国立公文書館蔵『蝦夷拾遺』。

(47)資料⑤の引用については、東京大学総合図書館蔵『蝦夷国風俗人情之沙汰』(請求番号:南葵文庫J40:146)を使用する。なお、高倉新一郎氏により同書は翻刻化されている(高倉新一郎編『日本庶民生活史料集成第四巻』三一書房、一九六九年)。同書の写本としては、国立国会図書館蔵『蝦夷国風俗人情之沙汰』(請求番号:和装191-351)・同『同書名』(請求番号:141-146)がある。[筆者注――引用資料を含めた残存資料と翻刻版それぞれの文言に異同が認められる]

(48)東京大学総合図書館蔵『蝦夷国風俗人情之沙汰』。

(49)東京大学総合図書館蔵『蝦夷国風俗人情之沙汰』。

(50) 成立年月日についての裏づけとして、⑤『蝦夷国風俗人情之沙汰』の序文の最後に「于時寛政三辛亥年正月中旬愚存の大概を書」（東京大学総合図書館蔵『蝦夷国風俗人情之沙汰』）という一文が添えられていることを紹介しておく。

(51) 資料⑥の引用については、『蝦夷土地開発愚存の大概』の別称としてのタイトルを持つ東京大学総合図書館蔵『赤人日本国へ漂着に擬へ近年繁々渡来するに謂ある事』（請求番号：南葵文庫Ｊ30：854）を使用する。なお、『赤夷動静』という別タイトルを付した同内容が寺沢一氏らにより翻刻化されている（寺沢一等編『蝦夷千島古文書集成　第三巻』教育出版センター、一九八五年）。［筆者注——引用資料と翻刻版それぞれの文言に異同が認められる］

(52) 東京大学総合図書館蔵『蝦夷土地開発愚存の大概』。

(53) ロシアとの関係について述べた注目すべき部分として、「隣国へ皆和融し交易をするに、日本へばかり今に交易の道開けざれば、是非ともこの交易を開かんと計略を布くといへり（中略）日本にての心得をいふなれば、いずれにも一通りの交易はあるべきか。しかしながら市を開くは、至って大切の事なれば、愚存をいふは全くの妄言にはあれども、若しこの交易を永く停止せば、後々は国の大事に係んかもしれがたし。この後難を含み、交易を停止せんより、やはり今までも渡来せしエトロフ嶋クナシリ嶋に場処を定め、日本の俵物を用てヲロシヤ土産物と交易するにおいては無事なるべし」（東京大学総合図書館蔵『赤人日本国へ漂着に擬へ近年繁々渡来するに謂ある事』）という記載がある。これは、Ｉ・Ⅱ期の事績においては珍しい指摘、すなわち、ロシアとの交易について触れた見解として認められる部分であるが、公の対外交易を論じているわけではなく、従来からのアイヌ—ロシア間の交易を念頭に置きながらの応用と理解すべきであり、「愚存をいふは全くの妄言」とした記載から、半信半疑、あるいは模索途中である利明の態度が看取される。

(54) ⑥『蝦夷土地開発愚存の大概』の全体についての詳細な分析結果については、宮田純「本多利明の北方開発経済思想——寛政三年成立『赤夷動静』を中心として」（『日本経済思想史研究』四号、二〇〇四年）を参照してもらいたい。

(55) 資料⑦の引用については、寛政三（一七九一）年一〇月成立の東京大学総合図書館蔵『利明上書』（請求番号：南葵文庫Ｊ30：450）を使用する。なお、本庄栄治郎氏により寛政四年七月成立版の『利明上書』が抄録として翻刻化されているが（本庄栄治郎編『本多利明集』誠文堂新光社、一九三五年）、その際に使用したとみられる原本は滅失が確認される。記載内容を照合すると、寛政三年版を筆写した写本が成立した時期を「寛政四年七月」

とみなすのが適切である。［筆者注――引用資料と翻刻版の文言に異同が認められる］
(56) 東京大学総合図書館蔵『利明上書』。
(57) 東京大学総合図書館蔵『利明上書』。
(58) 同時期である寛政四（一七九二）年一二月段階において、若年寄堀田正敦―目付村上義礼・目付石川忠房―支配勘定格屋代戸右衛門―本多利明のラインによる利明の蝦夷地派遣「案」が模索されていた可能性が藤田覚氏により指摘されている（藤田覚『近世後期政治史と対外関係』東京大学出版会、二〇〇五年、一八八―一九一頁）。
(59) 前掲菊池、一九九五年、二三二頁。
(60) 前掲秋月、一九九二年、一二四頁。
(61) 藤田覚氏は、寛政改革期には松前委任・非開発策がとられて直轄・開発策とその亜種は圧伏されたが、政策としては役人に継承され、ふたたび寛政一一（一七九九）年から具体的な政策として実行に移された（『近世後期政治史と対外関係』、二〇二―二〇三頁）という見解を示している。
(62) 資料⑧の引用については、国立公文書館蔵『蝦夷乃道知辺』（請求番号：178‐0310）を使用する。なお、本庄栄治郎氏により同書の抄録が翻刻化されている（本庄栄治郎編『本多利明集』誠文堂新光社、一九三五年）。同書の写本として、国立国会図書館蔵『蝦夷道しるべ』（請求番号：和装166‐283）、同『蝦夷之道知辺』（請求番号：191‐346）、札幌市中央図書館蔵『蝦夷道知辺　他』（請求番号：KR210.08／ェ／）、同『蝦夷道知辺』（請求番号：KR210.08／ホ／）がある。また、国立公文書館蔵『北辺紀聞　第五巻』（請求番号：178‐0264）に『開口』というタイトルが付された同内容が所収されていることも補足しておく。［筆者注――引用資料を含めた残存資料と翻刻版それぞれの文言に異同が認められる］
(63) 国立公文書館蔵『蝦夷乃道知辺』。
(64) 国立公文書館蔵『蝦夷乃道知辺』。
(65) 国立公文書館蔵『蝦夷乃道知辺』。
(66) 国立公文書館蔵『蝦夷乃道知辺』。
(67) 紙幅の都合により論じることができなかったが、人口減少の趨勢への対応を図った見解は寛政一三（一八〇一）年一月に成立した⑧に約三年先んずる寛政一〇（一七九八）年に成立した『西域物語』や『経世秘策』といった経済政策論説にも記されている。このような経済政策論説との関連下に蝦夷地を主題とする論説⑧の意義を再考する必要があるだろう。また、⑧の成立以後、利明は初めて蝦夷地を訪問し、約半年後の享和元（一八〇一）年六月に

『長器論』を、七月には『交易論』を、また『長器論』の成立以降に『経済放言』をそれぞれ著している。これら三点の著述において、人口増加の趨勢を現実とみなした経済政策論が提起されているところから、もしかすると、⑧の成立以降に、何らかの理由により、利明の現実社会に関する認識、特に、人口についての考えが変化した可能性がある。これについても熟慮すべきであろう。

(68) 前掲藤田、二〇〇五年、一五九頁。

(69) この理解としての関連として、中井信彦氏による「並河天民以下最上徳内まで十四人（筆者注――並河天民・坂倉源次郎・平澤旭山・工藤平助・土山宗次郎・平秩東作・林子平・古川古松軒・菅江真澄・新山質・大原左金吾・平賀源内・最上徳内・本多利明）、町人に非ざれば小禄の幕吏であり、町学者に非ざれば流浪の庶士周遊の文人でもあって、そこに強弱濃淡の差こそあれ、孰れも皆当時の幕藩体制から逸脱した人々であったことを知るのである。蝦夷の研究、蝦夷地の開拓は実にその様な人々によって推し進められたのであり、本多利明に認められた「現状への不満」の由って出づる所も自ら理解せられるであろう」（中井信彦「蝦夷研究と蝦夷地開拓――日本民族学の東雲」『史学』三田史学会、一九四三年、一九八－一九九頁）という指摘を念頭に置く必要がある。

(70) 補足として、今後の課題について若干触れておきたい。本章は時代背景と利明の事績の相関関係についての分析に力点を置いたものであるが、やや抽象的な検討結果となったことを自覚している。したがって、この研究課題についての分析をさらに深化させせなければならない。そのために、本章で事例として取り上げた資料①～⑧を個別研究としてさらに精査する必要がある。また、門弟最上徳内や幕府関係者など蝦夷地や北方事情についての情報源そのものの分析に基づきしながら、幕府政治と利明の関係を可能な限り整理する必要もあるだろう。その際、幕府関係者の中でも、利明と軌を一とする見解を有していたと見られる老中格本多忠籌との関係や、老中松平定信への橋渡し役としての立場が推定される水戸藩の小宮山楓軒や立原翠軒との関係に筆者は着目している。これらの課題に基づきながら、Ⅰ～Ⅲ期の事績の意義がさらに明瞭化されると確信しているが、『西域物語』などに代表されるその他の経済政策論説との関係性についての検討や、蝦夷地を主題とする新たな資料の発掘によっては、本章で提示した三つの区分はさらに細分化される可能性もあるだろう。

第8章　蝦夷地政策論に見る日本経済観
——享和元年の三奉行による建議を中心に

髙橋　周

はじめに

本章は、享和元（一八〇一）年に江戸幕府の三奉行（寺社奉行、江戸町奉行、勘定奉行）によって行われた建議の内容から、経済や経済活動についての彼らの認識を探ろうとする試みである。ここでの関心は、現実の政策がどのような理解のもとで行われたかということであり、本章が三奉行を対象とするのは、彼らが政策の立案・実行に深く関わる者だからである。言うまでもなく、政策は現実の経済に対して大きな影響を与える。それは、政府（ここでは江戸幕府）が直接的に行うものもあれば、規制や保護といった手段によって、経済活動を行う主体に対して一定の誘導や制約を与える場合もある。そのいずれにあっても、政策を担う者は、自分たちが良かれと思う方向をめざして、これを決定するであろう。そこに、彼らの価値観や理解が反映される余地があると考えられる。

為政者は、何らかの現実に直面した際に、それを理解し、是非などの評価を下して対応を決定する。そしてその為政者による現実への関与は、何らかの変化を生み、新たな現実が出現することとなる。もちろん、それですべてが終わるわけではなく、この新しい現実に対しても、何らかの政策を施すこととなり、際限なくこれが続くのである。このプロセスには、理解や考え方といった、為政者個人の頭の中で下されるものが入り込むこととなる。理解、評価、対応決定には、彼らの主観によって決められる部分があり、そこには誤解や認識不足もありうるだろう。そして、たとえ彼らの誤解や認識不足に基づく理解、評価、対応決定であったとしても、それはそのまま政策に反映されてしまうのである。このことは、為政者がいかなる価値基準や知識、認識を持っていたかということに、大きな意味をもたらしていよう。現実を動かす出発点の一つとして、彼らの価値基準や知識、認識は、検討すべきものなのである。

ただし為政者の場合、必ずしも論理的に自らの認識を述べているわけではない。思想家などであれば自らの認識を開陳することを目的とした著述もあろうが、一部の例外を除き、為政者にはそのような史料があるわけではない。そのため、もっぱら政策について書かれたさまざまな史料にこれを求めるしかなく、そこで取り出せるのは、おそらく彼らの考えの断片にすぎない。しかし、政策という現実に多大な影響を与える決定を行う人々の理解を無視することは、歴史的事象を把握するうえで、大きな欠落を残すものとなろう。本章は、断片的なものにすぎないことを自覚しつつ、これに挑もうとする試みである。

本章の関心は、「転換期」の為政者たちの日本経済に対する自己認識である。彼らの認識は、さまざまな政策（および政策を行わないという選択）となって、現実の日本経済に影響を与えたであろう。もちろん「日本経済」には、生産、流通、消費といった経済活動だけでなく、制度や規制といった政策、そして担い手である経済主体などさまざまな要素がある。全体像だけでなく、それぞれの要素についても、どのような認識が持たれていたのか検討する必要があろう。

近世を対象とした日本経済思想史研究において、政策に関わる人物を対象とする場合、中央政府である幕府ではなく、地方政府である藩についての論稿が多い。本章もそれらの諸研究の成果を否定するものではないが、幕府の政策を担当する者の考えについても、より研究が進められるべきであると考えている。藩の経済政策に関する代表的な思想史研究としては、藤田貞一郎の「藩国家」の「国益」に関する分析がある。その著書の中で、藤田は日本経済全体について論じることについて「要するに、「幕府国家」ないしは「大日本」の国益論には、経済分析用具として見た貿易バランス概念を展開させるに足る社会経済条件は与えられていなかったとして良いと思われる」としている。(1)たしかに、貿易上の収支に関する観点からはそのような指摘もありえよう。しかし、日本経済全体への理解や考え方は、貿易に関する面だけのものではない。本章が見る日本経済の現状への認識は、貿易も含め、あらゆる政策の基盤となるものであり、その解明のための研究は、進められるべきものと考える。

本章で取り上げる為政者は、享和元年に寺社奉行、江戸町奉行、勘定奉行の役職にあった者たちである。当時の幕府にとって、貿易の開始を求めるロシアの接近は重大な外交問題であり、その手前にある蝦夷地へも、新たな対処が必要となった。しかし一方で、たしかに彼らにとって蝦夷地の問題は重要なものであったかもしれないが、あまたある幕政上の課題の一つであった。そのような中で、三奉行は蝦夷地への対処について老中から諮問を受ける。これに応えて三奉行は、各々で建議を作成した。これをまとめたものが、本章で扱う『三奉行建議書』である。

当時、ロシアや蝦夷地への対処については、為政者以外にも論じる者があった。本書第7章にある本多利明も、その一人である。本多のような人物の場合と比較して、為政者の考えを分析することには二つの特色がある。一つは、彼らは政策決定に直接関わり、現実の政策を左右しうる立場にあったことである。そのため、三奉行の考えは、現実的な意味を持ちやすかったのである。いま一つの特色は、知識人のようには主張を明確に表明していないことである。彼らにとって、蝦夷地をどうするかは、職務として対処を考えねばならない現実の政治課題であった。それだけに、声高に主張しなくても、彼らの考えを現実に反映させることは可能であり、あらためて蝦夷地問題について著述を行う必要はなかった。そのため、彼らの考えを汲み取ることは容易ではなく、政策について述べたものから取り上げるしかないのである。

ただし、本章が明らかにしようとする対象は、彼らの蝦夷地への理解ではない。蝦夷地のことを検討するうえで彼らの思考の前提となっていた日本、特に日本経済への理解である。本章で言う「日本」とは、本州以南の、幕府が恒常的に政策を施す対象となっていた社会である。それに対し蝦夷地は、その日本とは異なる社会である。そして、いわゆる「鎖国」体制の敷かれた江戸時代の日本において、蝦夷地は日本が直接的に関与しうる唯一の異なる社会であった。この異なる社会に対峙するとき、判断の基準となるのは、自らの社会である日本以外にはなかったであろう。そして、日本自体について考えるうえでは当たり前のものとして意識していないことも、蝦夷地という異なる社会を考える中では、日本社会の特色として浮かび上がってくるであろう。本章は、これを抽出したいと考えている。

このような意図のもと、本章では、以下の四つの節でこれを論じていく。まず第1節では、転換期の蝦夷地について、特に本章の議論の舞台となる享和期の前後を中心に概観する。第2節では、議論の題材とする史料『三奉行建議書』と、その中でも特に多くを取り上げる柳生久通について説明する。そして第3節と第4節で、具体的に三奉行の見解を検証していくが、その論点は、第3節が海外貿易と蝦夷地での貨幣使用について、第4節が農業を主とした蝦夷地の開発についてである。

1　享和元年の蝦夷地

本章で見ていく三奉行による議論は、享和元年の蝦夷地を対象としている。そこで、彼らの議論の前提を理解

表８-１　年表

年		事項
天明３	1783	工藤平助が『赤蝦夷風説考』を著す
〃　５	1785	幕府による蝦夷地調査開始
〃　６	1786	田沼意次失脚
〃　７	1787	松平定信が老中首座に
寛政元	1789	クナシリメナシの戦い
〃　４	1792	幕府が御救交易を西蝦夷地で実施 ラクスマン率いるロシア船が根室に来航
〃　８	1796	ブロートン率いるイギリス船が虻田に来航
〃　10	1798	幕府による蝦夷地巡検
〃　11	1799	蝦夷地御用掛を任命 東蝦夷地を仮上知
享和２	1802	蝦夷地奉行を新設 東蝦夷地を永上知とする
文化元	1804	レザノフ率いるロシア船が長崎に来航
〃　３	1806	ロシア船が樺太襲撃
〃　４	1807	松前・蝦夷地全体を上知 ロシア船がエトロフ島襲撃
〃　８	1811	ゴロヴニン事件発生
〃　10	1813	ゴロヴニン事件解決
文政４	1821	松前藩の復領

出典：北海道編『新北海道史年表』北海道出版企画センター、1989年、より作成。

するためにも、この時期の蝦夷地の状況を整理しておこう[2]。

表８－１は、「転換期」の蝦夷地について幕政に関わるものを中心とした年表である。幕府が蝦夷地に関与する契機となったのは、ロシアの接近を警告した工藤平助による『赤蝦夷風説考』[3]であり、これが田沼意次によって行われた天明五（一七八五）年の蝦夷地調査に繋がった[4]。しかしこの蝦夷地調査は、翌天明六（一七八六）年の田沼の失脚と、松平定信による政策の変更により、中断となった。ここで確認しておきたいことは、幕府による蝦夷地への関与が、ロシアの接近への警戒から行われたことである。蝦夷地という、和人のものとは異なるアイヌの社会自体は、それまでも長く日本

に隣接して存在していた。しかしそれまでの幕府による蝦夷地への対応は、松前藩への委任であり、直接的な関与は行われていなかった。幕府による蝦夷地への関与は、対ロシアという観点から惹起されたものであり、対外的な政策の一環だったのである。したがって、次節以降で検討する三奉行の建議が、「アイヌにとってどうか」ではなく、「ロシアの接近に対峙する幕府の行動としてどうか」という観点から発せられていることは、彼らによる議論の前提としなければならないであろう。

田沼の失脚により蝦夷地調査は中断したものの、蝦夷地をとりまく対外的な状況は、しだいに厳しいものとなっていた。寛政元(一七八九)年のクナシリメナシの戦いは、背後にロシアの存在があるのではないかとの疑念を抱かせ、その三年後の寛政四(一七九二)年には、アダム・ラクスマン率いるロシア使節が、漂流民を連れて根室に来航した。ここに、ロシアの接近が現実のものとなった。寛政八(一七九六)年のイギリス船来航もあり、幕府は寛政一〇(一七九八)年に巡検を送り、さらに新たな対応へと進んでいった。それが寛政一一(一七九九)年に行われた東蝦夷地の仮上知と蝦夷地御用掛の任命であった。すでにロシアは千島列島のうちウルップ島まで勢力を伸ばしていた。これに近い東蝦夷地を七年間の期限付きで上知とし、幕府は蝦夷地御用掛に書院番頭松平信濃守忠明、勘定奉行石川左近将監忠房、目付羽太庄左衛門正養、使番大河内善兵衛政寿、勘定吟味役三橋藤右衛門成方の五名をあて、(5)さらに若年寄の立花出雲守種周を蝦夷地御用取扱とし、老中では戸田采女正氏教をこの問題の担当とする体制を構築したのである。(6)

このように、政治的な面で関与が深まろうとしていた享和元年の時点で、経済的には、すでに蝦夷地は日本にとって不可欠なものとなっていた。鰊などの魚肥やその副産物である魚油、鮭などの食料、干鮑や煎海鼠といった長崎輸出用の俵物など、水産物を中心に、多くの日本向けの財が蝦夷地で生産されていた。統計が整わないためその全貌は把握できないが、断片的な情報から、その産物の多さを示しておこう。寛政四年ごろの蝦夷地での場所請負から納められた運上金は、不明な二つの場所を除いても、西蝦夷地で四三二〇両、東蝦夷地で二九三五両、合わせて七二五五両にのぼっていた。これだけの運上金に見合うだけの生産があったのである。また俵物については、天明五年の松前・蝦夷地の一年間の請負高で、干鮑が一二万斤と全国の八割、煎海鼠も一三万斤と全国の七割六分となるよう決められていた。実際の産額はこれよりも少なかったようであるが、俵物生産で蝦夷地への重要性が高かったことがうかがえよう。これらの蝦夷地産物は、すでに日本経済の中で一定の役割を果たしていた。魚肥は拡大する肥料需要を充たし、俵物や昆布は長崎などからの輸出品として、貨幣素材の流出を抑えつつ日本の貿易を支えていたのである。

次に、和人による経済活動が行われる地理的な範囲についても触れておこう。ロシアの接近が警戒される東蝦夷地では、宝暦四（一七五四）年にはクナシリ場所が開設されており、「転換期」に入る以前において、すでに同島まで日本の経済活動が入り込んでいた。しかし、その先にあるエトロフ島には長く到達せず、アイヌによる往来があるのみであった。そのエトロフに和人が関与するようになったのは天明五年の蝦夷地調査からであり、そこで経済活動を行うようになるのは、寛政一一年に高田屋嘉兵衛によって航路が確定し、その翌年から始められた漁業によってであった(7)。まさに本章が論じる時期は、エトロフ島まで和人による経済活動の範囲が及んだところであった。

このように、蝦夷地は経済的な現実では日本との関係をすでに深めており、そのための体制は漁業を中心とした場所請負によって形成されていた。しかし政治的な関与は、ロシアへの警戒の高まりによって、ようやく深まり始めたのである。本章で見る三奉行の建議は、このような政治面と経済面のズレを持つ現実を目の前にしながら作成されたものであった。

2　『三奉行建議書』と柳生久通

（1）『三奉行建議書』

ここで、使用する史料『三奉行建議書』について説明しておこう。平成二（一九九〇）年刊行の『国書総目録』によれば、『三奉行建議書』は北海道庁に所蔵されるだけとなっている。管見の限りにおいて、現在その所蔵が確認できるのは北海道立図書館[8]と北海道立文書館[9]のものである。両者にはそれぞれ表紙に「北海道庁図書之印」が押されており、道庁所蔵本が移管されたものと思われる。このうち、北海道立図書館蔵本は、同館のデジタルライブラリーにて公開されている。本章では、この北海道立図書館蔵本をもとにし、北海道立文書館蔵本によって適宜これを補って用いていく[10]。

三奉行は、重要な案件について老中による諮問に答えるなど、幕政において重要な役割を果たす存在であった。この『三奉行建議書』は、享和元年に蝦夷地に対する幕府の政策について行われた諮問に対し、三奉行が各々で作成した回答をまとめたものである。『三奉行建議書』を用いた先行研究としては、藤田覚の論稿がある[11]。これは、ロシアが接近し、その渡来が現実のものとなった蝦夷地への対処について、政策決定の経緯を検討したものである。つまり『三奉行建議書』に収められた建議が作られるに至った当時の政治過程そのものを扱った研究である。これに対し本章は、その切迫した真剣な議論の中から、当時の人々が持っていた、経済的事象に対する理解を取り出そうとするものである。

『三奉行建議書』には、各奉行が個々に作成した建議がまとめられている。当時の三奉行は、寺社奉行が土井大炊頭利厚・松平周防守康定・脇坂淡路守安董・堀田豊前守正毅、江戸町奉行が小田切土佐守直年・根岸肥前守鎮衛、勘定奉行が柳生主膳正久通・中川飛騨守忠英・菅沼下野守定喜・小笠原和泉守長幸、そして蝦夷地御用掛でもあった石川左近将監忠房であった。『三奉行建議書』には、右記の順で柳生までの建議が掲載されており、勘定奉行の中川、菅沼、小笠原のものは収められていない[12]。また、蝦夷地御用掛でもある石川は、三奉行が意見を述べることとなる政策の原案を作成する立場にあり、諮問の対象とはならなかったのであろう。

次に、この建議が行われた背景と、そこに至る経緯を先行研究[13]から概観していこう。転換期に行われたいわゆる第一次蝦夷地直轄は、寛政一一年の東蝦夷地仮上知、享和二（一八〇二）年の東蝦夷地永上知、文化四（一八〇七）年の西蝦夷地を含む蝦夷地全体および松前の永上知という三つの段階を踏んでいる。この建議は、東蝦夷地を仮上知とした最初の段階と、それを永上知に転換した二番目の段階の間に行われたものである。そこでは、幕府の関与を増やすべきか否か、さらに増やすとすればいかなる内容を採るのかが問題であった。

最初の段階、すなわち東蝦夷地の仮上知が行われた直後から、さらなる関与の必要が取りざたされている。ここで見る建議も、唐突に行われたのではなく、続けられていた議論の中で作られたものである。その年の初めに仮上知を開始した寛政一一（一七九九）年の一〇月には、すでに蝦夷地御用掛は永上知の上申を行っていた。翌寛政一二（一八〇〇）年の正月には、老中から蝦夷地御用掛へ松前藩の統治の不首尾について諮問があり、蝦夷地御用掛は同年二月と一〇月に西蝦夷地も含む蝦夷地全体と松前一円、すなわち現在の北海道全体の上知を上申している。そして一一月にも、西蝦夷地を上知とした場合に具体的に問題となる山丹交易について、老中から蝦夷地御用掛への諮問が行われている。その回答を受け、老中は蝦夷地の全面上知の是非を三奉行の評議に付したのである。

三奉行にこの問題を諮るにあたり、事前に全面上知が必要となる事情を記した書面を蝦夷地御用掛から提出させており、また、三奉行と蝦夷地御用掛が直接会って質疑を行う機会も設けられていた。『三奉行建議書』にある建議は、そのような手順を踏んだうえで行われたものであった。

（2）勘定奉行柳生久通

本章では『三奉行建議書』の中でも、特に勘定奉行であった柳生主膳正久通による建議を中心に検討したい。その理由は二つあり、一つは他の奉行と比べて経済に関する内容を多く含んでいることであり、もう一つは彼の役職である。この建議で論じられているのは幕府による直轄についてであり、直轄になれば、そこは勘定奉行の管轄ということになろう。その勘定奉行のうち、『三奉行建議書』に建議が残っているのは柳生だけである。さらに柳生は、勘定奉行の中でも勝手方であり、当時の経済面での幕政のトップとも言える立場の人物であった。そのような立場の者の考えを対象とすることは、本書の問題意識に沿うものであろう。

柳生について、少し詳しく触れておきたい。その経歴については吉岡孝の先行研究[14]によってまとめられているので、これをもとに紹介しておこう。柳生は、宝暦一二（一七六二）年に西丸書院番となった後、小納戸、小姓となり、小普請奉行を経て天明七（一七八七）年九月に町奉行となっている。この間、明和四（一七六七）年に従五位下主膳正となっているが、町奉行となった時点での石高は六〇〇石にすぎなかった[15]。町奉行であった期間はわずかに一年ほどで、翌天明八（一七八八）年九月には勘定奉行に転じ、これ以後、文化一四（一八一七）年までの二九年間も勘定奉行を務めたのである。柳生が町奉行に登用されたのは松平定信が老中首座となった直後であり、柳生と定信の間には強い信頼関係があったことが指摘されている[16]。このように定信政権以降の幕府において中枢にあり続けたことは、柳生の官吏としての評価が悪くなかったことを意味していよう[17]。

また柳生には、武人としての側面もあった[18]。柳生の曽祖父の村田久辰が新陰流宗家柳生宗在の門人となり、宗在の子の俊方から柳生の姓が与えられていた。久通は、明和六（一七六九）年に西の丸の近臣に新陰流を教えることが命じられており、安永七（一七七八）年には、将軍徳川家治の世継であった家基の稽古の相手を務めている。そして家基の死後も、西の丸の小納戸衆を弟子とするよう命じられていた。また、天明四（一七八四）年に江戸城中で田沼意知が佐野善左衛門に刺された事件の際に、大目付とともに佐野を取り押さえたのも柳生であった。わずか六〇〇石の旗本とは言え、武人としての面により、田沼政権下においても江戸城内で出世していき、定信政権後も登用されていったのである。このように柳生は、本書が設定する「転換期」を江戸城内で見続けた人物なのであった。

柳生の建議は、冒頭で建議に至る流れが書かれている。三奉行に書面が渡され、「深ク遠ク聊不残心底相量リ了簡仕存寄ノ趣」を各自が封書にて提出すること、さらに蝦夷地御用掛との質疑のうえで考えたものであることが表明されている。(19) そして総論的には、蝦夷地の状況について「難被御捨置事実ニ相見」えるというのを「御尤」とし、「御取締ノ御主法」を作ることを「可然義」としている。(20) その後に蝦夷地御用掛との質疑の内容を朱書した部分を挟み、ロシアとの貿易に関連して、蝦夷地でのアイヌ社会への施策について柳生は述べている。その中で経済に関係するものとしては、ロシアとの貿易の是非を論じた部分と、蝦夷地自体の開発を論じた部分がある。以下の二つの節では、これについて論じていきたい。

3　海外貿易をめぐる議論

(1)　柳生の建議

諮問にあたり三奉行へ渡された書面には、蝦夷地と外国との貿易について書かれていた。それは、ロシアの接近という東蝦夷地方面の問題と、樺太での山丹交易という西蝦夷地方面の問題であった。特に山丹交易について、それは長年行われており、これを急に止めることは穏やかではない、と問題にしている。しかし同時に、西蝦夷地の上知により、これが公然と行われるものになることに対し懸念を示している。これは、外国貿易は「御創業以来」西国だけに限ったものと考えていたからであった(21)。

建議の作成の前に行われた三奉行と蝦夷地御用掛の質疑において「懸リ取扱ニナリ候テハ日本人風俗ニ相改日本ノ言語モ通シ候様ニ致シ金銀銭ノ通用モ始候積ニ候哉ト相尋候処、右ノ通致候積ノ由信濃守申聞候」(22)というやりとりが行われた。風俗や言語とともに、「金銀銭ノ通用」の開始を蝦夷地御用掛は計画していた。この点について、ロシアとの貿易と関連させて、柳生は次のような見解を述べている(23)。

魯西亜交易ヲ望候義ハ相違モ無之義ト奉存候ヘトモ、蝦夷共ノ風俗是迄ノ通ニテ被差置候ハヽ、ウルップ島ノ邊へ赤人来リ蝦夷共ト内々交易致シ候共、獣皮以下ノ品ニ可有御座候間、彼国格別益ニ成候程ノ義ハ有之間敷哉ニ付、重立候赤人罷越候義ニテ至リ申間敷候間御国ノ弊ニ相成候程ノ義ニモ至リ申間敷ト奉存候。然ル処右懸リ存含ノ通、金銀銭ノ通用始リ候ハヽ、獣皮以下ノ類ニモ無之、何レノ国ニテモ望第一ノ品ニ候へハ、追々重立候赤人出来リ、交易ノ品柄モ宜品ヲ持来リ、金銀銭ニ換行可申。左候時ハ所々番所等被建置何程交易ヲ被禁候トモ、広大ノ遠境可行届義トハ不奉存。右ニ付銕銭計リノ通用ニ相成候ハヽ、右ノ弊モ有之間敷哉ト勘弁仕見候処、銕銭ノ通用蝦夷トモ覚候へハ、銅銭ハ勿論金銀モ持行可申。右金銀銭ト交易致候品柄ハ是迄ヨリ宜可有之候へハ価モ宜捌ヶ可申候間、追々金銀銭多ク蝦夷地へ持行可申候間、不一方御国ノ害ト奉存候。又其末ヲ相考候へハ、何程交易ヲ被禁候トモ、前文ノ成行ニテ猥ニ不取締ノ交易致シ候ヨリハ不得止時勢ニ候得ハ、西国ニ長崎ノ交易アル如ク、蝦夷地ニテモ壱ヶ所場所ヲ定メ可渡品を其方ニテ昆布煎海鼠干鮑ノ類ヲ渡候通魯西亜ニテモ好候品可有之間、金銀銅ノ外ヲ以テ表立交易ヲ可差免ト申様ナル義ニモ数年ノ後ハ可相至哉。左候時、最初ハ彼国損ヲ不相厭、米其外ノ品物テ先交易ヲ相始メ可申。然ル時ハ右交易ノ地ハ勿論其向寄迄モ大ニ富、蝦夷共モ米穀ヲ食シ着類モ右ニ准シ暫クハ頬リニ御益モ有之候様ニ可有御座候ヘトモ、時節ヲ見計ヒ追々ニハ金銀銅ヲ望候様ニ可相成其時金銀銅ハ不相成ト申候ハヽ、彼是ニ事寄彼国ヨリ可相渡交易ノ品ヲ渋滞仕可申。其時ハ暫富候蝦夷共甚難渋致可申候ヘトモ、魚物草木根葉ノ類計リ食シ木ノ皮ニテ織候アツシヲ身ニ纏ヒ罷在候其元ヘ立戻候義ハ何分相成申間敷、右ハ長崎表ヘ唐紅毛船入津無之候ヘハ、彼地ノ者共活計ノ術無之モ同様ノ義ト奉存候。右場合ニ至リ候節、蝦夷共ヲ御見殺ニ相成間敷候間、米穀其外御手当不被成下置候テハ相成申間敷候処、遠境ノ義ニテ多分ノ御入用相懸リ不容易不被得止彼国望ニ任セ金銀銅ノ内ヲモ被差遣交易永続ノ御手段ニ相成候外ハ有御座間敷、左候時ハ甚敷御国ノ害ト罷成可申哉ト奉存候

すでに享和元年の時点で、アイヌがウルップ島に渡りロシア人と交易していることが知られていた。これに対して柳生は、この交易がロシア人にとってあまり魅力的ではないものと考えている。この時点ではロシア人の入手できる蝦夷地側の商品が「獣皮以下ノ品」であったために、ロシア人には大した利益が望めず、この交易は実害のないものにとどまっているが、金銀銭の通用が始まれば、状況は変わり「御国ノ害」になるというのである。ここで注目したいことは、獣皮と金銀銭の輸出品としての違いを柳生が論じている点である。「獣皮以下ノ品」が輸出品である現状では「重立候赤人」は貿易に参入しないが、金銀銭が入手できるとなれば、彼らが参入し、「品柄モ宜品」を持ってきて、これと取引に及ぼうとすると柳生は予想している。

ここで柳生が前提としているのは、金銀銭が「何レノ国ニテモ望第一ノ品」であるということである。この理解は、この時期のロシアの接近に対するものとしては、適切とは言い難い。ロシアの目的は、極東地域の開発が進んだことで深刻になっていった食料供給問題の解決にあった(24)。したがって、このときに日本へ接近してきたロシアは、仮に日本の金銀銭を入手したところで、これを食料に換える別の貿易相手を求める必要があり、彼らが

抱えていた食料不足の解決にはならないのであった。しかし柳生にあっては、外国が日本との貿易を望む理由としては、常に金銀銭が第一のものであるという理解が持たれており、当時まさに接近してきていたロシアも同様であると考えていたのである。

さらに柳生は、仮に金銀銭以外を輸出品とすることを条件に貿易を表立って認めた場合についても論じている。ロシアは最初こそ金銀銭以外のモノを求め、損をいとわずに貿易を行い、それによりアイヌが豊かになったところを見計らって、金銀銭を貿易品として求めるようになるとしている。そのとき、すでに貿易ルートとして整備された蝦夷地で、ある程度の豊かさを得ているアイヌは衣食住を向上させており、貿易の停滞や不調は、アイヌの生活を「魚物草木根葉ノ類計リ食シ木ノ皮ニテ織候アツシヲ身ニ纏ヒ罷在候其元ヘ立戻」らせるものであった。そのようなことは、幕府の視点からすれば、アイヌを「見殺」にするようなものであり、そうならないためには、「米穀其外御手当」を給付しないわけにはいかなくなってしまう。その費用を防ぐには、それまでの論の中で強く流出を危惧していた金銀銭を輸出品にしてでも貿易の継続が必要になるとしている。

さらにここで指摘したいことは、豊かさの実現における不可逆性と、そこに生じる困難への為政者側の責任についてである。柳生は、魚や草木によるアイヌの伝統的な食生活と、米穀による和人の食生活の間に優劣をつけている。そのこと自体は本章の関心ではないので論じないが、生活水準の低下となるような政策の選択を、「見殺」という強い言葉を用いて否定している。ここには、幕府によって整備、再編された貿易ルートにある人々に対する幕府が果たすべき役割への認識を見ることができよう。すなわち柳生は、直轄であり貿易ルートとなった蝦夷地の人々の生活水準の維持は幕府の責任と考えていたのである。

以上の貿易に関する議論から、柳生の認識として二つのことを汲み取ることができた。一つは自国が外国から何を（具体的には金銀銭を）貿易品の第一に求められているかという自己認識であり、もう一つは豊かさの不可逆性と、それを守る義務があるという為政者観である。

（２）他の奉行の見解

それでは、貿易に関する議論から柳生の認識として浮かび上がった点について、『三奉行建議書』にある他の奉行のものを見てみよう。まず外国に期待されていた輸出品が金銀銭であるという自己認識はどうであろうか。『三奉行建議書』の中では、寺社奉行堀田正穀の建議にも、この点に関する見解が示されている。堀田は「今時外国ヨリ専交易ヲ望候ハ其実ハ全ク米穀ニテ、之ニ加フルニ今金銀ノ望ヲ増シ候ハ、愈交易ノ望止申間敷」(25)としている。これは、柳生のものよりロシアの接近への認識として正確であるように思われる。いずれにせよ金銀を望まれているという自己認識が確認できる。長崎や対馬における貿易の実情からもたらされたものと思われるが、これを西国のみでのものとするのではなく、北方での対外貿易にも適用するのは、金銀の輸出に関するこの自己認識が、三奉行のような立場の者によって強く持たれていたからであろう。

このあと、堀田は、金銀銭の蝦夷地での通用について、やや詳しく述べている。この問題について、堀田はまず「蝦夷地金銭通用ノ義是又一通リナラサル義ト奉存候」(26)として、その対処の難しさを指摘している。この点で、その通用を認めない姿勢をとる柳生とは異なっている。そしてその結論は、「一体蝦夷地ノ俗ハ不知不教ノ俗ニ候ヘハ、金銭通用ノ利ヲ教候事暫ク時ヲ待候義ニモ可有候哉。追々御化育相届キ御制禁モ行レ外国ヨリ交易ノ望絶テ後、通用ノ道ヲ教ヘ可然哉」(27)というものであった。まだ蝦夷地の状態は「金銭通用ノ利」を教えるには早いというのである。そしてそれを解除し、その通用を教えるための条件として、「御化育」「御制禁」とともに外国との貿易の可能性がなくなることを挙げている。柳生が外国との貿易の可能性をなくすことについて「広大ノ遠境可行届義トハ不奉存」として、人の出入の管理の不十分さを前提としているのに対し、堀田はこれを管理できるものとしているところに、両者の違いを見ることができる。

ところで、ここで堀田が「金銭通用ノ利」としていることにも注意が必要であろう。金銭の使用には「利」があるのである。これが具体的にどのような「利」であるのかは、『三奉行建議書』の中だけでは判然としない。しかしこの蝦夷地への対処に関する議論の中に、これを理解する手掛かりがある。それは、寛政一一(一七九九)年二月に蝦夷地御用掛が作成した「蝦夷地御取締並開国之儀相含取計方申上候書付」に見ることができる。これは、蝦夷地での具体的な施策について、蝦夷地御用掛が六九か条におよぶ方針を記して若年寄立花種周に提出したものである。ここで蝦夷地御用掛は「銭通用ニ付而者、会所之内ニ而二手ニ仕、蝦夷人産物を持参り候得者、兼而定置候料ニ引合、銭相渡し遣候。右之銭ニ而、蝦夷共入用之品、或は米酒煙草等一手之方ニ而調度旨申候ハゞ、売渡し遣し候積、右ニ付、銭通用便利並貯置候ハゞ調法と申義教不申候而も覚可申哉ニ付、右之通取計候積之事」としている[28]。ここには、価値尺度、支払手段、価値貯蔵手段という貨幣の機能が反映されていると見ることができよう。蝦夷地御用掛と三奉行の認識が必ずしも同一であるとは言えないが、アイヌ社会という、それまで通用のなかった社会への貨幣の導入を検討するにあたり、このような貨幣への理解が幕府の中にあったのである。これはまさに、自分たちのいる日本の社会で貨幣の使用が果たしている機能への理解とすることができるのではないだろうか。

前項で柳生の認識として取り上げたいま一つの点である豊かさの不可逆性については、『三奉行建議書』の中では江戸町奉行根岸鎮衛が触れている。それは貿易ではなく、農作物栽培の開始について反対を表明する中で、「是迄魚肉而已ヲ常ニ致シ稀ニ穀食致シ候モノ一旦美食ヲ致シ候ハヽ、或ハ金銭等ノ通利ヲ辨ヘ候ハヽ、凶年飢歳ニハ是迄ヨリハ却テ難儀可仕」としている[29]。「美食」としているのは、開発によって得られる農作物による食生活であろう。そしてこの「美食」とともに挙げているのが貨幣の使用である。これをいったん知ってしまうことが、凶年という、当時の技術水準では避けがたい、つまりある頻度では必ず起こる事態を、アイヌにとって「却テ難儀」なものにしてしまうというのである。

生活水準の向上が手放しで歓迎できるものでないことが、これらの見解から見て取れる。貿易量や農作物の収量を安定させるといった、向上した生活水準を維持するための条件が不安定であるならば、低いままの生活水準を続けるほうが適切と考えているのである。ここで注意しなければならないことは、柳生や根岸がアイヌの変化として問題視する米穀食である。それが米であるかはともかく、穀物全般まで考えれば、それは日本では一般的なものである。そして柳生や根岸も三奉行の一角を占めるに至ったのが天明の飢饉の直後であったことを考えれば[30]、日本社会が抱える凶年というリスクが、彼らの念頭にはあったのではないだろうか。

４　蝦夷地開発をめぐる議論

（１）柳生の建議

次に蝦夷地自体の開発に関する柳生の見解を見ていこう。これは蝦夷地御用掛との間で行われた以下のような質疑を受けてのものである[31]。

粟稗等作リ候積ニ候哉ト相尋候処、右ノ通致候積之由信濃守申聞候間、蝦夷人別相尋候処、東西ニテ凡壱万人計リモ可有之由、松前ニ罷在候日本人凡三万人計リモ可有之由信濃守申聞候間、御取締御主法ハ格別蝦夷共人風俗ハ是迄ノ通ニ致置候方可然義ニモ有之間敷哉ト聞候処、左候テハ蝦夷限リニテ右一体ノ御入用取賄出来不申候間、無宿其外彼地へ遣シ畑間作為仕候積ノ由信濃守申聞候粟や稗を作る計画であるのかを問うたのに対し、蝦夷地御用掛はその予定であることを述べている。そしてアイヌの人口について尋ねると、それは約一万人ということであったが、松前には和人が三万人もいることも述べられている。そして「御取締御主法」、特にアイヌの「人風俗」についてこれまでどおりとするのかを質《ただ》したところ、それでは「御入用取賄出来不申」ということで、無宿を蝦夷地に送って農業にあたらせる予定であることが示されている。このような蝦夷地御用掛の政策について、柳生は以下のように反対を表明している。(32)

畑開発致シ粟稗等作ラレ候義、年ニ寄候テハ少々宛ハ出来可申哉ニ候得共、夫食ノ足合ト申程ノ義ニテ、年貢納候程ノ義ニハ相成申間敷、俄ニ秋冷早ク至リ候ニハ、一向実入不申吹枯シ候類ノ義度々可有之哉ニテ、決テ捗々敷義ニハ相至リ申間敷ト奉存候。若右申上候ヨリ少々模様宜クテモ蝦夷人別纔ニ凡壱万人ニテハ壱万石ノ土地ノ人別程ナラデハ無之、無宿等差遣候テモ蝦夷共へ悪事等ハ進メ可申候得共、捗々敷開作出来可申トハ不奉存候。尤彼地ニテ出生ノ小児ヲ以人別ヲ殖シ可申見込モ可有之哉ニ候ヘトモ、格別人別相増候迄ノ御手当御入用夥敷相懸リ、其上人別相増候テモ格別御益ニ相成候程ノ義ハ無之所ニ御世話ハ多ク相成、差引候ハ、御不益ハ勿論害多ク可有御座ト奉存候　(傍線は引用者による。以下同。)

まずここで示されているのは、蝦夷地での農業開発への悲観的な見通しである。畑を開発して粟や稗を作ったとしても、その収穫は多くなく、もちろん税収を得ることにもならず、まして冷え込みの早い年には、さらに厳しい収量となると考えている。出生による自然増を図るにしても、それまでの間にかかる費用は膨大なものであるとし、仮に人口が増えても、「御益」のないところに「御世話」ばかりをかけることになり、「御不益」どころか「害」にもなるという見立てを示している。柳生が農業による蝦夷地の開発に否定的だったことは、明白であろう。

ところで、傍線部にある無宿による殖民に対する柳生の評価にも注目したい。蝦夷地御用掛は無宿を蝦夷地に送って畑作を行わせる計画であったが、柳生はこれを問題視している。柳生は、無宿はアイヌへ「悪事」を教えるようなことはあっても、蝦夷地での農業開発の担い手にはならないと考えている。入植者としての「質」において、蝦夷地御用掛が提起する無宿には問題があると言うのである(33)。

ここで柳生が示しているのは、農業開発の困難さと、担い手としての無宿への疑念である。これだけでは、蝦夷地や無宿という具体的な対象に関してのものとも思われるので、他の奉行の建議の中に、これらについての見解を見ていこう。

(2) 他の奉行の見解

農業開発に対する否定的な見解は、三奉行のうちの他の者の建議にも書かれている。特に寺社奉行の土井大炊頭利厚が蝦夷地の耕地化について比較的多く論じているので、ここにそれを抜き出してみよう(34)。

新開地之儀ハ如何可有御座哉。元来蝦夷地不毛ノ地ト相聞候得ハ、人力ヲ以一旦耕種之地ニ成候テモ良田ト申ニハ急ニハ成兼可申哉。此所ハ懸リノ面々油断無之事ニハ候得共、猶又篤ト相糺、所詮民食ノ助ニモ難成様子ニ相見候ハヽ、御趣段モ被改、労而無功之弊無之様可取計ハ勿論ノ義ニテ、且彼地ニテハ懸リ御役人ノ下ニハ町人百姓体ノ者モ指加リ差配致シ候儀ニモ可有御座哉、百姓町人等ハ当前ヲノレヲノレカ功利ヲ貪リ遠大之了簡無之、或ハ成就難成内心ニハ心付候テモ口上ニハ十分成功有之様ニ辨舌ヲ以申取候類ナド有之者ニ候得バ、此等ノ処懸ノ面々別テ心ヲ用ヒ始終成敗ヲ相考へ、或ハ虚費多ク又ハ無益ニ民ヲ疲ラサヾル様ニ、其機ヲ察シ可取計事最専要之事カト奉存候。但彼地御趣段ヲ以開墾出来ノ上作物等能熟候ハヽ、夷人共饑寒ノ苦ヲ免レ御大恩ヲ感シ萬世国家ヲ奉仰候事、誠ニ無此上御盛事ニテ御座候。若又萬一イツレモ地味薄ク耕宅之地ニ成兼候ニ財ヲ費シ民ヲ労シ候時ハ、人口難掩筋モ成行候事甚御大切之儀御座候間、開墾出来兼候模様相見候ハヽ、速ニ御手ヲ被引可然哉ノ様ニ奉存候

もともとの土井による蝦夷地への評価は「不毛ノ地」というものであった。右の引用部分のほかにも「蝦夷ノ儀ハ、元来美穀不生ノ地ニテ土産ノ物ハ唯禽獣魚物海藻類計リ」(35)としており、土井は農業にとって不向きな土地と蝦夷地をみなしていた。これを「耕種之地」としたところで、急には「良田」にはならず、人々の糧にもならないとしている。ここでは、単純に耕地にすることと、そこから十分な収穫が得られるようになることを区別して論じている。

ただし、ここで注意しなければならないことは、後段で開墾が成功した場合についても言及している点である。仮に十分な作物が実るようになった場合には、アイヌはこれにより飢えから解放され、開発の「大恩」を幕府(の蝦夷地への関与)に持つことが指摘されている。蝦夷地での農業開発について、その実現可能性に一定の含みを残している。ここに柳生の建議とは若干の違いがある。柳生は建議の時点で農業開発を否定していたが、土井はうまくいかない可能性の高さを認識しながらも、これを試みることまでは止めてはいない。「虚費」が多くなったり無駄に人々を疲れさせることのないよう「機ヲ察」するのが肝要であり、開墾がうまくいかなければ速やかに手を引くことを提案している。つまり困難が予想されるが開墾を行ってみて、成績が悪ければすぐに撤収すればよいというのが土井の主張であった。

同じように蝦夷地の農業開発に対して否定的な見解を明確に示したのが江戸町奉行根岸鎮衛であった。根岸は次のように述べている。(36)

懸リ演説ノ趣ニテ、蝦夷地ノ内開発可相成場所粟稗菜大根ノ類試作附ノ分相応ニ出来ノ場所モ有之由ニテ、追テハ所々寄入人等致シ耕作等為致候心組モ有之由ニ御座候。開発等出来耕作ノ道モ被行候ハ、無此上可然筋ニハ候ヘ共、寒暑格別ニ無之野州常州ニモ荒地出来多ク年来入百姓等ノ御世話有之起返シ等ノ儀ハ御料私領共手ヲ尽シ候ヘトモ行届不申間、蝦夷地ノ開発急速ニ相調可申トモ不奉存

根岸は、蝦夷地御用掛の農業開発の方針に対して、開発ができて耕作が行われるようになれば、それは「無此上可然筋」であるとしている。これは、一般論としての見解であろう。蝦夷地については、開発が急に調《ととの》うとは考えていないのである。その理由として、根岸は気候条件を挙げている。蝦夷地に比べれば農耕にとって気候的に恵まれている下野や常陸でも、荒地の開墾は困難であることが述べられている。それらの地域よりも気象条件の厳しい蝦夷地にあっては、農業開発が容易ではないと根岸は見ていた。根岸は、蝦夷地に限らず、そもそも農地開発は困難なものと考えているのである。

ここまで見てきたように、柳生だけでなく、土井も根岸も、蝦夷地における農業開発には懐疑的であった。それぞれのニュアンスは異なるが、蝦夷地での農業開発が良策でないとの見通しで一致しているだろう。蝦夷地御用掛のように、労働力の投入によって解決するとはしていないことも特徴的である。また、第7章で述べられている本多利明の論ずる緯度をもとにした観念的で楽観的な蝦夷地開発論とも、大きく異なるものであった。

ところで、土井の建議には、柳生のものにもあったような蝦夷地開発の担い手に対する見解も示されている。傍線部がそれである。そこには、蝦夷地に入り開発の一端を担う「百姓町人等」について、土井は「ヲノレヲノレカ功利」を貪るものという評価を下していた。そのような彼らの心性は、幕府の持つ「遠大」な考えとは相容れない行動規範だったであろう。そしてここで大事なことは、彼らが私利に走ることを、土井が「当前」（とう

ぜん、当たり前）としていることである。幕府の政策の如何にかかわらず自己の利益を追求する経済主体を、肯定とまでは言えないが、「当前」として政策を考える上での前提にしているのである。

柳生の建議の場合には、否定的な評価を得ていたのは無宿であり、彼らは農業開発の担い手を期待されていた。それに対して土井のこの記述は、役人の下にあって差配を受ける者であり、必ずしも農業開発に従事するわけではない。しかし、蝦夷地への幕府の関与に不可欠な人手として蝦夷地御用掛が考えるとされた者たちである。その行動について、幕府側の描くとおりにはいかないことを土井は指摘しているのである。

おわりに

『三奉行建議書』にある建議の内容を、勘定奉行の柳生久通を中心に検討してきた。そこから取り出せた幕府の為政者の考えをまとめると、以下のものになる。

① 外国の望む輸出品が金銀銭であるという自己認識
② 豊かさの不可逆性と為政者の責任
③ 農業開発の困難
④ 経済活動への強制の困難

これらは、柳生だけでなく他の奉行にも、濃淡の違いこそあれ、見られた認識である。このうち①と③は、第3節と第4節で述べたように、この建議が問題としていた政策そのものについての認識と言うことができる。そしてこれらの議論のうちに、②や④のような、具体性は少ないものの、経済活動やその担い手である主体に対する、より一般化が可能な認識が潜んでいたことを確認できた。

この中で特に注目したいのは④である。これは、③だけでなく、柳生が①や②を論じる中にも垣間見られたものである。①の金銀銭については、蝦夷地御用掛が鋳銭のみの通用を行おうとしたのに対し、アイヌが貨幣の使用を理解すると、より良い品と交換できる金銀銭を求めるようになり、蝦夷地にそれらが流出し、ひいてはロシアに流れることが想定されている。ここでは、アイヌの活動や、アイヌと取引を行う日本側の者に何らかの制限を設けて強制するという発想には立っていない。彼らの活動を自分たち為政者の制御の範囲外としているのである。②の豊かさの不可逆性についても、④の意識があるように思われる。アイヌの消費行動に、直接的に何らかの強制を加えようということにはなっていないのである。

①から④が本書の設定する「転換期」の特徴であるかは、それぞれについてさらに慎重な検討が必要であろう。しかし、貨幣経済、商品経済がある程度深まり、為政者集団が経済に関する理解を蓄積させたことで身についたものであろう。したがって、①から④のようなものも、この「転換期」の社会状況の中で持たれた考え方の一つとして差支えなかろう。

ところで本章の分析は、従来の多くの経済思想史研究とは異なる手法を採っている。一般的に採られる同一人物のまとまった史料を見るという方法ではなく、共通した立場の人々が同じ課題について同時に作成した史料を分析するというものである。論理的でまとまった量の著述があるわけではない人々の考え方を明らかにするために、この手法を採った。これにより十分な論証が果たせたかは批判のあるところかもしれず、「つまみ食い」との誹りを受けるかもしれない。しかし右記のような史料上の制約のある人々でも、政策に関与して現実を左右するような立場にある場合には、その認識を明らかにすることが必要であり、それを可能とする手法を見出すことは不可欠であろう。本章は、そのための一つの試みである。

注

(1) 藤田貞一郎『国益思想の系譜と展開――徳川期から明治期への歩み』(清文堂出版、一九九八年)、一四頁。
(2) 本節の内容は、特に注のない限り、北海道編『新北海道史』(第二巻通説一、新北海道史印刷出版共同企業体、一九七〇年)。
(3) 『赤蝦夷風説考』はすでに多くの出版を見ているが、ここでは最も手に取りやすいものとして、工藤平助原著、井上隆明訳『赤蝦夷風説考』(教育社新書、教育社、一九七九年)を紹介しておく。
(4) 大石慎三郎『田沼意次の時代』(岩波書店、一九九一年)、一二七―一四六頁。
(5) このうち大河内は寛政一一年のうちに西丸先手頭となり蝦夷地御用掛を外れており、次節以降で論じる『三奉行建議書』が作られた時点では、蝦夷地御用掛は四名となっている(北海道編『新北海道史年表』北海道出版企画センター、一九八九年)、九一頁。
(6) 同、八九頁。
(7) 初期のエトロフ島での経済活動については、髙橋周「近世日露国境の構築と漁業――開発当初のエトロフ島漁業」(内田日出海・谷澤毅・松村岳志編『地域と越境――「共生」の社会経済史』春風社、二〇一四年)参照。なお西蝦夷地では、寛政二(一七九〇)年に樺太に場所が開設されている。
(8) 北海道立図書館蔵本は、「開拓使函館支庁」と印刷された用紙に書かれている。同支庁があったのは明治五(一八七二)年から明治一五(一八八二)年であり(『新北海道史年表』一八二、二三八頁)、これはその間に作られた写本と思われる。
(9) 北海道立文書館蔵本を複写したものが北海道大学附属図書館北方資料室に所蔵されている(北海道大学附属図書館編『日本北辺関係旧記目録 北海道・樺太・千島・ロシア』北海道大学図書刊行会、一九九〇年、八一頁)。
(10) 『三奉行建議書』の出典の表記は、北海道立図書館デジタルライブラリーにて公開の(http://www3.library.pref.hokkaido.jp/digitallibrary/dsearch/bib/1/?book=0204500)同館蔵本の画像をもとに、その該当部分の記載箇所を特定する。たとえば、「三枚目右」との表記は三枚目の画像の右側の頁に該当部分があることを意味する。なお、史料の引用に際しては適宜句読点を加筆した(以下、史料の引用については同じ)。
(11) 藤田覚「蝦夷地第一次上知の政治過程」(田中健夫編『日本前近代の国家と対外関係』吉川弘文館、一九八七年所収、のちに『近世後期政治史と対外関係』東京大学出版会、二〇〇五年にも掲載)。
(12) 先行研究は、記載のない三人の建議について「提出したと考えられるが不明」としている(同、六二四頁)。

(13)　同、六一九－六三〇頁。
(14)　吉岡孝「勘定奉行上席柳生久通の施策と関東における村方物代――鷹場の性格規定と関連して」（『法政史学』第五一号、一九九九年三月）、一三－三三頁。ここでは、特に注を付けないかぎり柳生の経歴についてはこれによる。
(15)　日本史広辞典編集委員会編『日本史広辞典』（山川出版社、一九九七年）、巻末付録七二頁。
(16)　前掲吉岡、一九九九年、一五頁。
(17)　ただし天明末の記された史料によれば、柳生に対する世評は芳しくなかったようである（水野為長「よしの冊子」三、森銑三ほか編『随筆百花苑』第八巻、中央公論社、一九八〇年、一一九頁）。
(18)　以下、赤羽根龍夫「新陰流を哲学する――江戸柳生の心法と刀法（一）」（『基礎科学論集：教養課程紀要』神奈川歯科大学、第二一号、二〇〇四年三月）、一四－一五頁。
(19)　『三奉行建議書』四〇枚目左。
(20)　同四一枚目右。
(21)　「休明光記　付録」（北海道庁編『新撰北海道史』第五巻史料一、一九三六年）、七七六－七七七頁。
(22)　『三奉行建議書』四一枚目左。
(23)　同四三枚目右－四四枚目左。
(24)　S・ズメナンスキー著、秋月俊幸訳『ロシア人の日本発見』（北海道大学図書刊行会、一九七九年）、二〇〇頁。
(25)　『三奉行建議書』二五枚目左。
(26)　同二五枚目左。
(27)　同二五枚目左－二六枚目右。
(28)　「休明光記　付録」、五五三頁。
(29)　『三奉行建議書』三九枚目右。
(30)　根岸の町奉行の前職は勘定奉行であり、それについたのは天明七年であった。
(31)　『三奉行建議書』四一枚目左－四二枚目右。
(32)　同四四枚目左－四五枚目右。
(33)　ただし、寛政二年に書かれた史料には、柳生が越後への無宿の入植を提案している（水野為長「よしの冊子」一三、森銑三ほか編『随筆百花苑』第九巻、中央公論社、一九八一年、一三六－一三七頁）。無宿の入植者としての問題については、それ以降に認識したのか、あるいは、蝦夷地への入植に限った見方とも思われる。

(34)『三奉行建議書』五枚目左－六枚目左。
(35) 同七枚目右。
(36) 同三八枚目左－三九枚目右。

あとがき

江戸時代の経済思想史研究は、現代でも、瀧本誠一が編纂した『日本経済叢書』『日本経済大典』に頼ることが多い。瀧本は宇和島藩士の子として安政四(一八五七)年に生まれた。『日本経済叢書』の刊行開始は大正三(一九一四)年、その増補版である『日本経済大典』は昭和三年の刊行開始である。『叢書』『大典』を編纂した時の瀧本にとって、江戸時代は、ほんの五、六〇年前のことであり、「オンリー・イエスタデー」であった。瀧本が、その時代に切実な関心を抱いたとしても不思議ではない。

しかし、今、江戸時代は少なくとも一五〇年以上前のことである。本書が取り上げた天明―文化の時期からは、二〇〇年前後が過ぎ去っている。現代の読者にも研究者にも、江戸時代を知ることに瀧本ほどの切実さはない。もちろん、理論的に江戸時代経済思想史研究の意義を示すことはいくらでもできるし、本書の「序」でも、そのことは試みているが、それは瀧本のような体感的な関心には裏付けられていない。

それにもかかわらず、本書の執筆者は、それぞれに江戸時代の思想に惹かれている。各人が、史料を読みながら、ある種の興奮を感じることがしばしばあり、そこに現代のわれわれが知るに価する何かがあると思っている。問題は、その「何か」である。それを知るために、個々の研究者が、それぞれに考えるだけではなく、それぞれが抱える「何か」を持ち寄ってみようと思った。江戸時代はほぼ二七〇年間である。その長い期間に拡散してしまっては、「何か」はぼやけてしまうだろう。「近代にとって江戸時代とは何であったか」という伝統的な視点に安易に載ってしまっても、本当に自分たちが感じている「何か」は見えてこないだろう。「何か」を知るためには、いったんその枠組みを離れ、江戸時代のある時期に集中してみる必要がありそうだった。

このような関心から二〇一四年の夏に、本書のもととなる小さな研究会が始まった。集まったのは、いずれも日本経済思想史学会のメンバーであり、同学会の承認を得て「日本経済思想史学会　幕藩制転換期研究会」と称することとなった。また、共通の関心として、天明から文政へ至る時期（一七八一－一八三〇年）を対象とすることになったが、本書をまとめる段階では、さらに天明から文化（一七八一－一八一六年）に時期を絞ることとなった。

ちなみに、この研究会では、メンバーによる次のような口頭発表を重ねてきた。

小室正紀「幕藩制転換期の経済思想への視点」（二〇一四年一〇月一一日）

青柳淳子「江戸時代知性史上の海保青陵――蘭説究理を以て支那の書を訳す――」（二〇一四年一二月一三日）

落合功「互助活動と互助精神」（二〇一五年三月一四日）

塩川隆文「近世芸能興行における「賑わい」――高砂神社を事例に――」（同）

田口英明「文化期の書簡にみる伊能忠敬の経営観と家」（二〇一五年七月四日、日本経済思想史学会例会）

三島憲之「山片蟠桃における市場と秩序」（同）

青柳淳子「海保青陵の富国論」（二〇一五年一〇月一〇日、日本経済思想史学会例会）

落合功「近世後期における広島藩の社倉」（二〇一五年一一月一九日）

また、日本経済思想史学会第二六回全国大会（二〇一五年六月一三日）では「幕藩制転換期の経済思想」と題してメンバーによる次のようなパネル報告を行った。

小室正紀「問題提起：天明—文政期経済思想への視点」

竹村英二「江戸中・後期の〝市井の人〟による中国古典テクスト研究——西欧の文献研究発展の様相と比較しながら」（小室代読）

ベティーナ・グラムリヒ＝オカ「竹村報告へのコメント：頼春水の儒学と比較して」

塩川隆文「近世芸能興行における「賑わい」——高砂神社を事例に——」

田口英明「塩川報告へのコメント：佐原の地域文化と比較して」

青柳淳子「塩川報告へのコメント：海保青陵の都市文化論と比較して」

宮田純「本多利明の蝦夷地政策論——天明・寛政期を中心として——」

髙橋周「宮田報告へのコメント：蝦夷地開発論に関連させて」

落合功「総括：まとめと展望」

なお、研究会発足後すぐに塩川隆文により「『日本経済大典』収録史料リストのデータベース」が作成され、メンバーに提供されたことも、研究を進める上で大きな意義があった。

本書は、このような研究会の、現段階での成果を問うものである。その成果として、われわれが知るに価する共通の「何か」を明言できるかと問われれば、なお検討を重ねる必要がありそうだ。しかし、各執筆者がそれぞれの角度から天明—文化の時期に光を当てることによって、その四〇年間ほどの時期が、経済思想に関して決して停滞不流の時ではなかったことは明らかにできた。また、そこで刻まれた時代の歩みが、遠い過去のことでありながら、現代のわれわれを形作っている一歩であることも示せたと考えている。

本書の成立には、バックグラウンドがある。そのバックグラウンドに関して、日本経済思想史学会に感謝したい。故逆井孝仁氏を中心として一九八三年に同学会の前身である日本経済思想史研究会が発足して以来、考え方の違いを越えて広く研究者を包容した故逆井氏の姿勢もあり、同学会は日本の経済思想史に関心のある広汎な人々の研究交流の場となってきた。本書の寄稿者も全員が同学会のメンバーであり、この学会なしには本書は出来なかったと思われる。また、同学会の例会や大会で報告の機会を得られたことも、研究会をつづける励みとなった。

出版の実現については、慶應義塾経済学会に謝意を表したい。本書は、同学会による「二〇一四年度退職記念出版助成」による刊行であり、小室正紀が慶應義塾を退職するに際して助成が認められた。この助成の非官僚的で緩やかな支給条件があって、はじめて本書のような研究書の出版を比較的速やかに行うことが可能となった。

最後になったが、このように書物の形をなしえたのは、慶應義塾大学出版会の喜多村直之氏に負うところが極めて大きい。各執筆者は期限通りに原稿を提出したが、編者の原稿のみは大幅に遅れた。その困難な進行管理をはじめとして、企画段階での適切なアドバイス、詳細かつ丁寧な内校、索引の作成など、いずれも喜多村氏の尽力による。心より御礼を申し上げたい。

二〇一六年三月

編者

索　引

索　引

【事項】

索引

【人名】

あ行

か行

さ行

た行

執筆者紹介

小室正紀（こむろまさみち）慶應義塾大学名誉教授〔編者、序、第4章、あとがき〕
ベティーナ・グラムリヒ＝オカ（Bettina Gramlich-Oka）上智大学国際教養学部准教授〔第1章〕
塩川隆文（しおかわたかふみ）金沢市立玉川図書館職員〔第2章〕
田口英明（たぐちひであき）慶應義塾福沢研究センター調査員〔第3章〕
青柳淳子（あおやぎじゅんこ）大東文化大学経済学部非常勤講師〔第5章〕
落合　功（おちあいこう）青山学院大学経済学部教授〔第6章〕
宮田　純（みやたじゅん）関東学院大学経済学部非常勤講師〔第7章〕
髙橋　周（たかはしちかし）東京海洋大学海洋科学部准教授〔第8章〕
山本嘉孝（やまもとよしたか）大阪大学大学院文学研究科講師〔第1章訳〕

幕藩制転換期の経済思想

2016年4月15日　初版第1刷発行

編著者――――小室正紀
発行者――――古屋正博
発行所――――慶應義塾大学出版会株式会社
〒108-8346　東京都港区三田2-19-30
TEL〔編集部〕03-3451-0931
〔営業部〕03-3451-3584〈ご注文〉
〔　〃　〕03-3451-6926
FAX〔営業部〕03-3451-3122
振替　00190-8-155497
http://www.keio-up.co.jp/
装　丁――――後藤トシノブ
印刷・製本――株式会社加藤文明社
カバー印刷――株式会社太平印刷社

Printed in Japan　ISBN 978-4-7664-2332-7